Zeitgeschichte

Gerhard Szczesny

Als die Vergangenheit Gegenwart war

Lebensanlauf eines Ostpreußen

Zeitgeschichte

Zeitgeschichte
Ullstein Buch Nr. 33153
im Verlag Ullstein GmbH
Frankfurt/M – Berlin

Erweiterte und korrigierte Ausgabe

Umschlagentwurf:
Hansbernd Lindemann
Unter Verwendung eines Fotos aus
dem Privatbesitz des Autors
Alle Rechte vorbehalten
© 1990 by Verlag Ullstein GmbH,
Frankfurt/M – Berlin
Printed in Germany 1991
Druck und Verarbeitung:
Ebner Ulm
ISBN 3 548 33153 X

November 1991

Die Deutsche Bibliothek –
CIP-Einheitsaufnahme

Szczesny, Gerhard:
Als die Vergangenheit Gegenwart war:
Lebensanlauf eines Ostpreußen / Gerhard
Szczesny. – Berlin; Frankfurt am Main:
Ullstein, 1991
   (Ullstein-Buch; Nr. 33153:
   Zeitgeschichte)
   ISBN 3-548-33153-X
NE: GT

Für Alexander, Stefan,
Claudia und Anemone

Inhalt

Daß man im Guten und Bösen dem Wirklichen die Treue halten muß, darauf läuft doch alle Wahrheitsliebe hinaus und alle Dankbarkeit dafür, daß man überhaupt geboren wurde.

Hannah Arendt

Vorwort

Der Berichterstatter ist 1918 in Ostpreußen geboren und hat dort die ersten zwanzig Jahre seines Lebens verbracht. Ostpreußen, die 1919 durch den sogenannten Polnischen Korridor vom Territorium des »Reichs« abgetrennte nordöstlichste Provinz, ist nach der (von einer deutschen Regierung ausgelösten) Katastrophe des Zweiten Weltkriegs in der nach Westen zurückbrandenden Völkerverschiebung nicht nur von der politischen Landkarte verschwunden, sondern auch als Schauplatz eines siebenhundertjährigen Kapitels deutscher Sozial- und Kulturgeschichte fast spurlos untergegangen. (Ich sage »fast«, weil nicht nur seit Jahren schon im jetzt polnischen Südteil Ostpreußens viele Zeugnisse der deutschen Vergangenheit bewahrt oder restauriert wurden und das Land allen Besuchern ohne Einschränkungen offensteht, sondern es nun auch im immer noch versperrten sowjetischen Nord-Ostpreußen Bemühungen gibt, sich offen der deutschen Geschichte des Landes – vor allem Immanuel Kants, aber damit auch Königsbergs – zu erinnern.)

Wahrscheinlich war es das plötzliche Nicht-mehr-Vorhandensein der Orte und Verhältnisse, in denen ich mit der Welt vertraut wurde, das mir eindringlicher, als es sonst der Fall gewesen wäre, unsere Abhängigkeit von den Prägungen der Herkunft bewußt machte. Als ich daranging, mir die Ereignisse meiner ostpreußischen Anfänge ins Gedächtnis zurückzurufen, wollte ich daher herausfinden, was auf welche Weise in diesen ersten beiden Jahrzehnten meines Lebens für die restlichen vier oder fünf Dezennien angelegt oder schon entschieden worden ist.

Zu den tiefgreifendsten Vorbelastungen gehörte für meine Generation die Tatsache, daß unsere Jugendjahre mit der Heraufkunft, Machtergreifung und Herrschaft der NS-Bewegung zusammenfielen. Schon die ersten, meine Schulzeit betreffenden Aufzeichnungen zeigten mir, daß ich nun die Chance hatte, anhand des eigenen, gleicherweise an Erinnerungen wie Dokumenten nachprüfbaren Falles zu begreifen, wie die Deutschen in das apokalyptische Abenteuer des Dritten Reichs hineingerieten und was sich dann mit ihnen begab.

Zusätzlich angespornt wurde mein Erkundungswille durch die anläßlich der vierzigsten Wiederkehr der Kapitulation erneut einsetzende Debatte über die angeblich unzureichende Vergangenheitsbewältigung der Bundesdeutschen. In der Mehrzahl der Analysen und Anklagen konnte ich meine Erfahrungen in, mit und nach dem NS-System nur sehr entstellt oder gar nicht wiedererkennen. Ich hatte den Zusammenbruch des Terror-Regimes als Erlösung empfunden und das neugeschenkte Leben nicht mit Schuldgefühlen, sondern in einer euphorischen Aufbruchstimmung begonnen. Zugleich erzwang der Schock des ans Licht kommenden Ausmaßes und der unvorstellbaren Brutalität der Naziverbrechen eine Suche nach den Gründen, deren Gegenstand zu diesem Zeitpunkt nur die nationalistischen und antisemitischen Strömungen der deutschen Geschichte sein konnten.

Erst als Ende der sechziger Jahre nicht mehr zu übersehen war, daß der deklarierte Antifaschismus nicht die Wurzeln totalitärer Gewaltherrschaft bloßlegen, sondern alle (insbesondere in der Vergangenheit der Deutschen nachweisbaren) konservativen Wertvorstellungen mit dem Odium faschistoider Absichten belasten wollte, wurde das Nebeneinander von Entschlossenheit, eine von nazistischen Tendenzen freie und demokratische Gesellschaftsordnung errichtet zu sehen, und ebenso aufrichtiger Bereitschaft, die deutschen Ursachen für den Aufstieg des Nationalsozialismus zu ermitteln, zum Problem.

Was blieb als Ansatzpunkt für einen Neubeginn? War es unstatthaft, sich 1945 als Deutscher, der die zwölf Jahre weder in einem KZ noch in der Emigration zubringen mußte, für das Schreckensregime nicht verantwortlich, sondern von ihm befreit zu fühlen, und ist es heute ein Akt der Verdrängung und Selbsttäuschung, das Erbe der deutschen Geschichte nicht mit den Wahnideen und Charakterdefekten des Adolf Hitler und seiner Handlanger, sondern mit jenen Überzeugungen zu verbinden, die uns den Zusammenbruch ihrer Terrorherrschaft als Genugtuung erleben ließen?

Der Versuch, auf diese Frage eine Antwort zu finden, hat sich im Verlauf meiner Rückbesinnung von selbst in den Vordergrund geschoben.

Orts- und andere frühe Bestimmungen

Sallewen war ein ostpreußisches Bilderbuchdorf. Es bestand aus einem Gutshof und kaum mehr als einem Dutzend Gehöften, die in der Mehrzahl um einen großen, ovalen Teich gruppiert waren. An seinem Nordostende lag eine winzige Schmiede, aus der tagsüber Hammerschläge schallten und Funken sprühten.

Gleich dahinter, auf einer kleinen Anhöhe, befand sich die Schule, ein stabiles Gebäude, das – wie viele Amtsbauten in Preußen – aus roten Ziegeln errichtet war. Es enthielt rechts vom Eingang ein großes Klassenzimmer und links davon die Lehrerwohnung, zu der im Dachgeschoß noch ein Gastzimmer gehörte. Der Hofraum wurde von einer ansehnlichen Scheune, einer Remise für die zwei Kutschwagen und einem Bienenhaus eingerahmt. Der Stall, von zwei Pferden und zwei Kühen belegt, war ein – nach innen abgetrennter – Teil der Scheune.

Im Jahr meiner Geburt residierte dort als Lehrer der einklassigen Volksschule ein stattlicher, selbstbewußter Mann mit prächtigem Schnurrbart. Da er ein guter Deutscher und kein »Polack« sein wollte, hatte er seinen Geburtsnamen Kostrzewa tilgen und als Bewunderer Friedrichs des Großen, über dessen Leben es ein damals viel gelesenes Buch gab, durch den Namen des Autors dieses Buches, Koser, ersetzen lassen. Gustav Koser war mit Martha, geb. Behrendt, der Schwester meiner Mutter verheiratet. Diese – Margarete Szczesny – hatte es für ratsam gehalten, vor den Ernährungsschwierigkeiten und den zu befürchtenden revolutionären Krawallen des zu Ende gehenden Ersten Weltkriegs von Königsberg nach Sallewen zu flüchten.

Der überwiegende Teil der ersten zwanzig Jahre meines Lebens spielte sich in Königsberg ab. In Sallewen habe ich bis zu meinem sechsten Lebensjahr (1918–1924) die Sommermonate verbracht, später nur noch einigemal zwei oder drei Ferienwochen. Vom siebenten bis zum zehnten Lebensjahr (1925–1929) wohnten wir in Pillau, und die Monate Mai bis September der Jahre 1931 bis 1933 sahen mich in Cranz.

Sallewen war ein Dorf, wie es dörflicher nicht sein konnte, Pillau eine Kleinstadt, Cranz ein Ferien- und Ausflugsort, eine »Sommerfrische«, wie man damals sagte, und Königsberg schließlich eine mittlere Großstadt.

Dorf heißt: Der einzelne ist noch unmittelbar der Erde und dem Himmel ausgesetzt. Gleich hinter dem Haus beginnen die Wiesen, Felder und Wälder. Schon gezähmt und befriedet, sind dennoch die Natur, ihr Inventar und ihr freundliches oder unfreundliches Wirken die alles beherrschende Macht.

In der Kleinstadt ergreift unnachsichtig der Mensch die Herrschaft über den Menschen. Da ist er nicht mehr vom Wetter, dem Gedeihen der Pflanzen und Tiere, sondern von Kaufleuten, Handwerkern, Beamten, dem guten Willen der Nachbarn abhängig.

In der Großstadt gewinnt der einzelne in der Anonymität der Masse Unabhängigkeit, solange er die finanziellen Mittel hat, sich zu nähren, zu kleiden und für ein Dach über dem Kopf zu sorgen, aber es gibt keine unmittelbare Beziehung mehr zu diesen elementaren Lebensvoraussetzungen. Und der Natur begegnet er nur noch als Grünanlage und in den botanischen und zoologischen Gärten.

In Sallewen bin ich nur Gast gewesen. Meine Beziehung zur Natur war unbeschwert von physischer Anstrengung und von der Sorge um günstiges Wetter, gute Ernten, gedeihendes Vieh. Was ich von diesem winzigen Dorf, seiner Innen- und Umwelt mit Augen und Ohren, mit dem Geruchs-, Geschmacks- und Tastsinn lustvoll und neugierig aufnahm, senkte sich über ein noch wenig geschärftes Bewußtsein als »schöne Empfindung« in Seele und Gemüt. Und der träumerische Blick des Knaben in die alles überwölbende Weite des

Himmels machte aus schönen Empfindungen schöne und ausschweifende Gedanken.

Ein letztes Mal hatte ich 1936 als Unterprimaner Sommerferien in Sallewen verbracht. Zweiundvierzig Jahre später, im Juli 1978, stand ich wieder vor meinem Geburtshaus. Die Remise war verschwunden, das Schulgebäude, die Scheune verwittert und der Garten verwildert und vernachlässigt, aber präsent. Auf dem Wege von Miłomłyn (Liebemühl) nach Zalewo (Sallewen) hatte ich jede größere Biegung wiedererkannt. Als dann, am Ende der Zufahrtsstraße, kleiner geworden und verschilft der Dorfteich vor mir lag und sich rechts zwischen den Bäumen der rote Giebel des Schulhauses zeigte, wußte ich, daß ich in Zalewo nicht längst vergangene Geschichten erinnern wollte, sondern die Zeichen eines (in mir und für mich) immerwährenden Sallewen zu finden hoffte.

KÖNIGSBERG

Ernst Szczesny, mein Vater, kam 1885 in Königsberg/Pr. zur Welt. Sein Vater, Wilhelm Szczesny – geboren 1853 noch im heimatlichen Masuren, nämlich in Bialla, Kreis Johannesburg –, betrieb dort in einem ihm gehörenden Mietshaus in der Sackheimer Hinterstraße eine »Destillation«. Die Sackheimer Hinterstraße verlief parallel zum Pregel und war von diesem nur durch Holzlager und noch unbebaute Grundstücke und Wiesen getrennt.

Der Sackheim (= Dorf auf gerodetem Waldland) war am Beginn der Geschichte von Königsberg eine pruzzische Bauernsiedlung, deren Bedeutung darin bestand, daß sie am Pregel lag und sich zur östlichen Vorstadt von Königsberg entwickelte. Sie wurde zum Lande- und Aufenthaltsplatz der litauischen »Dschimken« (Flößer), die dort ihre »Wittinnen« (Flöße) auflösten und verkauften, um im Herbst zu Fuß nach Hause zurückzukehren (oder sich auch endgültig in Königsberg niederzulassen).

Auch viele der aus den Wäldern in die Städte strebenden polnisch-masurischen Preußen blieben auf dem Sackheim hängen.

Schon 1603 wurde dort eine litauische und 1641 eine polnische Kirche eingeweiht. Wahrscheinlich ist bis ins neunzehnte Jahrhundert hinein in der Sackheimer Hinterstraße nicht weniger litauisch und polnisch als deutsch gesprochen worden.

Ich habe die Geschichte des Wilhelm Szczesny nicht rekonstruieren können, hoffe aber, daß er nur den aus Bialla mitgebrachten Erbteil rechtschaffen mehren wollte und kein Ausbeuter und Halsabschneider gewesen ist. Auf jeden Fall hat er bald nach seiner Ankunft der Tatsache Rechnung getragen, daß der Sackheim das Stadtviertel mit dem größten Branntweinverbrauch war, und begonnen, »Cognac«, »Arac« und »Wein«, auch »Cigarren« zu importieren, »Porter« und »Grätzer« bereitzuhalten und schließlich »Rum und Liqueur« selbst herzustellen.

Wilhelm Szczesny segnete bereits 1912 das Zeitliche. Obwohl die Großmutter, Auguste Szczesny, geb. Knapp, erst 1924 verstorben ist, als ich bereits sechs Jahre alt war, habe ich auch an sie keine Erinnerung. Sie muß das Spirituosengeschäft zunächst mit ihrem beim Tode seines Vaters siebenundzwanzigjährigen Sohn Ernst weitergeführt haben. Aus dieser Zeit gibt es ein Foto, das meinen Vater mit seiner Mutter vor dem Eingang zur »Destillation« zeigt. Sie ist eine mäßig schicke Kleinbürgerin mit Handtasche und großem Hut; er ein schmaler, zierlicher, lässig-selbstbewußt vor der eigenen Kneipe posierender Jungkaufmann.

Wie sich bald nach dem Tode seiner Mutter, als mein Vater auf die eigene Initiative angewiesen war, herausstellte, war er ein weicher und labiler, zwar kontakt- und gesprächsfreudiger, aber äußerst untüchtiger und unrealistischer Mensch – gutmütig, immer voller großspuriger Pläne, aber ohne Durchsetzungs- und Durchhaltevermögen.

Im August 1914, als der Krieg begann, feierte er seinen neunundzwanzigsten Geburtstag. Wie später auch ich, hatte er das Löbenichtsche Realgymnasium (am Münchenhof, unmittelbar am Beginn des Sackheims und der Holzbrücke gelegen) besucht, es aber dort nur bis Unter- oder Obertertia ausgehalten. Wahrscheinlich war er zu uninteressiert und zu faul und zog es vor, sich als Kaufmannslehrling auf die Übernahme des väterlichen Geschäfts vorzubereiten. Seinen Militärdienst leistete er beim Jägerbataillon Graf York von Wartenburg Nr. 1, das im masurischen Ortelsburg stationiert war, und zog mit diesem 1914 in den Krieg.

Für Ernst Szczesny ist die Soldaten- und Kriegszeit zum Höhepunkt seines Lebens geworden. Dies nicht etwa deshalb, weil er Anlagen zur Härte, zur Disziplin und zum Heldentum gehabt hätte. Die Uniform befreite ihn von der Last, im zivilistischen Alltag seinen Mann stehen zu müssen, die Kumpanei der soldatischen Männergesellschaft kam auf ideale Weise seinem starken Bedürfnis nach sozialen Kontakten entgegen, und die Ausnahmesituation des Krieges ergab eine Daseinsintensivierung, zu der es im Leben des Normalbürgers kaum jemals kommt.

In den ersten Nachkriegsjahren, also zwischen 1919 und 1924, hat der auf den wenigen überkommenen Fotos sympathisch anzuschauende Gastwirts- und Kaufmannssohn noch einige Zeit die Destillation auf dem Sackheim geführt und dann mit Getreide und Kartoffeln gehandelt, die er güterzugweise von Ostpreußen (beispielsweise aus der Neidenburger Gegend) ins »Reich« schaffen ließ. Nach dem Verkauf der Destillation und der damit verbundenen Trennung von seiner Mutter – es muß dies 1921/22 geschehen sein – erwarb er ein Mietshaus in der Coppernicusstraße, in dessen oberstes Stockwerk wir selbst eingezogen sind. Die Coppernicusstraße[1] umrundete in einem kurzen Bogen den Rollberg, einen der – tatsächlich – sieben Hügel, auf und zwischen denen sich Königsberg ausbreitete. Es war eine stille Straße, auf der westlichen und südlichen Seite mit Wohnhäusern bebaut, auf der gegenüberliegenden von einigen der weit verstreut in einem großen Park liegenden Ziegelbauten der medizinischen Universitätsklinik begrenzt.

Von unserer Wohnung aus hatte man nach Nordwesten und Westen einen weiten Blick auf Gärten, Grünanlagen, Friedhöfe bis nach Luisenwahl. Nach Südwesten und Süden zum Pregel hin sah man kleinere und größere Fabriken, Lagerplätze und die den – dem Pillauer Tief zustrebenden – Fluß auf beiden Seiten ins Land hinaus begleitenden Speicher, Hafen- und Industrieanlagen.

Irgendwann muß mir dort in der Coppernicusstraße ein Junge beim Spielen an einer Baugrube (vor dem klassizistischen Portal der

Villa Walter Simons, des großen jüdischen Mäzens von Königsberg, der damals schon einige Jahre tot war) eine Schaufel Sand in den offenen Mund geworfen haben, an der ich fast erstickt wäre. Er knirschte mir zwischen den Zähnen, und ich würgte und spuckte das körnige Gemenge langsam heraus. Todesangst muß diese wenigen Minuten tief in mich eingeprägt haben, denn in der Erinnerung komme ich an kein Ereignis aus meiner Kinderzeit so nahe und so genau heran.

Dann gab es noch in der Laube unseres Gartens viele Holzkisten, aus denen ich ein verschachteltes Höhlensystem baute, um mich zu verbergen, den Geruch von frischer Erde, die kühlen, glatten und festen Rundungen der Kastanien, die wir in den Anlagen der Medizinischen Klinik sammelten, und dort auch große Restbestände von zerbrochenen blaugrauen Schiefertafeln, die die Dachdecker zurückgelassen hatten.

Als ich 1924 unten auf der Laak in die Volksschule zu gehen begann, wurde noch die nach dem Krieg von den Amerikanern gespendete Quäkerspeisung verteilt. Eine Tasse warme Schokolade und eine Semmel dazu.

PILLAU

Da Ernst Szczesny ein unruhiger Geist war, beschloß er – ein Jahr, nachdem ich ins schulpflichtige Alter gekommen war –, seine Tätigkeit als Großhandelskaufmann zu beenden und die väterliche Gastwirtstradition wiederaufzunehmen. Er kaufte im Frühjahr 1925 das »Hotel Deutsches Haus« in der »Seestadt Pillau«.

Pillau war das Cuxhaven von Königsberg. 1860 wurden dort noch jährlich zweitausend Schiffe abgefertigt. Erst mit der Eröffnung des Königsberger Seekanals 1902 fuhren auch die großen Dampfer bis in den Königsberger Hafen.

1806 verbrachte Heinrich von Kleist als erster prominenter Sommerfrischler einen fünfmonatigen Urlaub in Pillau, und schon 1839 sah das Städtchen einen neuen illustren Gast, wenn auch nur auf der

Durchreise. Auf der Flucht vor seinen Gläubigern in Riga besorgte sich Richard Wagner auf dem Segler »Thetis« einen Platz nach London. Unterwegs geriet das Schiff in ein schweres Unwetter, das den Komponisten zum Matrosenlied im »Fliegenden Holländer« inspirierte. Und die einzige Reise, die Immanuel Kant jemals aus Königsberg hinausführte, verschlug ihn angeblich ebenfalls nach »Klein-Amsterdam«, wie Friedrich Wilhelm I. ein wenig euphorisch das Städtchen nannte.

Er war es auch, der Pillau 1725 die Stadtgerechtigkeit und ein Wappen verlieh, das auf rotblauem Hintergrund einen silbernen Stör mit der goldenen Preußenkrone zeigt. Nicht ohne Grund, denn bis ins neunzehnte Jahrhundert hinein kam aus Pillau der größte Teil des im Deutschland jener Zeit konsumierten Kaviars. Um 1860 waren es noch tausend Fäßchen. Dann blieben die Störe allmählich aus und wurden von Sprotten und Flundern verdrängt.

Das »Deutsche Haus« war das sogenannte erste Haus am Platze, aber so verwahrlost, daß es völlig renoviert werden mußte. Mir sind die Malergerüste in Erinnerung geblieben, die das ganze Gebäude gleich nach der Übernahme bis zum Dach einzäunten. Diese Gerüste haben mich auch noch sehr viel später als Erwachsener in Angst- und Verfolgungsträumen heimgesucht. Ich nehme an, daß dies auf den Einfluß meiner Mutter zurückzuführen ist, die allnächtlich Diebe und Mörder über die Leitern und Planken ins Haus eindringen sah. Vielleicht hat wirklich einmal jemand auf diesem Wege einen Einbruch versucht.

Ein einschneidendes Ereignis der Pillauer Jahre war ein Unfall, der mir wahrscheinlich schon im zweiten Jahr unseres dortigen Aufenthaltes zustieß. Meine Mutter hat noch viele Jahre eine Notiz aus der »Pillauer Zeitung« aufbewahrt, in der es hieß, daß dem »einzigen Sohn des Hotelbesitzers Szczesny beide Beine abgefahren« worden wären. Es war glücklicherweise nicht so schlimm. Zugetragen hatte sich folgendes: Versorgt mit zwei oder drei Flaschen Limonade – ich bevorzugte Waldmeister – war ich an jenem Nachmittag mit meinem Freund Sigmund Possekel zu einem Ausflug nach Alt-Pillau aufgebrochen. Aus irgendeinem Grund benutzten wir nicht unsere Räder, sondern zogen zu Fuß über die Landstraße, die Pillau I mit Pillau II (Alt-Pillau) verband und, wie ich mich deutlich erinnere, durch ein ziemlich kahles Gelände führte. Schon etwas außerhalb des Stadtgebiets stießen wir auf einen langsam fahrenden Kastenwagen, der eine Fuhre Sand geladen hatte. Der Kutscher döste vor sich hin, und wir hängten uns hinten an den Wagen und versuchten, hinaufzugelangen.

Wie es geschah, wußte ich damals schon nicht genau zu schildern. Ich geriet mit beiden Füßen zwischen das rechte hintere Wagenrad und die Eisenstange, die von der Radachse senkrecht hinaufging, um die Seitenwand der Ladewanne abzustützen. Der Wagen hatte sehr große Räder, deren Nabe aus einem nach außen mit großen Muttern festgehaltenen Eisenring bestand. Ich bin nun offenbar, hinten am Fuhrwerk hängend, erst mit dem einen, dann auch mit dem anderen Fuß in den Raum zwischen der sich langsam drehenden Radnabe und die Eisenstange geraten.

Da das Gefährt sich sehr geräuschvoll vorwärtsbewegte – die Räder knarrten und holperten, das Fahrgestell ächzte unter der schweren Last, die Rösser schnaubten und klapperten mit den Hufen –, dauerte es eine Ewigkeit, bis der Kutscher begriff, daß hinten etwas geschehen war, und anhielt. Ich selbst konnte mich nicht befreien. Wenn ich mich von der rückwärtigen Wand losgelassen hätte, wäre ich – mit den im Gestänge fest eingeklemmten Füßen – wahrscheinlich mit gebrochenen Knochen hängengeblieben.

Ich hatte an beiden Füßen schrecklich anzusehende Wunden, in denen sich rohes Fleisch, Blut und Wagenschmiere vermischten. Auf den bloßen Augenschein hin mußte man wohl wirklich glauben, daß nichts mehr zu retten war. Es stellte sich jedoch bei der Untersuchung heraus, daß weder Knochen noch Sehnen verletzt, sondern nur große und tiefe Fleischwunden entstanden waren.

Der Unfallschock war so stark, daß ich keinerlei Schmerzen spürte, bis die Wunden gereinigt und verbunden worden waren. Von der Unfallstelle brachte man mich – wer und wie, habe ich nicht mehr in Erinnerung – zuerst nach Hause. Als ich durch den Haupteingang ins Hotel getragen wurde, hatte meine Mutter wahrscheinlich den Eindruck, ich läge bereits im Sterben. Sie stürzte schreiend an die Tragbahre.

Am schmerzhaftesten war das Wechseln der breiten, viele Meter Mull benötigenden Verbände, genauer: der Gazelappen, die dick eingeschmiert mit einer penetrant riechenden blauschwarzen Salbe täglich neu auf die Wunden gedrückt wurden. Glücklicherweise mußte ich nur zu den Untersuchungen und Röntgenaufnahmen ins Krankenhaus, konnte aber die lange Genesungszeit (es sind viele Monate gewesen, bis ich wieder aufstehen und gehen konnte) zu Hause verbringen.

Gerade in jenen Monaten beschäftigten wir im Hotel eine Balalai-kakapelle. Es waren vier oder fünf vor der Revolution geflüchtete zaristische Offiziere, die – wie damals viele Exilrussen in ganz Europa – auf diese Weise ihr Leben fristeten. Zwei oder drei saßen oft an meinem Bett und absolvierten dort ihre Spiel- und Gesangs-übungen. Es war dies meine erste Begegnung mit der »russischen Seele«, und ich kann nicht leugnen, daß mir »Stjenka Rasin« und »Das Glöckchen des Eremiten« tief und bleibend ins Gemüt drangen. Später in Königsberg hielt dann der jährlich einmal in der Stadthalle gastierende Don-Kosaken-Chor unter Serge Jaroff diese Gefühlsbewegung wach.

Das »Deutsche Haus« war ein Eckgebäude, dessen Hauptfront und -eingang am Marktplatz lagen, während die Längsseite sich an der Lizentstraße (Lizent = Zollstation) befand, die unmittelbar zum Hafenquai führte. Rechts stand dort ein Denkmal des Großen Kurfürsten, flankiert von Kanonen aus Groß-Friedrichsburg, dem Stützpunkt jener guineischen Kolonie, die 1682 erworben und schon 1717 wieder an Holland verkauft worden war.

Am Ende der linken Seite der Lizentstraße war das Wahrzeichen Pillaus, ein behäbiger Leuchtturm, nicht zu übersehen. Da mein Zimmer an der Längsseite des Hotels im ersten Stock lag, hat mich das immer wieder ins Zimmer fallende Licht des Leuchtturmfeuers, das in kurzen Abständen von der sich drehenden Abschirmblende freigegeben wurde, in den Schlaf begleitet.

Das Hotel besaß ein französisches Billard, das von den im Haus verkehrenden Honoratioren und den regelmäßig in Pillau verwei-lenden Reisevertretern geschätzt wurde. Das Spiel begeisterte auch mich, und bald hatte ich es als Billardspieler – obwohl ich kaum über den Tischrand sah – zu Erfolg und Ansehen gebracht. Um mit dem Queue einen Drehstoß von oben anzubringen, mußte ich allerdings auf einen Stuhl steigen, und auch in der Horizontalen war die Handhabung des langen Stockes für einen Sieben- oder Achtjährigen nicht gerade einfach.

Allein die drei Kugeln – schwarz, rot und elfenbeinfarben, mattglänzend und glatt – entzückten mich. Es war ein Glücksgefühl, exakt jenen imaginären Punkt zu treffen, der die Spielkugel in eine drehende, kräftige und komplizierte Bewegung setzte, um sie unbeirrbar erst der zweiten, dann der dritten Kugel zuzuführen, an welchen entlegenen Plätzen des großen, grün ausgeschlagenen Geländes sie sich auch befinden mochten.

Da es in Pillau ein anderes Etablissement mit großen Räumlichkeiten nicht gab, fanden alle Veranstaltungen und Bälle im »Deutschen Haus« statt. Wie unsere Wohnung, lag auch der Große Saal, der die ganze Länge des Hauses einnahm, im ersten Stock. So bin ich nicht nur allabendlich mit dem Leuchtfeuer des Hafens, sondern viele Male auch mit den gedämpft, aber vernehmlich herüberschallenden Klängen einer Polka, eines Tangos oder eines Wiener Walzers eingeschlafen. Im Halbschlaf erfüllte mich die ferne Melodie der »Schönen blauen Donau« mit Lust und Trauer.

Der große Saal im ersten Stock wurde übrigens nicht nur als Ball- und Festsaal, sondern auch als Kino (dem ersten und lange Zeit einzigen im ganzen Ort) benützt. Um ihn in ein »Lichtspielhaus« zu verwandeln, wurden die Stühle in langen Reihen aufgestellt und durch Stangen, die man unterhalb der Sitze hindurchzog, fest miteinander verbunden. Ein besonderes Vergnügen, das ich mir – manchmal ganz allein, manchmal mit einem Schulfreund – machte, waren Radrennen durch diese Stuhlreihen. Links und rechts an den Wänden und auch in der Mitte gab es bequeme Gänge, auf denen man gut in Fahrt kommen konnte. Dann mußte man in irgendeine Stuhlreihe einbiegen, die gerade die Breite des Rades, das heißt des Abstandes zwischen den Außenkanten der beiden Pedale, hatte. Das ließ sich nur mit hoch angezogenen Beinen – und kaum jemals, ohne dann doch irgendwo hängenzubleiben – bewerkstelligen.

Der Vorführraum unseres Kinos befand sich in der Höhe des

zweiten Stockwerks und war links von einem Badezimmer und rechts von einer kleinen Abstellkammer flankiert. Diese Kammer hatte – wie der Vorführraum selbst – eine viereckige Luke, durch die man, ohne entdeckt zu werden, in den großen Saal und auf die Leinwand sehen konnte. Von diesem abgeschirmten Logenplatz aus habe ich die vielen damaligen Wildwestfilme gesehen, deren Helden Tom Mix und Tom Teeler hießen, und auch die ersten Verfilmungen von »Ben Hur« und den »Letzten Tagen von Pompeji«.

Es kam oft vor, daß der Film riß. Dann mußte der die Vorstellung begleitende Klavierspieler besonders bewegt in die Tasten greifen, um die Pause zu überbrücken, und ich ging zum Vorführer hinüber und sah zu, wie er die großen Zelluloidrollen aus den Projektoren herausnahm und die gerissenen Enden wieder zusammenklebte. Als Brenner fungierten lange, dünne Kohlenstäbe. Sie und das Zelluloid verbreiteten einen eigentümlichen, mir angenehmen Geruch, den intensiv wiederzubeleben ich bis heute imstande bin. Auch das leise Surren der Apparaturen hörte ich gerne.

KÖNIGSBERG

Nachdem Pillau in jenen Jahren weder als Handelsplatz noch als Marinestützpunkt noch als Badeort eine Rolle spielte, sondern eher verschlafen dahinkümmerte, war die Pleite unabwendbar. Kauf und Totalrenovierung des Hotels verschlangen den größten Teil des Vermögens. Mit dem Rest waren wahrscheinlich nicht einmal die Personalkosten für die vier Jahre zu bestreiten. Man muß dieser Beschreibung des Pillauer Debakels hinzufügen, daß die allgemeine Wirtschaftskrise dieser Jahre auch Ostpreußen erfaßt hatte. Ich erinnere mich, daß damals in den Gesprächen meiner Eltern oft und erregt von der 1928 eingerichteten »Osthilfe« der Reichsregierung die Rede gewesen ist. Der beantragte Kredit blieb jedoch aus, da die Mittel vor allem der Landwirtschaft zugeteilt wurden.

Obwohl ich damals von den Sorgen meiner Eltern etwas mitbekommen haben muß, erinnere ich mich nur an den Schlußakt. Mit einer armseligen Fuhre von privaten Sachen, die uns nach der Pfändung geblieben waren, verließen wir im Winter 1928/29 Pillau und zogen zunächst zu meinen Großeltern nach Königsberg in ihre Wohnung auf dem Altstädtischen Markt. Sie hatten diese um einen im ersten Stock noch vorhandenen kleineren Trakt vergrößert, so daß für eine Übergangszeit die Unterkunft gesichert war.

Die folgenden Jahre waren so turbulent, daß ich nur noch weiß, daß mein Vater – bis zur Übernahme des »Hotel Ostpreußen« in Cranz im Mai 1931 – eine Kneipe auf der Laak gegenüber der Großmarkthalle, ein Ausflugslokal in Juditten und einen Südfrüchtehandel betrieben hat. Die Kneipe hatte den Namen »Zur Goldenen Sonne« und beherbergte einige Zeit auch den von mir und einigen Klassenkameraden gegründeten Schachclub, der in aller Ruhe am Wochenende tagen konnte, da das Lokal nur von Montag bis Freitag geöffnet war. Im Saal des Juditter Gartenrestaurants fanden die (offiziell verbotenen) Mensuren einer Königsberger Studentenverbindung statt. Zu einer dieser blutigen Veranstaltungen ließ mich mein Vater unter einem Vorwand eigens aus der Schule kommen.

Das alles vollzog sich an der Peripherie meines Lebens, da wir weiterhin auf dem Altstädtischen Markt wohnten und ich nur gelegentlich den Arbeitsstätten meiner Eltern einen Besuch abstattete. Das Wohnen bei meinen Großeltern hatte auch den großen Vorzug, daß ich das Löbenichtsche Realgymnasium, das ich seit Frühjahr 1929 besuchte, in fünf Minuten Fußmarsch erreichen konnte. Es lag am Münchenhof, unmittelbar am Ende der Altstädtischen Langgasse.

Die Übergangslösung Altstädtischer Markt dauerte bis 1931; es folgte – während der Cranzer Jahre – ein Zwischenaufenthalt in einer kleinen Wohnung am Paradeplatz und Anfang 1934 dann der endgültige Umzug in eine gleich um die Ecke gelegene geräumige Wohnung in der Giesebrechtstraße. Ich blieb dort, bis ich Königsberg im Herbst 1938 für immer – zunächst nach Berlin – verließ. (Ernst und Margarete Szczesny und auch Martha Koser haben die totale Zerstörung Königsbergs, das Kriegsende und ein schreckliches Jahr unter sowjetischer Verwaltung in der Giesebrechtstraße überlebt, bis ihnen die Flucht nach Westen, in die englische Besatzungszone, gelang.)

Es war vor allem der Tüchtigkeit meiner Mutter zu verdanken, daß das Familienschiff nach der schweren Havarie in Pillau nicht endgültig scheiterte. Ihr Wesen zeichnete sich gleichermaßen durch praktische Lebenszugewandtheit und einen ausgeprägten, aber ungeschulten Sinn für alles »Schöne« aus. Auch Ausdauer und Willenskraft wird man ihr zusprechen müssen. Würde sie nicht einer Generation angehört haben, die zwei Weltkriege, eine Diktatur und wirtschaftliche Schwierigkeiten jeder Art über sich ergehen lassen mußte, hätte sie das Talent zu einem geglückten Leben gehabt.

In Gumbinnen geboren und aufgewachsen, hatte sie dort – wie ein wenig später auch ihre Schwester Martha – eine Spielart jener Töchterschulen besucht, in denen man sowohl die Grundzüge der englischen und französischen Sprache als auch Handarbeit, Malen und Klavierspielen erlernen konnte. Margarete verstand etwas von Buchführung, konnte stenographieren und hat bis in ihre letzten Lebensjahre in München am Hobby der Ölbildmalerei festgehalten. Immer standen Leinwände und Rahmen herum, roch es nach Terpentin, lag irgendwo die dick und bunt mit Farbe beschmierte Palette.

Der Altstädtische Markt war das Zentrum des ältesten Teiles der Stadt und erstreckte sich direkt unterhalb des Schlosses. An seiner Nordseite hatte ursprünglich (zu meiner Zeit gab es dort keine Häuser mehr, sondern nur Anlagen) die Hofpost gelegen, an seiner Südseite zum Pregel hin das Polizeigebäude.

Am 4. März 1919 kam es im Schloß zwischen Freikorpseinheiten und aufständischen Matrosen zu einem längeren Gefecht, wobei der Schußwechsel auch den Altstädtischen Markt in Mitleidenschaft gezogen haben muß, denn meine Mutter erzählte mir, daß sie sich in diesen Tagen in der Wohnung meiner Großeltern aufgehalten und mich aufgeregt von einem Zimmer ins andere getragen hätte.

Die Wohnung von Louis und Auguste Behrendt lag im ersten Stock eines der wahrscheinlich ältesten Häuser von Königsberg mit dicken Mauern und einem verliesartigen Kellergewölbe. Gegenüber auf der anderen Seite des Platzes hatte sich die bekannte Konditorei

Pettschliess befunden, die aber zu meiner Zeit bereits von dem mächtigen Kaufhausblock von »Alexander & Echternach« verdrängt worden war.

Dann gab es da noch das Altstädtische Rathaus, ein Geschäft für Glas- und Porzellanwaren »Joseph Weidlich« und ihm gegenüber den Kolonialwarenladen von »C. E. Heller«. Er war in einer Art Gewölbe untergebracht, und ich habe dort oft für meine Großmutter eingekauft, wenn es schnell etwas zu besorgen galt. Der Ort war kühl, voller Gerüche, die aus den Regalen und Säcken aufstiegen. Erstanden habe ich wahrscheinlich Mehl und Zucker und Streichhölzer, Rosinen und Mandeln und Gewürze. Konfitüren und Kompotte wurden selbst hergestellt, Kartoffeln in größeren Mengen direkt vom Bauern bezogen und eingekellert, Butter und Eier, Wild und Geflügel zumeist auch direkt vom Erzeuger oder aber auf dem vor der Tür liegenden Markt erworben.

Mein Großvater war Frühaufsteher und beobachtete schon in der Morgendämmerung, wenn ich widerwillig aufstand, um mich für den Schulweg fertigzumachen, wie die Marktleute ihre Buden und Stände aufbauten. Man sah undeutlich Menschen, Wagen, Zeltplanen, Kübel und Kisten, die entleert oder auch zurechtgestellt und gefüllt wurden. Und durch die geschlossenen Fenster drang ein langsam anschwellendes Stimmengewirr, unterbrochen von lauten Rufen, Räderrollen, Bremsenquietschen und Hammerschlägen.

Am schönsten war es auf dem Altstädtischen Markt zur Weihnachtszeit. Der Weihnachtsmarkt zog sich bis zum Mittag des 24. Dezember eine ganze Woche lang hin und war vor allem am Abend stark besucht. Von unserem Logenplatz im ersten Stock sahen wir in aller Muße auf die erleuchteten Stände und Buden.

In dieser Jahreszeit war es in Königsberg zumeist schon sehr kalt, der Schnee blieb liegen und knirschte unter den Füßen. Etwa um acht Uhr abends begannen die Händler ihre Stände abzubauen oder mit Planen zuzudecken, und wenn um neun Uhr die Bläser auf dem Schloßturm viermal in alle Himmelsrichtungen »Nun ruhen alle Wälder...« (in den Weihnachtstagen »Vom Himmel hoch...«) intonierten, war auf dem Altstädtischen Markt Stille eingekehrt.

Durch die Standorte Altstädtischer Markt, Giesebrechtstraße,

Löbenichtsches Realgymnasium am Münchenhof und (später) Universität am Paradeplatz wurde der Schloßteich für mich ganz von selbst zu einem Mittelpunkt meines Lebens in Königsberg. Vom Altstädtischen Markt war es dorthin ein Weg von zehn Minuten. Von der Giesebrechtstraße über Paradeplatz und Junkerstraße war die Strecke nur wenig länger, und um von Münchenhof zum Schloßteich zu gelangen, mußte man nur den – allerdings sehr langen und kräftig ansteigenden – Mühlenberg hinter sich bringen.

Gleich am Anfang der Münzstraße lag die Konditorei Schwermer. Wenn man ihren Innenraum durchquert hatte, gelangte man auf eine langgestreckte Terrasse, die etwas erhöht, aber nur durch einen schmalen Fußweg von diesem getrennt, direkt am Südwestende des Schloßteichs lag. Von dieser Terrasse aus, über der an warmen Sommerabenden die Lärmglocke einer Unterhaltungskapelle, vieler Stimmen, klirrender Gläser und Tassen lag, hatte man einen ungehinderten Blick auf das Oval des Schloßteichs, der von dem sich im Wasser spiegelnden Lichterkranz der ihn säumenden Bogenlampen umrandet wurde. Auf den sich auf beiden Seiten bis zur Brücke hinziehenden Promenadenwegen lustwandelten Spaziergänger; auf dem Wasser schwammen als dunkel schaukelnde Flecke die Ruderboote und drängten sich besonders vor dem Uferstück zusammen, an dem sich die Schwermer-Terrasse darbot. Blickte man über die Boote hinweg, sah man weiter hinten, im Schein ihrer Lampen, die Schloßteichbrücke, auf der unablässig ein Strom von Menschen hin und her flutete.

Der Schloßteich war aber auch der Schauplatz unseres großen Wintervergnügens. Ende Oktober, Anfang November fror er zu und stand dann durchgehend den Schlittschuhläufern zur Verfügung. Am Rande des Münzplatzes, wo hinter einem Blumenrondell an einem langgezogenen Quai aus grauem Stein im Sommer die Boote bereitlagen, waren auf dem Eis in einem weiten Halbkreis Bänke aufgestellt, auf denen man sitzend und in einiger Bequemlichkeit die Schlittschuhe anschrauben konnte. Immer war man auf der Suche nach dem kleinen Vierkantschlüssel, mit dessen Hilfe die metallenen Haltebügel vorn und hinten in die Ledersockel unserer Schnürstiefel hineingedreht wurden.

Merkwürdigerweise hielt diese Konstruktion recht gut, nur die Schuhsohlen, insbesondere die Absätze, überstanden die tägliche Strapaze nicht lange. Bis dahin jagten wir jedoch nicht langsamer über die freigeschaufelten Eisbahnen als die heutigen Läufer mit ihren Kunstlauf- und Eishockeystiefeln und scheuten auch vor rasanten Sprüngen über Schneehocken und Bretterhindernisse nicht zurück.

Ich war fast an jedem Nachmittag auf dem Schloßteich zu finden, der im Winter zum Treffpunkt aller Schülercliquen und vieler Pärchen wurde. Da wir im Herbst 1928 Pillau verlassen hatten und ich im Frühjahr 1929 die Sexta des Löbenicht bezog, werde ich vom Winter 1928/29, also von meinem elften Lebensjahr an, diese gesunde Gewohnheit angenommen haben.

In einer Provinzstadt, auch wenn es sich um die Landeshauptstadt handelt, hat das kulturelle Leben einen anderen Stellenwert als in einer Groß- oder gar Weltstadt. Es wird vom Geschmack, vom Bildungs- und Unterhaltungsbedürfnis des beflissenen Bürger- und Kleinbürgertums, nicht von Kennern und Gourmets bestimmt, die Spitzenleistungen und Experimente erwarten. Für die Entwicklung großer Talente wirkt dieser Tatbestand hemmend und stimulierend zugleich. Hemmend, weil es hier das Herausragende besonders schwer hat, sich durchzusetzen, stimulierend, weil Macht und Impertinenz des Durchschnittlichen dazu anspornen, ihm zu widersprechen und es hinter sich zu lassen.

Inzwischen sind solche Differenzen im Fall der ostpreußischen Metropole belanglos geworden. Königsberg ist bisher nicht nur unzugänglich, sondern vom Erdboden verschwunden und in jene Sphäre entrückt, in der das Gewöhnliche wie das Außergewöhnliche gleichwertige Signaturen der Geschichte des Menschen sind. Jede Stadt, die nicht nur vorübergehend Schutz und Unterkunft bot, sondern in vielen Generationen aus Burgen und Kirchen, Türmen und Brücken, Gebäuden und Wohnungen, aus Krönungen, Revolten und Epidemien und aus den Schicksalen vieler Individuen zusammenwuchs, hinterläßt im Immateriellen eine bleibende Spur, die magische Kontur ihres Körpers und ihres Geistes.

Wer archäologische Luftbildaufnahmen kennt, auf denen sich,

vom Flugzeug mit Spezialkameras aufgenommen, in den Farbschattierungen der Bodenbewachsung bis heute die präzisen Umrisse von Häusern und Straßen abzeichnen, die schon seit vielen Jahrhunderten vom Erdboden verschwunden sind, wird begreifen, daß hier nicht von mysteriösen, sondern von realen Erscheinungen die Rede ist. Es ist kaum einzusehen, warum nur die Steine und nicht auch die Menschen, ihre Empfindungen und Gedanken, bleibende Spuren hinterlassen sollten.

CRANZ

In den Jahren 1931 bis 1933 versuchte Ernst Szczesny noch einmal einen Neuanfang als Hotelier und pachtete drei Sommer lang im Ostseebad Cranz nacheinander die Hotels »Ostpreußen« und »Preußen«. Wir zogen jeweils Ende April nach Cranz um und kehrten erst Anfang Oktober wieder in die Königsberger Wohnung zurück.

Das Zimmer, in dem ich im »Hotel Ostpreußen« schlief (und hätte arbeiten sollen), lag vor dem Schlafzimmer meiner Eltern und bildete zusammen mit einem kleinen Vorraum ein Appartement, das im ersten Stock die Haus-Ecke füllte, deren eine Seite entlang des Endes der Königsberger Straße und deren andere Seite entlang des Anfangs der Sarkauer Landstraße verlief.

Etwa um Viertel vor sieben Uhr mußte ich von Cranz wegfahren. Ein Zug, der ohne Aufenthalt durchfuhr, schaffte die zweiunddreißig Kilometer bis Königsberg in dreißig Minuten; hielt er an jeder Station – was ganz in der Früh der Fall war – dauerte die Fahrt eine dreiviertel Stunde. Anschließend bin ich mit der Straßenbahn (umsteigen am Kaiser-Wilhelm-Platz) vom Nordbahnhof bis zum Münchenhof noch einmal zwanzig Minuten unterwegs gewesen.

Irgendwann zwischen Viertel nach sechs und halb sieben Uhr mußte ich also vom »Hotel Ostpreußen« zum Cranzer Bahnhof aufbrechen. Vom »Hotel Preußen« aus konnte es ein paar Minuten später geschehen. Es befand sich ebenfalls in der Königsberger

Straße, aber in der Mitte des Orts und näher am Bahnhof. Im Gegensatz zum »Hotel Ostpreußen«, einem etwas düsteren Bau, war das »Hotel Preußen« ein zwar kleineres, aber freundlicheres Etablissement mit einer großen, hellen Glasveranda. Auf der hinteren Seite gab es bis zur anliegenden Gasse einen kleinen Rosengarten; und die rückwärtigen Gästezimmer, die auf diesen Garten hinausgingen, hatten alle geräumige Balkone.

Noch waren nur die Zeitungsausträger, die Milch- und Brötchenlieferanten, ein paar Fuhrwerke und Fußgänger unterwegs, die Mehrzahl der Holzveranden aber geschlossen und die Gardinen hinter den Fenstern zugezogen. Wenn es nicht schon zu spät war, machte ich den Umweg über die parallel zur Königsberger Straße verlaufende Strandpromenade. Um diese Stunde war der breit angelegte, mit Sitzbänken bestückte und ein bis zwei Kilometer lange Holzsteg leer. Die See glänzte im Licht der hinter mir über Nehrung und Haff aufgehenden Morgensonne. Die Wellen verliefen sich auf dem einsamen Strand, brachten – je nach Wellengang – ein dünneres oder breiteres Schaumband hervor und ließen es wieder verschwinden. Auf dem Seesteg, der etwa hundert Meter ins Meer hinausführte, konnte man vielleicht ganz an seinem Ende einen einsamen Angler erkennen. Die offenen Hotelterrassen (zumeist mit weißgestrichenen Holzaufbauten), die Gartentische und die über Nacht mit Sitz nach unten auf die Tische geschobenen Stühle waren mit Tautropfen bedeckt.

Das Samland war ein Quadrat, dessen südwestliche Ecke Pillau, dessen nordwestliche Spitze der Leuchtturm von Brüsterort und dessen nordöstlichsten Punkt Cranz bildete. Zwischen Pillau und Brüsterort lag die Bernsteinküste (mit Palmnicken-Kraxtepellen als Abbauzentrum), zwischen Brüsterort und Cranz lagen die Bäder Warnicken, Georgenswalde, Rauschen und Neukuhren.

Rauschen war ein malerisches Seebad, auf, an und unterhalb einer pittoresken Steilküste gelegen, von der man zum Strand hinunter mit einer Drahtseilbahn fahren konnte, ein Erlebnis, das mir mit dem Blick auf den Strand, die Seepromenade, das Kurhaus, die verstreut im Grün liegenden Villen, Pensionen und Hotels noch heute gegenwärtig ist. Schon der Ostpreuße Gregorovius, Verfasser der »Geschichte der Stadt Rom«, hat die idyllische Schönheit des Ortes gepriesen – im Gegensatz zu Thomas Mann, der Rauschen bei einem Ferienaufenthalt im Jahre 1929 langweilig fand.[2]

Neukuhren, Rauschen, Georgenswalde und Warnicken waren die von ruhesuchenden Bürgerfamilien bevorzugten Badeplätze. Cranz ist zwar schon 1876 wegen der Nähe zu Königsberg – und weil es angeblich »den stärksten Wellenschlag der deutschen Ostseeküste« hatte – zum »Königlichen Seebad« erklärt worden, wurde aber erst zu Anfang dieses Jahrhunderts und dann in den zwanziger und dreißiger Jahren die »mondäne« Sommerfrische der Königsberger.

Der Strand vor der Seepromenade war für Inhaber von Kurkarten reserviert. Viele der älteren, bequemeren und länger verweilenden Kurgäste (1934 wurden 12521 gezählt) bezogen dort mit stabilen Strandkörben, die von immer wieder nachgebesserten Sandwällen umgeben waren, ein festes Quartier. Wem es zu lästig war, seine Freizeit auf so engem Raum in einer so engen Gemeinschaft zuzubringen und dabei noch den Müßiggängern der Promenade als Schauobjekt zu dienen, suchte sich einen Liegeplatz westlich oder östlich von dieser Zone. Erst am späten Nachmittag fanden sich dann alle vor den Hotel- und Caféterrassen zusammen, um auf dem Holzsteg zu flanieren oder auf einer der Bänke den Sonnenuntergang zu erwarten. Die jüngeren und ganz jungen Jahrgänge lehnten derweil am (oder saßen auf dem) Geländer, das den Gehsteig zum wesentlich tiefer liegenden Strand hin absicherte.

Im »Hotel Monopol« spielte Teddy Staufer schon um sechzehn oder siebzehn Uhr zum Tanztee im Freien und sang Paul O'Montis, den man ansonsten mit Monokel und Mops, umgeben von Knaben und jungen Männern, auf der Promenade gegenüber dem Monopol eine Stehparty geben sah.

In den Hauptsaison-Monaten Juli und August wurden täglich Kurkonzerte – abwechselnd im Konzertpavillon an der Promenade oder in der Plantage – geboten, fanden Reunions, »Knospen«-Bälle und Kinderfeste (mit Wettbewerben im Sackhüpfen, Burgenbauen, Windbeutelessen) statt, dazu zwei eindrucksvolle Seefeuerwerke, ein Blumenkorso, eine Segelregatta der Fischer. Es gab genügend Tennisplätze und eine Wiese zum Tontaubenschießen. Und man besichtigte natürlich am Weststrand, wo die Fischer wohnten, die offenen Herde, über denen die Cranzer Flundern geräuchert wurden und in deren Nähe man sie auch kaufen oder gleich essen konnte.

Bei diesem Angebot an Unterhaltung kam die Schule zu kurz. Was ich in den drei Sommerhalbjahren, die wir in Cranz zubrachten, auf Quarta, Unter- und Obertertia versäumt habe, konnte ich in den Wintermonaten nur mühsam wieder mit Hilfe eines Nachilfelehrers aufholen. Dabei habe ich an den allgemeinen Vergnügungen, soweit sie meinem Alter überhaupt zugänglich waren, nur in geringem Maß teilgenommen, offensichtlich aber auch in Cranz dem Lesen mehr Zeit gewidmet als irgendwelchen Arbeiten für die Schule.

Am 5. Februar 1945 wurde Cranz von sowjetischen Truppen besetzt. Eine Generation davor hatte es zwischen 1905 und 1914 viele russische, vor allem baltisch-russische Badegäste beherbergt, die es seit der Revolte in Petersburg und den Aufständen gegen die deutschstämmige Herrenschicht in den estnischen, livländischen und kurländischen Provinzen des Zarenreichs vorzogen, ihre Sommerferien an der deutschen Ostseeküste zu verbringen.

Noch etwas früher, nämlich im Siebenjährigen Krieg, während der von 1757 bis 1762 dauernden Besetzung Ostpreußens durch die Truppen der Zarin Elisabeth, hatte das Fischerdorf erleben müssen, wie russische Kommandos für das Entstehen der später so berühmten Wanderdünen sorgten: Sie rodeten große Teile des Waldes, der die Kurische Nehrung bedeckte.

KURISCHE NEHRUNG

Zu meiner Zeit waren Teile der Nehrung längst wieder mit Wald bedeckt. Die sogenannte »Plantage« im Osten von Cranz wurde schon 1844 mit der Anpflanzung von Kiefern geschaffen, dann wurde bis zum Ende des Jahrhunderts das Gebiet bis Sarkau aufgeforstet. Erst hinter Sarkau begann mit dem »Weißen Berg« das Gebiet der eigentlichen Wanderdünen. Ab Sarkau war auch kein

Autoverkehr mehr erlaubt. Wer sich nicht mit dem Dampfer auf der Haffseite zwischen Cranzbeek und Memel von Ort zu Ort fortbewegen wollte, mußte sich eines Fahrrades – das ideale Verkehrsmittel auf der Nehrungslandstraße – bedienen.

In den ersten beiden Cranzer Sommern bin ich besonders oft aufs Rad gestiegen, um ein Stück weit in Richtung Sarkau zu fahren, denn um vom »Hotel Ostpreußen« in die Plantage zu gelangen, mußte ich nur die Sarkauer Landstraße überqueren. Von ihr aus führten in regelmäßigen Abständen breite Schneisen durch den Wald die Dünen hinauf, hinter denen die Ostsee rauschte.

Vom Sommer 1934 ab bin ich dann von Königsberg aus zumindest einmal im Jahr auf die Kurische Nehrung geradelt. Wir zogen unsere Windjacken an, schnallten die Tornister auf den Gepäckträger, setzten die Karbidlampen instand und trampelten – meist gegen den Wind – auf der Cranzer Chaussee nach Norden. War Cranz erst einmal erreicht, schien die Reststrecke ein Vergnügen: keine vielbefahrene Chaussee mehr, sondern eine stille Landstraße auf einem schmalen Streifen Land zwischen zwei großen Wasserflächen, die man von bestimmten Punkten und Aussichtsplattformen aus beide erblicken konnte.

Sowohl in Sarkau als auch in Rossitten gab es Jugendherbergen, aber wir haben ebensooft in Heuschobern oder in Zelten übernachtet. Ich besitze ein Foto, von dem ich mit Bestimmtheit nur noch weiß, daß es in Rossitten aufgenommen ist. Man sieht, wie ich gerade aus der Luke eines kleinen Heuschobers steige und dabei meinen »Affen« mit hinausbugsiere. In meinem linken Mundwinkel hängt eine – gewiß kalte – Pfeife mit einem langen, geraden Rohr und einem kleinen Kopf. Ich würde auf eine Nehrungsfahrt im Sommer 1934 mit zwei oder drei Klassenfreunden schließen.

Es muß anläßlich dieser Tour gewesen sein, daß mir bei dem Versuch, mein Fahrrad – mit der linken Hand im vorderen Rad – irgendwo hinauf- oder hinunterzuheben, eine Speiche einen tiefen, wie mit dem Lineal gezogenen Riß auf dem linken Handrücken beibrachte. Die Narbe ist in den Jahrzehnten zwar immer unscheinbarer geworden, aber mir bis heute als Andenken an die Kurische Nehrung geblieben.

Ein Aufenthalt unserer ganzen Klasse im Landschulheim Sarkau muß 1935 oder 1936 stattgefunden haben, denn die Unternehmung nahm bereits militärischen Charakter an. Es wurde zackig an- und abgetreten, die Hakenkreuzfahne gehißt, gegrüßt und im Gelände geübt. Ich durfte das Tagebuch führen, was mir jeden Tag eine ruhige Stunde bescherte.

In Rossitten gab es zwei Anziehungspunkte: Die Vogelwarte und die Segelfliegerschule, die zwar in Pillkoppen zu Hause war, aber zu den Rossittener Sehenswürdigkeiten gezählt wurde. Die Vogelwarte bestand aus dem Holzhäuschen von Professor Thienemann, um das herum sich ein paar zahme Störche und Dohlen tummelten, und einem weiträumigen Gelände, auf dem große Netze aufgestellt waren. In ihnen wurden Zugvögel eingefangen, dann beringt und wieder freigelassen.

Die Segelflieger gingen ihrem Hobby in den großen, weit ausladenden Dünen nach, da dort die Aufwinde besonders günstig waren und auch der mühevolle Rücktransport nach der Landung glatt bewerkstelligt werden konnte. Eine unserer Nehrungstouren fiel gerade mit Aufnahmen zu dem Segelfliegerfilm »Krishan« zusammen.

Fast die Hälfte der Kurischen Nehrung war 1919 zusammen mit Memel Litauen zugesprochen worden. Die Grenze verlief zwischen dem deutsch gebliebenen Pillkoppen und dem litauisch gewordenen Nidden. Ich bin nur ein einziges Mal in ihre Nähe gekommen und habe im Gedächtnis behalten: ein Stück Heidelandschaft mit einzelnen Birken in völliger Einsamkeit und Stille. Und ein Gefühl des Unbehagens.

BÜCHER, OKKULTISMUS UND SCHWIERIGKEITEN
MIT DEM CHRISTENTUM

Nach dem – dem Pillauer Desaster folgenden – Zwischenaufenthalt bei meinen Großeltern am Königsberger Altstädtischen Markt hatten wir zunächst – während der Cranzer Jahre – eine kleine Wohnung an der Südseite des Paradeplatzes, gegenüber dem Standort des Kant-Denkmals von Rauch. Mein dortiges Zimmer, ein winziger Raum, war nach kurzer Zeit vollgestopft mit Drähten und mit Lampen, die aufleuchteten, sobald sich jemand näherte. Unter Anleitung von Herrn Lemke, dem Vater meines engsten Schulfreundes Werner, hatte ich zudem auf einem Sperrholzbrett mit ein paar alten Röhren, Transformatoren und anderen Bauelementen einen Radioapparat zusammengebastelt, der zwar funktionierte, aber schreckliche Nebengeräusche von sich gab.

Die Begeisterung für Elektrizität und Radiotechnik hörte so plötzlich (und für immer) auf, wie sie sich eingestellt hatte. Länger als ein Jahr hat sie bestimmt nicht vorgehalten und ist wahrscheinlich der letzte Ausläufer eines Spieltriebes gewesen, der sich zuvor an Märklin-Baukästen und Modell-Eisenbahnen ausgelebt hatte.

In den Jahren 1931 bis 1933, in denen ich die Quarta und die Untertertia absolvierte, erfolgte der gleichfalls rasche Durchbruch einer (nunmehr lebenslang anhaltenden) Neigung zu Büchern. Daß dieses Interesse sich in diesem frühesten Stadium wahllos auf die – thematisch wie qualitativ – verschiedenartigsten Druckerzeugnissen richtete, hing sicher nicht nur mit meinem Alter zusammen, sondern auch mit der Tatsache, daß ich zu Hause in völliger Ungebundenheit aufgewachsen bin. Auch von außen her – etwa seitens der Schule, einer Kirche oder einer bestimmten gesellschaftlichen Gruppe – gab es keine vorgegebenen Auswahl- und Urteilskriterien.

Bei einem sich mit der Leseleidenschaft sehr bald und intensiv einstellenden Interesse ausgerechnet für Okkultismus spielte wiederum Vater Lemke eine wichtige, auf alle Fälle eine auslösende Rolle. Er war Ingenieur und hatte vermutlich, wie viele Angehörige naturwissenschaftlich-technischer Berufe, das Bedürfnis, den dürren Rationalismus einer materialistisch-mechanistischen Weltsicht durch metaphysische und metapsychische Abenteuer zu kompensieren. Von ihm erfuhr ich erstmals – entweder direkt oder durch Schriften, die er mir lieh – von weißer und schwarzer Magie, von Mediumismus und Spiritismus, von visionären Kristallkugeln und siderischen Pendeln, dem Einfluß der Sterne und den Geheimnissen der Kabbala.

In meiner Bibliothek befindet sich bis heute ein obskures grünes Buch mit dem Titel »Moderne Rosenkreuzer« und ein kleines Heft »Wie pendelt man?«. In das Buch habe ich handschriftlich »1933«, in das Heft die Jahreszahl »1934« eingetragen. Das Studium solcher Einweihungen war begleitet von der Lektüre gleichgestimmter Romane. Wie aus einem kleinen Schulheft hervorgeht, in dem ich mir wichtig erscheinende Auszüge und Erkenntnisse festhielt, las ich damals von Gustav Meyring »Der Golem« und »Der Engel vom westlichen Fenster«, von E. L. Bulwer »Zanoni«, aber auch von Paul Dahlke »Buddhismus als Religion und Moral« und von einem nicht mehr identifizierbaren Autor namens Diehl »Suso«, ein Lebensbild des deutschen Mystikers Heinrich Seuse.

Im Zuge dieser para- und metaphysischen Umtriebe stieß ich erstmals auch auf eine Schrift des großen Landsmannes Immanuel Kant: »Träume eines Geistersehers, erläutert durch Träume der Metaphysik«. In diesem frühen und gar nicht trockenen, sondern eloquent und ironisch geschriebenen Essay setzt er sich mit den damals alle Welt beschäftigenden spiritistischen Botschaften des schwedischen Naturforschers Swedenborg auseinander, um andererseits aber auch den Ertrag des dogmatischen Rationalismus eines Christian Wolff zu bezweifeln, der seiner Meinung nach ein zu naives Vertrauen in die Zukunft setzte.

Obwohl ich nur der Kritik des Vernunftglaubens aus vollem Herzen zustimmte und meiner Hoffnung, von den Geistersehern in tiefgründige Geheimnisse eingeweiht zu werden, nicht so schnell entsagen wollte, war ich von dieser ersten Begegnung mit dem Alleszermalmer, der nüchternen Akribie seiner Argumente so beeindruckt, daß ich in unserer Untertertia einen philosophischen Arbeitskreis ins Leben rief, in dem Kant gelesen und diskutiert werden sollte.[3] Dieses altklug-anmaßende Unternehmen hat tatsächlich geraume Zeit getagt und – wenn ich nicht irre – Kants Schrift »Die Religion innerhalb der Grenzen der bloßen Vernunft« zu bewältigen versucht.

Königsberg war nicht nur die Stadt Immanuel Kants, sondern auch Johann Georg Hamanns, des genialischen und streitbaren Gegenaufklärers, den man »Magus im Norden« nannte. Es blühten in dieser auf den ersten Blick so nüchtern wirkenden Provinzmetropole viele bizarre Zirkel und Sekten, und ich habe im Verlauf meiner beharrlichen Wahrheitssuche viele davon in Augenschein genommen: die Theosophen und die Anthroposophen, die Heiligen der letzten Tage und die Bahai, die Mazdaznans und die Freimaurer.

Was konnte ich bei den Sekten, in den Geheimlehren und mit Hilfe mysteriöser magischer Praktiken zu finden hoffen? Wissen, das mir ungeahnte Macht verleihen würde? Jenen Stein der Weisen, der mir – nachts unters Kopfkissen gelegt – alle Kenntnisse verschaffen müßte, um am nächsten Vormittag Lehrer und Klassenkameraden in Erstaunen und Bewunderung zu versetzen?

Gewiß ist, daß ich keine besonderen Ängste hatte, keinen Lebensüberdruß und keine asketischen Neigungen verspürte, keinen Zweifel an der Fähigkeit der Wissenschaften hegte, die (uns zugänglichen) Zusammenhänge der Welt zu erklären, und immer Distanz zu allem Wunderglauben hielt. Was mich trieb, war eine Neugier, von der ich sicher war (und bis heute bin), daß sie gerechtfertigt ist. Wenn man – wie Kant es getan hatte – eine Grenze unseres Erkenntnisvermögens konstatiert, dann behauptet man damit auch das Vorhandensein von etwas Unbekanntem und Unerkennbarem jenseits dieser Grenze, und dann ist es erlaubt, nach emotionalen, intuitiven, irrationalen Grenz- und grenzüberschreitenden Erfahrungen zu suchen.

Von keiner familiären Glaubensvorgabe eingeengt, geriet ich auf den magisch-mystagogischen Seitenweg. Ich habe in Kristallkugeln gestarrt, um weit Entferntes oder Zukünftiges zu erspähen, über Buchseiten ein Pendel schwingen lassen, um das mich betreffende Losungs- und Lösungswort zu finden, mich anhand komplizierter Zahlenkombinationen davon überzeugt, daß die Offenbarung des Johannes voller Weissagungen steckt (Joh. 13[18]: »... denn es ist eines Menschen Zahl und seine Zahl ist 666«) und mich durch angestrengtes Denken bemüht, anderen Menschen auf telepathischem Wege meine Wünsche zu übermitteln.

An der Astrologie beeindruckte mich die kosmologische Weite und Pracht. Was den Sternenglauben für Gemüter, die nach einer einheitlichen Welterklärung suchen, so einleuchtend macht, ist die

Überzeugungskraft, die vom Analogiedenken ausgeht. Wenn alles mit allem zusammenhängt und sich der Aufbau und die Gesetze einer Wirklichkeitssphäre in allen anderen wiederfinden, ist es naheliegend, in der Konstellation der unseren Planeten umkreisenden Gestirne das kosmische Abbild auch dessen zu sehen, was sich auf diesem Planeten mit jedem einzelnen von uns abspielt. Man mußte die Vorgänge am Himmel nur richtig zu lesen verstehen.

Der Eindruck der Vernünftigkeit astrologischer Prognostik wird noch verstärkt durch den Aufwand an »wissenschaftlicher« Methodik und Begrifflichkeit. Wenn man für Geburtstag und Geburtsstunde die »Häuser«, die »Ekliptik«, die Stellung der Planeten und ihre »Aspekte« beisammen hatte, ließen sich anhand der den zwölf Häusern und den Planeten zugesprochenen günstigen oder ungünstigen Einflüsse Charakter und Schicksal des einzelnen bestimmen.

Bevor ich noch den mißlichen Umstand entdeckte, daß die den verschiedenen Gestirnen beigelegten Bedeutungen absolut willkürlich und unbeweisbar sind und auch – gerade wenn man wissenschaftliche Vernunft walten läßt – nicht recht einzusehen ist, warum Ballungen anorganischer Materie einen so ins Detail gehenden Einfluß auf individuelle seelische und geistige Befindlichkeiten haben sollen, war es die prognostisch-prophetische Absicht der astrologischen Bemühungen, die mein Interesse rasch erlahmen ließ. Ich wollte weder meine noch die Zukunft anderer Menschen kennenlernen, sondern empfand alle sich mit der Vorausschau beschäftigenden Künste als Einschränkung meiner Handlungs- und Vorstellungsfreiheit und als irritierende Behinderung der in der jeweiligen Gegenwart zu treffenden Entscheidungen.

Obwohl eines der philosophischen Probleme, das mich schon in jenen Jahren beunruhigte, die Frage der Willensfreiheit war und jede rationale Überlegung den Schluß zwingend machte, daß es eine Entscheidung außerhalb gesetzmäßig zustande kommender Kausal- und Motivketten nicht gibt, ist mein Bedürfnis, in einer Welt mit offenen Horizonten zu leben, immer stärker gewesen, und die mich damals vielleicht am nachhaltigsten bewegende Lebensweisheit des Immanuel Kant war seine Überzeugung, daß es zu leben gelte, »als ob« man frei sei.

Da es mir nicht gelang, einer Hexe oder einem Hexenmeister zu begegnen, und mich der hektische Selbsttäuschungswille der Veranstalter von Seancen und magischen Kunststücken eher belustigte als erhellte, war meine okkultistische Neugier nach zwei oder drei Jahren gestillt. Was ich dieser Episode verdanke, ist ein Agnostizismus, der ebensosehr von der (alle Realität durchdringenden) Wirklichkeit einer transzendenten Dimension überzeugt blieb wie von der Unmöglichkeit, mit unseren Fähigkeiten über ihr Wesen irgend etwas herauszufinden. Das »Eigentliche« gibt sich uns nur indirekt durch die Erfahrung der »Uneigentlichkeit«, der Kürze und Flüchtigkeit jedes menschlichen Lebens zu erkennen.

Wenn ich versuche, die wechselnden Interessen meiner Knaben- und Jünglingsjahre auf eine allgemeine Formel zu bringen, so läßt sich eine starke rationalistisch-naturwissenschaftliche Neigung ausmachen, eine vielleicht noch stärkere intuitionistisch-idealistische Veranlagung und als Konsequenz der Versuch, für diese beiden widerstrebenden Tendenzen einen sie vereinenden kosmosophischen Überbau zu finden.

Ich las nebeneinander und mit der gleichen Neugier Bruno H. Bürgels »Weltanschauung des modernen Menschen« und Rudolf Steiners »Wie erlange ich Erkenntnis der höheren Welten?«, Gjellerups »Pilger Kamanita« und Sigmund Freuds »Vorlesungen zur Einführung in die Psychoanalyse«; natürlich auch den »Zarathustra« und Karl May, Hans Dominik und Rudolf G. Binding, alles von Storm und Chamisso, den »Lederstrumpf« und den »Sigismund Rüstig« und in jedem Jahr »Das Neue Universum«. Nicht zu vergessen »Die schönsten Sagen des klassischen Altertums« von Schwab, Grimms Märchen und den »Struwwelpeter«.

Ich bin sehr früh ein süchtiger Leser gewesen. Die Lektüre eines spannenden Buches (und alles, was oben angeführt ist, empfand ich als spannend) zog ich den meisten puerilen Lustbarkeiten vor. Die Einfühlung in vorgestelltes Leben war für mich ein um unbegrenzte Möglichkeiten erweitertes Existieren und nicht etwa Ersatz für ungelebtes »wirkliches« Leben. Zum anderen erhoffte ich von Büchern ganz allgemein, was schon meine okkultistische Wißbegier in Gang gesetzt hatte: Ich wollte verborgene Zusammenhänge und

Hintergründe entdecken und begreifen, »was die Welt im Innersten zusammenhält«.

Diese Hoffnung war nicht völlig unbegründet und wurde zur Ausgangserfahrung für meine Überzeugung, daß Literatur nicht nur den subjektiven Erlebnisraum des Lesers erweitert, sondern auch objektiv eine neue Stufe der Daseinsentfaltung, eine neue und subtilere Variation des Verschlungenseins von Materie, Seele und Geist erschließt.

Etwa mit Vierzehn begann ich selbst zu schreiben, und 1933 wurde mein erstes Gedicht in der Jugendbeilage der »Königsberger Allgemeinen Zeitung« veröffentlicht. Ein unsagbar sentimental-pathetisches Gebilde, in dem viel von Sonne und Licht die Rede ist. Bis zum Ende der Schulzeit habe ich dann noch viele Beiträge bei Dr. Lotte Frohwein, der Redakteurin dieser Beilage, abgeliefert. Da gibt es Berichte über Fahrten auf die Kurische Nehrung und nach Masuren, stimmungsvolle Naturimpressionen, eine Reportage über meinen ersten Flug (mit einer Junkersmaschine über Königsberg) und sogar eine erste literaturkritische Arbeit, nämlich den Versuch, die Tiergeschichten von Hermann Löns und Manfred Kyber zu vergleichen. Auch Heimatkundliches (»Wie das Samland zu seinem Namen kam«) und Nordisch-Mythologisches kommt zur Sprache. Unter Mißachtung der tatsächlich zuständigen prußischen Götter Perkunos, Pikollos und Potrimpos ließ ich den auch in Ostpreußen bekannteren Wotan über die Wälder brausen.

Das Bekenntnis zu Wotan war (fast) ernst gemeint. Nicht, daß ich den Wunsch verspürt hätte, mich einem Wotanskult anzuschließen (falls es in Königsberg so etwas gegeben haben sollte), aber es war eine meiner frühesten Bemühungen, mich von christlichen Vorstellungen zu distanzieren und in verfügbaren anderen Mythologien und Philosophien zu suchen, was mir eine einleuchtende Welt- und Lebensdeutung zu sein schien.

Der biblische Glaube ist mir in seinen theologisch und kirchlich bestimmenden Ausprägungen immer fremd gewesen. Zunächst einmal deshalb, weil die Christen mich zwingen wollten, Erzählungen über die religiösen Vorstellungen eines Volkes nicht, wie man es von den antiken und den germanischen Götter- und Heldengeschichten gewohnt war, als phantasievolle Verschlüsselungen bedeutsamer Lebensvorgänge und Lebenswahrheiten zu lesen. Sodann konnte ich in dem alttestamentarischen Jahwe und in seiner dramatischen Beziehung zum jüdischen Volk wenig Bewunderungswürdiges entdecken. Seine Belohnungen wie seine Zornesausbrüche, seine Wünsche, Forderungen und Versprechungen ließen noch nicht einmal die geistig-moralische Qualität irgendeines verständigen und menschenfreundlichen irdischen Herrschers erkennen.

Am Auftreten des Nazareners irritierte mich seine schwärmerische Heilsgewißheit. Ich verspürte eine tiefsitzende Abneigung gegen den Typus des Eiferers, Wundertäters, Propheten und Erlösers. Mir erschien nur die Figur des besonnenen Weisen ein vertrauenswürdiger Führer durch die Rätsel und Fährnisse des Lebens. Gerade auch der geforderte Glaube an das Mysterium der Auferstehung fand in mir kein Echo. Wie sollte ich imstande sein, an etwas zu glauben, was mir nicht nur unglaublich, sondern – in seinen phantastischen Konsequenzen – zu glauben auch gar nicht erstrebenswert erschien. Die vielen Mirakel, die Jesus widerfuhren und die er selbst vollbrachte, hätten wiederum nur als Legenden mein Interesse erregt. Als Ereignisse präsentiert, die tatsächlich stattgefunden haben sollten, mußte ich sie, wie viele ähnliche Überlieferungen in anderen Religionen, für Aberglauben halten.

Was mein Vater glaubte oder nicht glaubte, weiß ich nicht und habe ich nie (ich war mir bewußt, daß ihn Fragen dieser Art nur in Verlegenheit bringen würden) zu erkunden versucht. Meine Mutter ging jährlich ein- oder zweimal in die Kirche und hatte sich einen sentimentalen Restbestand von christlichen Überzeugungen und Lebensregeln bewahrt. Ihre Eltern wiederum (bei denen ich ja zeitweise aufgewachsen war) machten von ihrer Mitgliedschaft in der evangelisch-lutherischen und in der reformierten Kirche (meine Großmutter mütterlicherseits gehörte zu einer aus Hessen-Nassau eingewanderten Sippe) ebenfalls keinen Gebrauch, an den ich mich erinnern könnte. Die ganze Familie war das Produkt eines das Ende des neunzehnten und den Beginn des zwanzigsten Jahrhunderts bestimmenden Säkularisierungsschubs, der die christliche Überlieferung endgültig ihres spirituellen Inhalts beraubte und auf die

Beteiligung an ein paar Gebräuchen und Ritualen und die Anerkennung allgemeiner moralischer Grundsätze beschränkte.

Ich bin also in einer dem Christentum nicht feindlich gesinnten, sondern es respektvoll, aber verständnislos akzeptierenden Atmosphäre aufgewachsen. Sowohl meine Eltern als auch meine Großeltern waren unangenehm betroffen, als ich sie im gleichen Jahr, in dem meine Konfirmation stattfand (vorgenommen am 25. März 1934 in der Königsberger Schloßkirche)[4], mit meinem Kirchenaustritt überraschte. Das noch in meinem Besitz befindliche Dokument stellt fest, daß »der Schüler Gerhard Szczesny, geboren am 31. Juli 1918 in Sallewen, Kreis Osterode/Ostpr., wohnhaft in Königsberg/Pr., Giesebrechtstr. 2/3, durch Verhandlung vom 20. November 1934 seinen Austritt aus der Evangelischen Landeskirche unter Beobachtung der durch das Gesetz vom 30. November 1920 vorgeschriebenen Form erklärt hat«.

Obwohl ich also ab Obertertia »konfessionslos« war, nahm ich doch weiterhin auf eigenen Wunsch (den weder Direktor Hundertmarck noch Studienrat Carstens als Religionslehrer ablehnen mochten) am Religionsunterricht teil. Diesen Unterricht hatte ich schon in den Klassen davor durch altkluge Fragen und Diskussionsbeiträge bereichert. Zumeist brachte ich die mir damals forsch und originell erscheinenden, aber doch recht abgegriffenen Einwände à la Häckel und Wilhelm Ostwald vor: Gesunder, auf Wissenschaft begründeter Menschenverstand gegen christlichen Aberglauben. Für jene Pädagogen, die auf einem orthodoxen Bibelverständnis bestanden, war das eine ärgerliche, weil nicht zu gewinnende, für die liberalen christlichen Lehrer eine nicht minder ärgerliche, weil auf der Ebene des Bildungsstandes von Sechzehn-, Siebzehn- oder Achtzehnjährigen schwer zu führende Auseinandersetzung.

Ich bedaure heute die Lehrer, die sich redliche Mühe gaben, den Störenfried ernst zu nehmen. Dem verständnisvollsten von ihnen, Professor Paul Heincke, bin ich in den sechziger Jahren als Zuhörer begegnet, als ich in Dortmund oder Düsseldorf über mein Buch »Die Zukunft des Unglaubens« sprach. Wir haben danach in irgendeinem Lokal beisammengesessen, ein paar Argumente zum Thema, vor allem aber Erinnerungen an das Löbenichtsche Realgymnasium, an Königsberg und Ostpreußen ausgetauscht. In solchen Situationen behauptet das Gemüt seine Priorität.

Es gab weder in meiner Familie noch in ihrem Freundes- und Bekanntenkreis bürgerlich-freidenkerische oder sozialistisch-marxistische Atheisten und auch keine deutsch-völkisch Gottgläubigen, die einen antichristlichen Einfluß hätten auf mich ausüben können. Soweit ich das rückblickend feststellen kann, war mein Unverständnis für den christlichen Glauben ein ganz individueller Tatbestand. Man kann auch nicht von einer Entwicklung sprechen: Er kam zutage, sobald mir der Wahrheitsanspruch der biblischen Berichte entgegentrat.

Es ist schwierig, sich in Vorstellungen und Empfindungen zurückzuversetzen, die fünfzig Jahre zurückliegen und die gewiß schon damals nicht eindeutig bestimmbar gewesen sind. Da die Auseinandersetzung mit dem Christentum jedoch schon in der Schulzeit für mich eine große Rolle spielte, ist mir das Grundproblem durchaus gegenwärtig. So sehr ich mich auch ernstlich prüfte (unter meinen Freunden in der Schule und in dem von mir oft besuchten Bibelkreis, einer evangelischen Gruppe der Jugendbewegung, gab es viele überzeugte und sympathische Christen – darunter übrigens auch Johannes Bobrowski), sah ich nicht, was mich hätte veranlassen können, an die Realität jener mirakulösen Ereignisse zu glauben, die dem Nazarener zugestoßen sein und seine Gottessohnschaft beweisen sollten.

Ich begreife, daß jemand gläubig wird, der ein persönliches Offenbarungserlebnis gehabt zu haben meint, aber ich habe Mühe zu verstehen, daß man an ganz unwahrscheinliche Erlebnisse zu glauben beginnt, weil man in einem Buch liest, daß sie anderen vor Hunderten von Jahren zuteil geworden sein sollen. Man wird vermuten dürfen, daß sich diese Art von Gläubigkeit bei vielen Menschen als Anpassung an die Überlieferung, in die sie hineingeboren wurden, einstellt. Sie werden gute Muslims, Hindus, Christen, weil sich die geltenden islamischen, hinduistischen, christlichen Bilder, Begriffe und Glaubenssätze von selbst als Antworten auf religiöse und moralische Fragen anbieten.

Ein solches Verbleiben in der kulturellen und spirituellen Tradition, die man vorfindet, läßt sich sehr wohl begründen und rechtfertigen, da sich in allen Religionen allgemeine wie spezielle Wahrheiten finden lassen. Nur ein absoluter Wahrheitsanspruch ist mit einer augenscheinlich kulturbedingten Glaubensentscheidung nicht zu vereinbaren.

Schon damals im Religionsunterricht wurde mir Verstocktheit vorgeworfen. Aber warum war es verstockt, wenn man sich unfähig fand, Erzählungen und Behauptungen einer bestimmten religiösen Lehre für bare Münze zu nehmen, während man ähnliche Berichte in anderen heiligen Schriften ohne weiteres für Gleichnisse, mythologische Verkleidungen oder auch bloße Phantasien halten durfte? Ich bin bereit, auch in der abseitigsten religiösen Glaubensüberzeugung nach jenem Körnchen Wahrheit zu suchen, das es mir erlaubt, sie als verschlüsselte Weisheit zu werten, aber eine Christlichkeit, die nicht sehen will, daß etwa der Auferstehungsglaube nur Respektierung, aber keine Evidenz beanspruchen kann, macht jede Verständnisbereitschaft zunichte. Solange mir nicht erlaubt ist, die Christuslegende mythisch und metaphorisch zu lesen, wird das Christentum den Vorwurf der mutwilligen Unglaubwürdigkeit, wird es die Unaufrichtigkeit vieler seiner Bekenner und die »Verstocktheit« auch der religionsfreundlichen Anders- und Ungläubigen hinnehmen müssen.

Die Zumutung wird übrigens auch nicht tiefsinniger, wenn Christen sich ausdrücklich des Ärgernisses rühmen, das die Historisierung und Dogmatisierung einer Mythe erregen muß. Das Absurde ist als metaphysische Kategorie von großem Erkenntniswert, das Abstruse nicht. Und der Spiritualismus, dem auch ich anhänge, schließt spiritistische Erscheinungen nicht ein, sondern aus.

Die oben beschriebenen Verhältnisse haben es jedenfalls mit sich gebracht, daß sich mir die überlieferten christlichen Vorstellungen nicht als selbstverständliche Orientierungen einprägten, mein Bild von der Welt sich vielmehr – offenbar unmittelbarer und stärker als bei anderen Menschen – aus Bedürfnissen und Erfahrungen zusammengefügt hat, die mehr in natur- als in geschichtsspezifischen Lebensumständen begründet waren. In einem solchen Fall vollzieht sich das, was man Entwicklung nennt, nicht am Leitfaden und im

Rahmen vorgefundener Denkmuster, sondern im Sich-Orientieren an Deutungsmodellen, die man erst suchen muß.

Natürlich stieß ich im Verlaufe dieses Prozesses und im Laufe der Jahre, die mich dem Ende der Schulzeit näherbrachten, auf Voltaire und Feuerbach, Schopenhauer und Nietzsche, David Friedrich Strauss und Ernst Häckel, Wilhelm Ostwald und Fritz Mauthner, aber weder habe ich jemals einem aggressiven und materialistischen Atheismus angehangen, noch sind mir irgendwann die christlichen Glaubensforderungen zum Problem geworden. Da mich niemand persönlich bedrängte, erlebte ich das Christentum vorwiegend als Gegenstand oft sehr leidenschaftlicher, aber doch nur intellektuell beanspruchender Diskussionen und erst nach 1945 in der Adenauer-Ära dann die Kirchen als Institutionen, die mich durch einen unangemessenen gesamtgesellschaftlichen Machtanspruch bedrohten.

Sobald »letzte« Fragen in mein Blickfeld gerieten, bin ich ein unzweifelhaft religiös gestimmter Mensch gewesen. Aber diese religiöse Gestimmtheit wich so grundlegend vom Konzept und der Dramaturgie eines monotheistisch-chiliastischen Weltverständnisses ab, daß es gar keine Berührungspunkte, also für mich auch keine Konflikte geben konnte.[5]

Das Faktum meiner Religiosität bleibt, auch für mich selbst, erstaunlich. Soweit ich sehe, läßt sich in meiner Kindheit und Jugend kein Tatbestand oder Ereignis aufweisen, das meine metaphysischen Neigungen erklären könnte. Der Abstecher in den Okkultismus war ja seinerseits bereits ihre – ins Abseits führende – Folge. Und die Ernüchterung machte mich keineswegs – was verständlich gewesen wäre – zum empiriefixierten Weltgläubigen, sondern befreite lediglich meine spekulativen Bedürfnisse von allen supranaturalen Entgleisungsmöglichkeiten, ohne deshalb ihren transzendenzgerichteten Spielraum einzuschränken.

Der Wunderglaube – im Sinne der Möglichkeit, innerhalb unserer Welt die Aufhebung der ihr zugrundeliegenden Gesetze zustande zu bringen – ist niemals meine Sache gewesen. Ich habe nur eine Zeitlang die Fähigkeit des menschlichen Geistes, diese Gesetze zu durchschauen, und des menschlichen Willens, sich ihrer bedienen zu können, maßlos überschätzt. Um uns in die Lüfte zu erheben, müssen wir ein Flugzeug oder eine Rakete besteigen, mit Konzentrationsübungen ist die Schwerkraft nicht zu besiegen, und zur Übermittlung von Informationen in größere Entfernung benötigen wir das Telefon oder ein Funkgerät.

Die Einsicht jedoch, daß sich die dem Menschen prinzipiell mögliche Natur- und Selbstbeherrschung nur durch Natur- und Selbsterkenntnis und deren mühevolle Anwendung, nicht aber durch Zauberei erreichen läßt, hat keineswegs auch meinen Knabenglauben an die Macht der Imagination als Täuschung entlarvt. Die aufdringliche Herrschaft einer borniert rationalistischen und wissenschaftsabergläubischen Aufklärungsphilosophie geht glücklicherweise zu Ende. Die Frage nach dem Wahrheitsanspruch einer spekulativen und metaphysischen Erkenntnisbemühung scheint mir ein vom Szientismus geschaffenes Scheinproblem, das sich auflöst, sobald man begriffen hat (was einige tausend Jahre lang offenes Geheimnis war), daß die philosophische Substanz der Philosophie erst und nur in der Verarbeitung von Erfahrungen zum Vorschein kommt, die wir an und mit der Grenze unserer Rationalität machen. Dort gilt nicht mehr der Wahrheitsbegriff der Wissenschaft, sondern der Wahrheitsbegriff der Intuition und Imagination; dort geht es nicht um empirische oder logische »Beweise«, sondern um die Evidenz von Denkfiguren, Metaphern, Chiffren, die die Totalität der Welt und unseres Daseins in ihr zu erfassen und zu deuten versuchen. In jeder Philosophie, die diesen Namen verdient, wird dieser Totalität nachgedacht, sie ist das Thema jedes Werks der Dichtung und der bildenden Künste, und ihr begegnen wir unmittelbar in jenem starken Zauber, der von der (vom Menschen nicht bevölkerten) Natur ausgeht.

Gewiß bin ich ein Produkt der geschichtlichen und sozialen Konstellation, in die ich hineingeboren wurde; gewiß haben die Einflüsse anderer Menschen ihre deutlichen Spuren in mir hinterlassen, aber was meine Erinnerung als zutiefst prägende und umfassende Erfahrung heraufholt, sind die ganz konkreten Einzelheiten jener physischen Umwelt, deren Eindrücke ich seit dem Augenblick meiner Geburt (vielleicht schon im Mutterleib) mit allen Sinnen aufgenommen habe.

Auf der Suche nach den Wurzeln meiner individuellen religiösen Gestimmtheit, die sich unbefangen zwischen den Petrefakten der christlichen Überlieferung und der Modernität einer aggressiven Weltgläubigkeit entfaltet hat, stoße ich auf die Realien meiner ostpreußischen Kindheit. Es gibt die Welt der Farben, Formen und Bewegungen, der Geräusche und Gerüche, der Fauna und Flora, der Stoffe und Materialien, in deren Aura ein Mensch aufwächst, immer nur als eine ganz bestimmte Welt. Eine unverwechselbare Art von Licht und Schatten, Feuchtigkeit und Trockenheit, Wärme und Kälte, von Erde und Luft wird uns einverleibt, ist das Medium, in dem sich unsere früheste, unmittelbarste und lustvollste Annäherung an das In-der-Welt-Sein vollzogen hat.

Das Äußerste an Wirklichkeitserfahrung kann nur die Selbst-Erfahrung leisten, und die intensivste Wirklichkeitserfahrung ereignet sich am Beginn des Lebens, wenn die Dinge frisch und gewaltig und unzensiert auf uns eindringen. Da in jedem Individuum die ganze Welt enthalten ist, sind die Besonderheiten seiner Biographie nicht nur von anekdotischem Interesse, sondern von hermeneutischer Bedeutung: Wer sie richtig deutet, trifft auf das Allgemeinste. So ist man in der Kindheit dem Geheimnis der Welt am nächsten, und wenn diese Lebensphase nicht schon sehr früh und sehr rabiat gestört wird, auch dem Vertrauen in die Welt.

Das Ur-Vertrauen gründet in der kindlichen Erfahrung der Übereinstimmung von Innen- und Außenwelt, einem emotionalen Prozeß, der die spezifischen Anlagen eines Individuums in der Symbiose mit einer spezifischen Umwelt zur Entfaltung bringt. Es sind die Erinnerungskomplexe »Kindheit« und »Heimat«, die dieses existentielle Grunderlebnis festhalten und jederzeit abrufbar machen.

Am auffälligsten ist mir der Zusammenhang zwischen individuell geprägter, ursprünglicher Lebenserfahrung und späterer Lebenshaltung in meinem Freund Ludwig Marcuse begegnet. Obwohl in einem Elternhaus aufgewachsen, das sich an die jüdische Überlieferung hielt, hatte er weder eine Beziehung zum mosaischen Glauben noch zum Staat Israel (er schätzte ihn als Zuflucht der Reste seiner Familie). Seine »Heimat« waren das Hansaviertel in Berlin und der

Anfang des »Taugenichts« von Eichendorff. Er blieb zeit seines Lebens der »authentischste« Mensch, den ich kennengelernt habe, weder von überkommenen noch von modischen Vor-Urteilen und Verhaltensweisen beeinflußbar. Marcuses Gefühlsleben wurzelte unbefangen in der Lust spontaner sinnlicher Erfahrung und sein Weltbild in der skeptischen und souveränen Vernünftigkeit weltstädtischer Zivilisation. Er war – im Gegensatz zu mir – ein rationalistischer und existentialistischer, völlig unreligiöser Romantiker.

Ich habe die Mythen und Märchen, die Religionen und Philosophien durchstreift, um die Sommerlust der Wiesen und Felder am großen Gehlsee, das Winterglück des Eislaufs auf dem Königsberger Schloßteich, das Rauschen der Ostseebrandung am morgendlichen Strand von Cranz wiederzufinden. Daran ist nichts Verstiegenes und auch nichts Mysteriöses. Für das, was mir die Sinne an »Seinsfülle« und Sicherheit vermittelt hatten, suchte ich die Bestätigung im Geistigen.

Es war – wie ich meine – der Vorzug meiner Situation, die Antwort meiner Empfindungen auf die sie auslösenden kindheitlich-heimatlichen Umweltreize unbehelligt von Vor-Urteilen in kongruente weltanschauliche Bedürfnisse umsetzen zu können. Der Nachteil bestand in meiner Isolation. Ich war umgeben von Menschen, die in der Mehrzahl ohne jedes eigene religiöse Interesse einem konventionellen Kulturchristentum anhingen und in den wenigen Ausnahmen bewußter Glaubensentscheidung irgendeine Spielart eines mir fremd bleibenden Glaubens vertraten. Um das in mir angelegte Weltgefühl zu einer Weltanschauung, einer Philosophie, einer Metaphysik auszuarbeiten, war ich also auf Literatur angewiesen.

So geriet ich neben- und nacheinander an die antiken und die germanischen Götter- und Heldengeschichten, entdeckte die altisländischen Saggas und die Edda, die Vorsokratiker, Seneca, Marc Aurel, Meister Eckehart, Spinoza, die Bhagavadgita und Buddha (dessen Lehre in der Vielfalt ihrer kulturbedingten Ausprägungen den nachhaltigsten Einfluß auf meine philosophischen und religiösen Anschauungen gehabt hat). Das heißt, ich stieß auf einzelne Schriften, auf Zitate, auf Gesamtdarstellungen, glaubte dies oder jenes zu verstehen und verschaffte mir auf diese Weise ein Gerüst von Grundüberzeugungen.

Erst später, auf der Universität und dann nach dem Kriege in den Jahren einer intensiven Beschäftigung mit christlichen Theologien, als ich nur noch nach der Bedeutung der biblischen Aussagen fragte und mich nicht mehr zu einer Beschäftigung mit ihrem Wortlaut und zu fruchtlosen Auseinandersetzungen mit Glaubenseiferern zwingen ließ, fand ich – durch Remythologisierung der dogmatischen Aussagen – Zugang zu den Wahrheiten des christlichen Menschenbildes und über die Brücke der Mystik – Zugang auch zum Welt- und Gottesverständnis der Juden und Christen.

Obwohl diese Bekenntnisse einen solchen Anschein erwecken könnten, hatte ich zum neuheidnischen Naturburschentum keine Neigung. Aber meine persönliche Glaubens- oder Unglaubensgeschichte hat mich davon überzeugt, daß der unmittelbare Zusammenhang von Daseinsfaktoren und Bewußtseinsvorgängen am ehesten geeignet ist, Ideologisierung und Dogmatisierung zu verhindern und andererseits dem allmählichen Absterben einer von aller Empirie und Vernunft abgehobenen Kosmo- oder Theosophie vorzubeugen.

Was ich schon vor dreißig Jahren in den Vorarbeiten zur »Zukunft des Unglaubens« feststellen zu müssen meinte, halte ich immer noch für eine zutreffende Beschreibung des allgemeinen Problems. Der Einbruch des in einem fremden Natur- und Kulturmilieu entstandenen und (als Offenbarungsreligion) in den Grundüberzeugungen kaum mehr veränderbaren Christentums in das Leben und Erleben der erst am Beginn einer eigenen philosophisch-religiösen Entwicklung stehenden kontinentalen Völker hat einen Bruch im Verhältnis dieser Völker zum mythischen und metaphysischen Denken bewirkt und ist eine entscheidende Ursache für die dann so rasch und radikal vor sich gehende Abwendung der westlichen Zivilisation von aller Transzendenzorientierung gewesen.

Ich sagte schon, daß das ideelle Vakuum, in dem ich aufgewachsen bin, bei mir die Entwicklung eines von Kindheits- und »Heimat«-Erlebnissen ausgehenden Weltbildes zur Folge hatte. Das war aber in jenen Jahren, in denen sich zwischen dem zwölften und sechzehnten Lebensjahr diese Umsetzung vollzog, insofern nicht ohne Gefahr, als gerade damals (also 1930 bis 1934) ein Boom in Philogermanismus und deutschem Gottglauben stattfand, dessen Einfluß sich zu entziehen für einen (dazu noch deutschnational eingestimmten) Knaben meiner Art nicht ganz leicht war.

Es sind vor allem die Publikationen der von dem Tübinger Indologen J. Wilhelm Hauer zusammen mit dem Grafen Ernst zu Reventlow gegründeten »Deutschen Glaubensbewegung« gewesen, die mein Interesse erregten, aber auch eine mir bei meinen okkulten Streifzügen zur Kenntnis gekommene, schon seit 1920 bestehende Monatsschrift »Die weiße Fahne«. Sie trug den Titel »Zeitblätter für Verinnerlichung und Vergeistigung«, war das Organ der deutschen Sektion des in den USA beheimateten Neugeist-Bundes und vertrat an Emerson und Trine orientierte, mystisch-esoterische, lebensreformerische und deutschidealistische Ideen (gehört also unzweifelhaft auch in die Ahnenreihe der heutigen Alternativ-Bewegung).

Hauer, der schon 1935/36 die völlig ins Fahrwasser des Nationalsozialismus geratende »Deutsche Glaubensbewegung« verließ, kam aus der Jugendbewegung. Er war Gründer und bis 1933 Vorsitzender des aus den Schülerbibelkreisen hervorgegangenen Köngener Bundes. Später (1961) hat er sich in seinem Buch »Verfall oder Neugeburt der Religion« ausführlich zu meinem 1959 veröffentlichten Briefwechsel mit Friedrich Heer (»Glaube und Unglaube – Ein Briefwechsel«) geäußert. Ich habe Hauer persönlich nicht kennengelernt, erwähne ihn jedoch, weil die Jugendbewegung auch in meinem Lebenslauf eine Rolle spielt, bei der sich innere und äußere Entwicklungen überschneiden.

DEUTSCHNATIONAL UND JUGENDBEWEGT

Unter den wenigen Fotografien, die aus Königsberg bis nach München gelangten, befindet sich eine Aufnahme meiner Schulklasse anläßlich eines Ausflugs, der wahrscheinlich im Sommer 1931 stattgefunden hat. Da sieht man am Wegesrand vor einem schütteren

Tannenwald eine Schar von 36 Jungen in den verschiedensten Anzügen und Aufmachungen. Darunter bin auch ich: mit einer Schirmmütze, in einer Windjacke mit Koppelschloß und Schulter-riemen. Auf der Mütze glänzt eine Kokarde, deren Insignien nicht zu erkennen sind.

Es dürfte sich um einen Gardestern mit schwarz-weiß-roter Mitte und den Buchstaben DNJ handeln, also um das Abzeichen des 1919 gegründeten »Deutschnationalen Jugendbundes«, der sich ab 1924 »Großdeutscher Jugendbund« und 1930 »Freischar junger Nation« nannte. Die FjN legte sich als neues Signum das schwarze Balken-kreuz des deutschen Ritterordens auf silbernem Schild zu und war eine bürgerlich-patriotische Gruppierung, die durch verschiedene weitere Wandlungen hindurch von Adolf von Trotha, einem ehe-mals kaiserlichen Admiral, angeführt wurde.

Warum ich nicht der angeseheneren und liberaleren »Deutschen Freischar« beigetreten bin, vermag ich nicht zu sagen. Es kann purer Zufall gewesen sein (wenn man in die Jugendbewegung strebte, blieb man zumeist bei der Gruppe hängen, von der man »gekeilt« oder auf die man als erste hingewiesen worden war), aber mögli-cherweise auch die Folge der guten Dienste meines Vaters, der sich von seinem Stahlhelm-Ortsverband einen gesinnungsverwandten Königsberger Jugendbund nennen ließ. Sicher ist, daß er mich nicht gewaltsam in den Bund des Admirals hineinbugsierte. Dazu war er politisch nicht interessiert und als Vater auch nicht autoritär genug.

Obwohl sich – wie mein dem Reglement entsprechender Aufzug beweist – ein soldatisch-militaristischer Einschlag nicht übersehen ließ, war die »Freischar junger Nation«, wie sie sich Anfang der dreißiger Jahre repräsentierte, kein als Pfadfinderverein getarnter Wehrsportverband, sondern verstand sich nach jahrelangen Ausein-andersetzungen, Abspaltungen und Zusammenschlüssen ausdrück-lich als Glied der bündischen Jugend. Ihre Aufgabe sah sie also in der charakterlichen Erziehung des heranwachsenden einzelnen durch die Erlebnisgemeinschaft von Knaben (oder Mädchen), die sich auf Heimabenden, auf Fahrt und im Lager zusammenfanden und von nur wenig älteren Jugendlichen geführt wurden.

Schon die Vorbereitungen für den Beitritt waren aufregend gewesen. Da gab es ein grünes Heft mit der Satzung – damals noch des DNJ – und der Aufzählung der Pflichten eines »Wölflings«. Dazu erhielt ich einen Katalog des »Rüsthauses St. Georg«, der alle Requisiten für das neue Leben in Text und Bild vorstellte: die dunkelgrünen Hemden, die Fahrtenmesser, Riemen und Schnüre, Zeltausrüstungen, Tornister und Decken, Feldflaschen und Kochgeschirre, Kartentaschen und Kompasse... Ich habe das alles 1929 als Sextaner, nach der Rückkehr aus Pillau, voller Eifer studiert; auch ein paar mir ausgehändigte Probehefte der Zeitschrift »Die Heerfahrt«, in denen mich vor allem die Fahrtenberichte fesselten.

Pfingsten 1931 war dann ein Bundestreffen mit Großem Zeltlager in Rudolstadt (Thüringen) vorgesehen. Die Vorstellung, dorthin mitzufahren in meiner Kluft, mit einem Fahrtenmesser und einem »Affen« (ein fellbezogener Tornister aus Leinen, den man sich wie einen Schulranzen auf den Rücken – oder auch hinten aufs Fahrrad – schnallte), begeisterte mich. Aber kurz vor Beginn des Abenteuers wurde ich krank, und meine Eltern untersagten meine Mitwirkung an Fahrt und Lager.

Die kurzen Wochenendfahrten und die wöchentlichen Heimabende waren für die Großfahrt natürlich kein Ersatz, aber von eigenem Reiz. Die Stadt Königsberg hatte den Jugendverbänden zwei alte Wehranlagen des früheren Festungsgürtels zur Verfügung gestellt: den Wrangel- und den Dohnaturm am Oberteich. Das waren aus schweren Steinen gefügte, klobige Bauwerke, in deren düsteren Gewölben die verschiedensten Jugendgruppen ihre »Nester« hatten.

Wir hausten im Wrangelturm. Ein feuchter, moosiger Geruch schlug einem entgegen, wenn man die schwere Eingangstür öffnete. Unsere Kasematte befand sich im ersten Stock, den man auf einer schmalen Wendeltreppe erreichte. Für mich, der ich meinen Beitritt zur »Freischar junger Nation« erst nach einem schweren Kampf mit meiner Mutter durchgesetzt hatte, waren die abendlichen Zusammenkünfte im Wrangelturm von einer Anziehungskraft, die – abgesehen vom Bücherlesen – alle anderen sich mir in diesem Alter bietenden Vergnügungen weit übertraf.

Es wurden Pläne für neue Wanderungen in Wald und Feld ausgearbeitet, Probleme der Fahrtenpraxis besprochen, Kartenkunde getrieben, aus bündischen Publikationen vorgelesen. Im Mittelpunkt stand das gemeinsame Singen. Einen Gitarrenspieler, zumindest als Begleitung, gab es immer, und jeder Hordenführer war imstande, aus den acht bis zwölf Jungen einen halbwegs funktionierenden kleinen Chor zu machen. Das Standardliederbuch war nach wie vor »Der Zupfgeigenhansl«; dazu kam die große Zahl der Volks-, Landknechts- und Fahrtenlieder, die zum festen Repertoire der Jugendbewegung zählten.

Was es damals an Tourismus gab, war für die bürgerliche Normalfamilie die Sommerfrische. In Ostpreußen verbrachte man sie auf dem Lande oder an der Ostsee. Fremde Länder waren tatsächlich noch fremd und unvorstellbar weit entfernt. Vom Pregel aus gesehen schienen bereits Bayern oder der Schwarzwald exotische Regionen. Die bevorzugten Ziele unserer heimatlichen Wanderfahrten waren die Kurische Nehrung und Masuren. Beide waren mir vertraut. Von Cranz aus war ich in den Sommermonaten der Jahre 1931 bis 1933 vielmals mit dem Rad durch den Nehrungswald nach Sarkau gefahren, und das Oberland war so unmittelbar mit den masurischen Seen und Wäldern verbunden, daß es von vielen älteren Geographen zu Masuren gerechnet wurde. Das masurische Dreieck Johannesburg/Bialla/Arys südöstlich des Spirdingsees schließlich war die engere Heimat der Familie meines Vaters.

Im Sommer 1933 (die Jugendbewegung war im Juni des Jahres in einer Blitzaktion Baldur v. Schirachs zerschlagen und verboten worden) machten neun Mann aus verschiedenen Klassen unserer Schule unter Führung des Studienassessors Neumann mit zwei Vierern eine Fahrt durch die masurische Seenkette. Die genaue Route ist mir nicht mehr in Erinnerung. Wahrscheinlich haben wir die Boote zum Spirdingsee verfrachtet und uns dann langsam zum Mauersee hinaufgearbeitet. Dieses Unternehmen ist mir deshalb im Gedächtnis geblieben, weil es eben dort auf dem Mauersee mit einem glimpflich verlaufenden Schiffbruch endete, den ich gleich nach unserer Rückkehr für die »Königsberger Allgemeine Zeitung« beschrieben habe.

Bald nachdem wir die Boote und unsere Sachen aus dem stürmischen Wasser geborgen hatten, lagen wir im Stroh der Scheune eines unmittelbar an den Mauersee grenzenden Gutes, und ich weiß, daß unser Assessor beim trüben Licht einer Stallaterne aus den »Dreizehn Büchern der deutschen Seele« von Wilhelm Schäfer las.

Neumann war ein untersetzter, rothaariger, athletischer Typ, dessen Profil an die Totenmaske Friedrich des Großen erinnerte. Er gab bei uns Deutschunterricht, war gescheit und belesen und pflegte – damals noch unübliche – kameradschaftliche Umgangsformen. Ein geborener Pädagoge, der sich als idealistischer Nationalsozialist präsentierte und zu unserem Bedauern sehr bald an eine Nationalpolitische Erziehungsanstalt (NAPOLA) versetzt wurde. In den Jahren 1933/34 gab es noch häufig diesen Typus des aufrichtig vom großen Umbruch Begeisterten, der Hitler für den lauteren Erben von Friedrich Nietzsche, Stefan George und Walter Flex hielt.

Die Ruderfahrt durch Masuren hatte ich nur Neumanns wegen mitgemacht. Als Sportruderer war ich gänzlich untrainiert und während der ganzen Unternehmung immer an der Grenze meiner Kräfte. Aber ich gehörte zu einer Clique von vielleicht einem Dutzend Tertianern und Sekundanern, die auch privat regelmäßig mit Neumann zusammenkamen. Er hatte in Maraunenhof ein sehr schönes, großes Zimmer, das bis zur Decke mit Büchern vollgestopft war. Da fanden sich nicht nur Binding und Blunk und Grimm und Johst, Wilhelm Schäfer, Weinheber und Ernst Bertram, sondern auch Frank Thiess, Thomas Mann und Hermann Hesse, Hoffmannsthal und Schnitzler, Stefan Zweig und Fallada. Ich bin sicher, daß es mit Neumann auf der NAPOLA kein gutes Ende genommen hat, habe aber niemals mehr von ihm gehört.

Während meiner Schulzeit, also bis zum Frühjahr 1937, gab es am Löbenichtschen Realgymnasium keine militant als Nationalsozialisten auftretenden Lehrer. Natürlich bestand der »Lehrkörper« zu einem beträchtlichen Teil aus betont national gesinnten Pädagogen verschiedenster Spielart, von denen einige sich auch aktiv die nazistischen Erziehungsziele zu eigen machten, aber Fanatiker, die ständig die Reinheit unserer Gesinnung überwacht hätten, sind mir nicht in Erinnerung.

Die entscheidenden beiden Jahre vor 1933 und die Zeit gleich danach erlebte ich als Dreizehn- bis Fünfzehnjähriger. Nach Lage der Dinge war es – auch ohne jedes willentliche Zutun meiner Familie – unvermeidlich, daß ich in den Sog der Hitlerbewegung geriet. Ihr stürmischer Siegeszug in der kollabierenden Weimarer Republik fiel mit einem sich in diesem Alter erstmals bemerkbar machenden, mehr auf Zustimmung als Kritik gerichteten Interesse an allgemeinen politischen Parolen und Ideen zusammen. Die Zustimmung entflammte, während wir gleichzeitig in jener frühreifen philosophischen Arbeitsgemeinschaft Kant lasen.

Es war auch nicht die »Freischar junger Nation« als Teil der Jugendbewegung, die mich zwangsläufig in die große Strömung hineingerissen hätte, denn dort ging es für meine Altersklasse um Lagerfeuer- und Zeltromantik und nicht um die Erörterung parteipolitischer Thesen. Die deutschnationale Ausrichtung der FjN, die gängigen patriotischen Parolen und soldatischen Rituale erhöhten vielleicht die Anfälligkeit für den Nationalsozialismus, aber die atmosphärische Einstimmung war schon zu Hause erfolgt, und sie war so peripher, so weit entfernt von allem, was mich wirklich interessierte, daß ich schon deshalb keinen Widerspruch empfand und es mir schwerfällt, die Begeisterung für den Anbruch des Dritten Reichs in der Erinnerung wiederzubeleben.

Ich kann mich in die Faszination zurückversetzten, die esoterische und okkulte Lehren auf mich ausübten, ich habe keine Schwierigkeit, meine kurze Leidenschaft für technische Dinge und meine längere Neigung zu einem entschiedenen Vernunftglauben zu verstehen, aber es gelingt mir nicht, abgesunkene nationalistische und militaristische Neigungen ans Licht zu fördern. Wenn man dafür nicht einen Verdrängungsprozeß verantwortlich machen will, würde ich vermuten, daß bei mir – wie bei vielen anderen Deutschen, deren Knabenjahre in diese Zeit fielen – vorgefundene und nicht weiter in Zweifel gezogene vaterländische Ideen, Symbole und Ereignisse nur den gegebenen Rahmen lieferten, an dem sich das jugendliche Bedürfnis nach demonstrativer Hingabe an ein pathetisches Ideal, nach Selbstbestätigung durch freiwillige Ein- und Unterordnung und der Stolz auf Verzicht- und Opferbereitschaft entzündeten und den von der individuellen Konstitution des einzelnen ganz unabhängigen Nährboden für die NS-Propaganda schufen.

Wenn man den jugendlichen Idealismus abzieht, lagen die Dinge auch bei vielen Erwachsenen (etwa meinen Eltern) so: Die von den Nationalsozialisten deklarierten innen- und außenpolitischen Forderungen entsprachen dem durch den Versailler Vertrag und das Versagen der Weimarer Republik provozierten Bedarf der Deutschen an nationaler Selbstvergewisserung, staatlicher Autorität, sozialer Ordnung und wirtschaftlicher Sicherheit.

In Ostpreußen war ein ausgeprägt deutschnationales Klima allein schon durch die Geschichte und geographisch-geopolitische Lage gegeben. Die östlichste Provinz der Republik bildete nicht nur ein seit Jahrhunderten fest umrissenes Grenzgebiet zu den baltischen und slawischen Völkern, sondern war seit 1919 eine vom Mutterland völlig geschiedene Insel. Die Abtrennung vom »Reich« durch den (das polnische Staatsgebiet mit dem neugeschaffenen polnischen Ostseehafen Gdingen verbindenden) »Polnischen Korridor« verstärkte das Bewußtsein, Bollwerk des Deutschtums zu sein (und hätte notabene einen solchen Effekt auch bei jeder anderen Nation gehabt).

Und unabhängig von allen nationalen und nationalistischen Tendenzen erweckte dieses geschlossene, aus einer kultur- und geschichtsfremden Umgebung scharf herausgegrenzte, leicht überschau- und charakterisierbare Land ein besonders intensives Heimatgefühl. Den ideellen Hintergrund bildete eine (deutschnational vereinfachte) siebenhundertjährige Geschichte, die mit den Missionierungsfeldzügen der Kreuzritter begann, von den Brandenburgern fortgesetzt wurde und im Preußischen Staat und Deutschen Reich endete. Die unmittelbar Sinne und Gemüt ergreifende Topographie umfaßte die Ostsee, das Kurische und das Frische Haff, den Pregel, die masurischen Seen, die Rominter und die Johannesburger Heide, die Elche, die schwarzen Störche und den Bernstein, die preußisch-propren Kleinstädte, die großen Güter und die kleinen Dörfer – alle die vertrauten Namen, Bilder und Symbole einer beschaulichen, aber auch vitalen Legende. Von einer Normalisierung des Verhältnisses zu Polen konnte – nachdem der Polnische Korridor kaum mehr als ein Jahrzehnt bestand – noch nicht die Rede sein. An Haßgefühle gegen Polen kann ich mich nicht erinnern, aber man strafte den »Feind«, indem man verächtlich von »Polacken« und von »polnischer Wirtschaft« sprach und ihn im übrigen vollständig ignorierte.[6]

Unser Geschichtsunterricht war strikt nach Westen und aufs »Reich« ausgerichtet. Die Polen, die Litauer und die Russen, mit denen der Ordensstaat, Brandenburg und Preußen durch die Jahrhunderte in Frieden und Krieg verbunden waren, kamen nur vor, soweit sie als Objekte oder unverständig-barbarische Widersacher deutscher Befriedungspolitik dargestellt werden konnten. Die Eroberung und Kolonisierung der Ostgebiete waren ein Heldenlied, in dem beispielsweise die mannigfachen Versuche ostdeutscher Städte und des Landadels, sich mit dem polnischen König gegen den Orden zu verbünden, ebensowenig Gegenstand einer sachlichen Erörterung waren wie der bis ins zwanzigste Jahrhundert hinein amtlich geübte Gebrauch der polnischen Sprache in masurischen, der litauischen in »preußisch-litthauischen« Kirchen und Schulen.

Das Gegenstück zu dieser deutsch-nationalistischen Geschichtsversion ist die heute anhand solcher damals unterschlagener Fakten von Polen verbreitete Behauptung, das ganze südliche Ostpreußen wäre uraltes polnisches Gebiet. Tatsächlich waren die im Süden und Südosten siedelnden polnischen Masowier nicht etwa im späteren Masuren beheimatet (da gab es vor dem Auftreten des Ordens nur Wildnis und weit verstreute prußische Siedlungen und Höfe), sondern wurden vom Orden zur Urbarmachung aus dem benachbarten polnischen Herzogtum Masowien dorthin gerufen und haben sich dann als Untertanen deutscher Souveräne durch Binnenwanderung verbreitet.

Am prinzipiell deutschen Charakter Ostpreußens schon zur Ordens- und Herzogszeit ändert auch die Tatsache nichts, daß der Orden 1466 im Thorner Frieden (und 1525 Albrecht von Brandenburg als Herzog von Preußen) in den ihm belassenen Gebieten die Lehnshoheit des polnischen Königs anerkennen mußte, die dann bis 1660 (für das katholische Ermland bis 1772) Geltung hatte. Auch Masuren blieb während dieser rund zweihundert Jahre Teil des Ordenslandes, später des brandenburg-preußischen Staates und gehörte weder staatsrechtlich noch verwaltungsmäßig zum Königreich

Polen. Man muß also festhalten, daß die Masuren sich einerseits über fünfhundert Jahre lang ausdrücklich dem deutschen Staats- und Kulturraum zugehörig fühlten (und in der Reformationszeit protestantisch wurden), andererseits aber ethnisch eine große und geschlossene, mit den Polen eng verwandte slawische Bevölkerungs- gruppe geblieben sind.

Nach 1905 war Polnisch die Muttersprache von etwa 250000 Ostpreußen, das heißt der Hälfte der Bewohner Masurens. In den masurischen Kerngebieten, den Kreisen Johannesburg, Ortelsburg und Neidenburg, lebten zu diesem Zeitpunkt zwei- bis dreimal so viel polnisch-masurisch- wie deutschsprechende Preußen.

Die andere große Minderheit waren die Litauer. Etwa ab 1500 sind sie über die »Große Wildnis«, die der Orden im Urwaldzustand gelassen hatte, um gegen ihre Einfälle geschützt zu sein, friedlich in den Nordosten eingesickert und hatten sich in den folgenden beiden Jahrhunderten gegenüber der dünnen prußischen und deutschen Bevölkerung so sehr vermehrt und verbreitet, daß für den ganzen Nordosten und Osten Ostpreußens die Bezeichnung »Preußisch- Litthauen« üblich wurde. Auch die litauische Bevölkerungsgruppe wurde 1525 evangelisch, was nicht hinderte, daß 1825 130000 Ein- wohner jener Gebiete immer noch litauisch sprachen. 1910 waren es noch 94000.

Am Löbenichtschen Realgymnasium in Königsberg gab es zwar bis 1928/29 die Möglichkeit, Russisch zu lernen, aber zu keiner Zeit ein Angebot für die polnische oder litauische Sprache. Und wir absolvierten die Schule fast ohne jede Kenntnis der litauischen und polnischen Geschichte und Kultur. Niemand reiste nach Polen, und die einzigen Slawen, die uns begegneten, waren die wenigen in Ostpreußen hängengebliebenen zaristischen Flüchtlinge und der schon erwähnte, einmal im Jahr in Königsberg gastierende Don- Kosaken-Chor Serge Jaroffs.

Ich selbst habe mit leibhaftigen Polen im Jahre 1938, also im Alter von zwanzig Jahren, auf der Königsberger Universität die ersten Worte gewechselt und im gleichen Jahr anläßlich einer Studienreise (für Studenten aller Fakultäten veranstaltet vom Institut für osteu- ropäische Wirtschaft unter Leitung von Heinz-Peter Seraphim) auch die ersten Litauer, Letten und Ostjuden kennengelernt. Mit Russen bin ich dann von 1941 bis 1944 als Angehöriger der Deutschen Wehrmacht in engen Kontakt gekommen, da ich mit meinem Funktrupp oft viele Wochen am gleichen Ort blieb. (Erst später erfuhr ich, daß es eine baltisch-russische Linie der ostpreußischen Szczesnys gibt, deren Vertreter im neunzehnten Jahrhundert sowohl in Moskau und Petersburg als auch im Kaukasus und am Amur zu finden waren.)

Polen und Ostjuden habe ich aus der Distanz erstmals anläßlich einer Danzigfahrt wahrgenommen, die ich im Sommer 1935 als alleinreisender Obersekundaner unternahm. Auch über diese Reise existieren Eintragungen in einem kleinen Schulheft. Sichtlich gelangweilt zähle ich dort auf, was ich an Sehenswürdigkeiten besucht habe – St. Marien, den Artushof, das Krantor, den Hafen –, und notiere dann (was ich offenbar für weitaus interessanter hielt), daß ich den Roman »Ariane – ein russisches Mädchen« von Claude Anet mitgenommen habe und lese.

Immerhin hatte ich mir aber auch ein Exemplar der Danziger SPD-Zeitung »Volksstimme« besorgt und versuchte am Abend in eine SPD-Veranstaltung (in Ostpreußen wie im übrigen »Reich« gab es seit 1933 nur noch die NSDAP) zu gelangen, kam aber wegen Überfüllung nicht hinein. Schließlich hielt ich in meinen Notizen fest, daß die Freie Hansestadt Danzig eine unzweifelhaft deutsche Stadt sei und daher auch wieder in den deutschen Staatsverband zurückkehren sollte.

Obwohl ich drei Jahre später anläßlich jener Baltikum-Reise den deutschen Charakter auch von Mitau und Riga registrierte, hatte ich nicht die Vorstellung, daß Lettland deutsch sei oder werden müßte. In meinen zu einem Artikel verarbeiteten Notizen über meine Eindrücke in Litauen versuchte ich gleicherweise Befremdliches wie Imponierendes zu beschreiben. Das Landschaftsbild erschien mir »russisch«, und mit Erstaunen (da unvorbereitet) vermerkte ich die große Zahl von Ostjuden in Kowno, Mariapol und Schaulen.

Litauen war als national eigenständiges, politisch mit dem Königreich Polen eng verbündetes und christliches Staatsgebilde der Germanisierung durch den Orden (und später der Reformation) entgangen und schob sich daher als 1920 wieder selbständig gewordene Republik wie der Ausläufer eines anderen Kontinents zwischen Ostpreußen und die beiden stark vom Baltendeutschtum geprägten Ostsee-Anrainer Lettland und Estland. So jedenfalls empfanden wir es damals, obwohl das kulturell sehr fremdartig wirkende Litauen ethnisch und mental mit Ostpreußen stärker verbunden war als die beiden anderen Länder. Es hat bei uns kaum lettische oder estnische Einwanderer gegeben, wohl aber viele Ostpreußen mit litauischen Vorfahren (so zum Beispiel in meiner Familie eine Radzimir und eine Naujoks).

Im gleichen Sommer 1938, in dem die Baltikumreise stattfand, hatte ich bei Helmut von Glasenapp »Indische Philosophie« belegt und war darüber belehrt worden, daß die litauische Sprache zu den ältesten erhaltenen indogermanischen Sprachen gehört und noch eine unmittelbare Verwandtschaft zum Sanskrit zeigt. Obwohl mir zu diesem Zeitpunkt also nicht nur die rassistische Tendenz, sondern auch die historische Unhaltbarkeit des nazistischen Germanenkults hinreichend deutlich wurde, saß die generationenalte Abwehrhaltung gegen alles Litauische, Polnische und Russische so tief, daß ich erst während der Kriegsjahre in Mittelrußland wirklich zu begreifen begann, wie sehr alles Ostdeutsche der Herkunft wie der Umwelt nach »sarmatisch« verwurzelt und geprägt ist.

In meiner Essay-Sammlung »Europa und die Anarchie der Seele« (1946) gehört die Kenntnisnahme der östlichen »Seelen«-Komponente zu den Grundthesen meiner Argumentation, führt aber zu dem – wie ich heute überzeugt bin – irrigen Schluß, daß eben dieses irrational-anarchische Moment eine wesentliche Ursache auch für die nationalsozialistische Verirrung der Deutschen gewesen ist. Die kriminellen Elemente der nazistischen Ideologie und Praxis haben mit irgendwelchen völkischen Besonderheiten nichts zu tun, und gewisse Züge eines spezifisch deutschen Nationalismus sind nicht auf das Zur-Geltung-Kommen, sondern umgekehrt auf die Unterdrückung und Fehlverarbeitung des starken osteuropäischen Anteils im »deutschen Wesen« zurückzuführen.

Die rigorose Verdrängung und Ablehnung alles Polnischen und Litauischen durch eine Bevölkerung, die – wie große Teile der ostpreußischen Einwohnerschaft – polnische und litauische Vorfahren hatte, war nicht nur absurd, sondern auch gefährlich, weil sie sowohl Bestandteile des eigenen Wesens verleugnete und deformierte als auch diese Selbstverkennung in antislawische Affekte umsetzte (und dies in der deutschnationalistischen Ideologie militanter Vertriebenenpolitiker bis heute tut).

Unter den bedeutenderen ostdeutschen Autoren der Vergangenheit und der Neuzeit gibt es keinen, der sein Deutschsein nicht eingebettet ins Osteuropäische verstanden hätte und versteht. Die dichterisch stärksten Arbeiten etwa von Hermann Sudermann sind ihm in der Darstellung von Figuren und Geschichten aus seiner ostpreußisch-litauischen Heimat gelungen, die Romane von Horst Bienek, Siegfried Lenz und Günter Grass entfalten ihre Überzeugungskraft aus der bewußten Präsentation polnischer, masowischer und kaschubischer Lebensart, und Johannes Bobrowski, der zu früh verstorbene und begabteste Poet unter den ostpreußischen Schriftstellern der Kriegs- und Nachkriegsgeneration, schuf seine eindringlichsten Gedichte und Erzählungen im ausdrücklichen Rückgriff auf »Sarmatien«, auf eine Welt also, deren emotionale Substanz pruzzisch, litauisch, polnisch, russisch, ostjüdisch war.

Natürlich standen Sudermanns »Litauische Geschichten« in jedem ostpreußischen Bücherschrank, aber merkwürdigerweise herrschte im heimatlichen Bildungsbürgertum eine Vorstellung von Ostpreußentum, für die die preußisch-deutsche Staatstradition so übermächtig war, daß die baltischen und slawischen Elemente des ostpreußischen Charakters entweder ganz unterschlagen wurden oder aber zu folkloristischen Kuriositäten verkümmerten. Die Verdrängung funktionierte so unglaublich gut, daß sich beispielsweise in meiner Familie niemand für die Herkunft des Namens Szczesny interessierte und nur ein minimales Bewußtsein vom Faktum unzweifelhaft polnischer Vorfahren vorhanden war. Die schlichte, auch für den heute lebenden Deutschen mit polnischem oder litauischem Namen bedeutsame Botschaft lautet, daß Polen und Litauer nicht fremde Barbaren, sondern unsere nächsten Verwandten sind. Wir sind ebensosehr Nachkommen der östlichen Völker, gegen deren Willen oder mit deren Hilfe die deutschen Ritter und Bauern das Ostland eroberten, wie Nachkommen der Siedler aus den verschiedensten deutschen Landschaften.[7]

Ich bin ein Liebhaber des Preußentums und der deutschen Kultur und zugleich ein Bewunderer des amerikanischen Traumes von Freiheit und Glück für jedermann; ich halte die repräsentative Demokratie für eine verteidigungswürdige Staatsform und verabscheue den Kommunismus, aber ich fühlte mich immer den Völkern des europäischen Ostens zugehöriger als der Tüchtigkeit, Geschäftigkeit und Rationalität der westlichen Welt. Auch unter dem Terror eines stupiden Kollektivismus haben sich die östlichen Völker jene gefühlsbestimmte Humanität bewahrt, deren Zerstörung durch Triebbefreiung einerseits, Kopflastigkeit andererseits keine Bereicherung, sondern eine Verarmung der menschlichen Natur darstellt.

Als wir, fünf Jahre nach der Machtergreifung durch Hitler, von Litauen nach Lettland weiterreisten, fühlten wir uns in Kurland und Livland fast zu Hause. Auch wenn viele Teilnehmer dieser Studienreise, wie sich herausstellte, den Nationalsozialismus ablehnten, waren wir doch so sehr von den Idealen der Ordnung, Sauberkeit und Nüchternheit geprägt, daß uns die litauischen Erfahrungen unheimlich waren und wir aufatmeten, als wir uns in Mitau und Riga wieder in Städten und unter Menschen bewegten, die jenen Vorstellungen entsprachen.

Auch hier ist rückblickend festzustellen, daß man etwas wissen kann, ohne im geringsten den Sinn dessen, was man »weiß«, begriffen zu haben. In Riga hatte Herder zwischen 1764 und 1769 eine Sammlung lettischer Volkslieder angelegt, die ihn zu seiner Entdeckung der in den Volkstümern, ihren Sprachen und ihrer Literatur wurzelnden allgemeinmenschlichen Güter inspirierte. Herder war als Ostpreuße an der Königsberger Universität – auch während der Nazizeit – in Vorlesungen und Seminaren ein vielbemühter Autor, aber sein gerade nicht nationalistisch gemeinter, sondern universaler Denkansatz wurde von einem chauvinistischen Geschichtsverständnis beiseite geschoben, so daß schließlich vom Sinn seiner Studien nur die Volkstumspflege als politische Demonstration übrigblieb (und Herder es sich heute gefallen lassen muß, von geschichtslos aufgewachsenen Generationen von Deutschen für einen Präfaschisten gehalten zu werden).

Die Keimzelle meines Patriotismus sind die Jahre in Pillau gewesen, als wir dort das Hotel »Deutsches Haus« hatten. Ich war damals – 1925 bis 1929 – in dem für Einflüsse solcher Art empfänglichsten Alter; die Erinnerung an die große Zeit der kaiserlichen Marine war in der »Seestadt Pillau« noch sehr lebendig, und mein Vater schließlich konnte dort sein Bedürfnis nach Pflege der Kriegserlebnisse und der Kriegskameradschaft voll ausleben – und mir vorleben.

Eines der ersten vaterländischen Lieder (vorgetragen wahrscheinlich von der heimischen Schützengilde, die regelmäßig im »Deutschen Haus« tagte), das mich kämpferisch und mutig stimmte, ist der Marsch »Stolz weht die Flagge schwarz-weiß-rot an unseres Schiffes Mast« gewesen. Und es war ein für mich bedeutsames Ereignis, als 1928 der Chef der Marineleitung der damaligen deutschen Restflotte, Admiral Raeder, Pillau einen Besuch abstattete, in unserem Hotel residierte, und die vor dem Hoteleingang postierte Ehrenwache sich den Spaß machte, vor mir zu salutieren, wenn ich in meinem Bleyle-Matrosenanzug an ihr vorbeimarschierte.

Für einen derart national eingestimmten Knaben vollzog sich der Übergang in die Euphorie der sich rasch ausbreitenden Hitlerbewegung fast selbstverständlich. Der Nationalsozialismus schien spätestens 1932 auch jenen bürgerlichen Familien, die bislang die »Deutsche Volkspartei« oder die »Deutschnationale Volkspartei« bevorzugt hatten, allein noch imstande zu sein, die nationalen und sozialen Versprechungen, die die Parteien der Rechten und der Mitte gemacht, aber unerfüllt gelassen hatten, einzulösen.

Was sich gegen Hitler und seine »Bewegung«, gegen die SA und die Hitlerjugend an Argwohn und Widerwillen bis ins rechte bürgerliche Lager regte, blieb zunächst ein diffuses Unbehagen, dem die meisten nicht weiter nachgingen, weil es zur NSDAP keine Alternative zu geben und ihr Siegeszug unter den Wählern unaufhaltsam zu sein schien.

Ich erinnere mich an eine Massenkundgebung in Königsbergs größtem Versammlungslokal, dem »Haus der Technik« am Wallring.

Es sprach »der Führer«. Ich stand ganz weit hinten, eingeklemmt in eine dichte Menschenmenge, die auf den Sitzbänken keinen Platz mehr gefunden hatte. Als die zwei- bis dreitausend Menschen nach dem Ende der Veranstaltung aufstanden und das Horst-Wessel-Lied sangen, rieselte es mir den Rücken hinunter. Ich habe die Szene mit den vielen auf mich eindringenden Geräuschen und sich schubsenden Menschen und dem weit vorne pathetisch gestikulierenden und immer wieder drohend seine Stimme hebenden Hitler, dem Scharren und dumpfen Rauschen und der plötzlichen Stille vor dem Einsetzen der Marschmusik noch heute vor Augen und im Gefühl. Sie schüchterte mich ein, und sie enthusiasmierte mich.

Es dürfte sich dies kurz vor den Novemberwahlen des Jahres 1932 ereignet haben, denn ich weiß noch sehr genau, daß ich damals – sehr zum Ärger meiner Großeltern – ihre ganze Wohnung mit runden, schwarz-weiß-roten Klebezetteln versah, auf denen um ein Hakenkreuz herum die Inschrift »Wählt NSDAP« zu lesen war.

Louis Behrendt, mein Großvater, zu jener Zeit bereits pensioniert, wählte unbeeindruckt vom Propagandalärm der »Bewegung« bis zuletzt die »Deutsche Volkspartei« und wollte – in jenen Anfangsjahren als einziger der Familie – mit den Braunhemden nichts zu tun haben. »Das sind Rabauken«, meinte er.

Romantik, Heroismus und Humanität

DER FALL »TUSK«. EIN EXKURS

Im schicksalsträchtigen Jahr 1932 stieg ich von der Quarta in die Untertertia auf, wurde vierzehn, verbrachte die Monate Mai bis September in Cranz, organisierte in meiner Klasse die erwähnte philosophische Arbeitsgemeinschaft, interessierte mich weiterhin für esoterische Neuigkeiten und erfolgte mein Übertritt von der »Freischar junger Nation« ins »Deutsche Jungvolk«, mit dem ich Anfang Oktober am ersten NS-Reichsjugendtag in Potsdam teilnahm.

Etwa zur gleichen Zeit gerieten wir in den Bann einer neuen Spielart der Jugendbewegung, der »Deutschen autonomen Jungenschaft vom 1. 11. 1929« (dj.1.11). Ihr Gründer und Führer Eberhard Köbel – von den Lappen, unter denen er 1927 einige Monate gelebt hatte, »tusk« (= der Deutsche) genannt – hatte im Oktober begonnen, die Zeitschrift »Der Eisbrecher« herauszugeben, deren Aufmachung und Inhalt uns faszinierten.

Unter dem Druck der zusammen mit der NSDAP sprunghaft wachsenden Hitlerjugend, die durch Versprechungen und Drohungen Einfluß auf die bündische Jugend zu nehmen versuchte, und unter der Sogwirkung einer Ideologie, in der sich viele Forderungen auch der bürgerlichen Jugendbewegung wiederfanden, begann in der ohnehin von ständigen Sezessionen, Zusammenschlüssen, weltanschaulichen Akzentverschiebungen und Führerproblemen beunruhigten bündischen Szene der Überlebenskampf. Von den wenigen sozialistisch und kommunistisch ausgerichteten Gruppen abgesehen, war die prinzipielle Zustimmung zum NS-Programm von den ganz rechts angesiedelten Geusen bis zu den eher konservativ-demokratischen Pfadfindern einhellig, aber alle wünschten, ihre Selbständigkeit zu bewahren. Erst in letzter Minute, nämlich Ende März 1933, kam es zur Gründung eines bündischen Dachverbandes, der den Namen »Großdeutscher Bund« erhielt und von Adolf von Trotha geführt wurde. Schon am 17. Juni verfügte der Chef der Hitlerjugend, Baldur von Schirach, seine Auflösung.

Während des Jahres 1932 waren nur individuelle Übertritte oder solche örtlicher Gruppen zur Hitlerjugend erfolgt. Bei diesem Übergangsprozeß spielte das »Deutsche Jungvolk« eine besondere Rolle. Ursprünglich eine österreichische Gründung (»Deutsches Jungvolk – Bund der Tatjugend Großdeutschlands«) mit Ablegern im »Reich«, wurde die rechtsaußen angesiedelte, aber bündisch organisierte Gruppierung schon im März 1931 als selbständige Untergliederung der Hitlerjugend einverleibt und entwickelte sich dort zur Formation der Zehn- bis Vierzehnjährigen.

Die weitergepflegte bündische Tradition mit deutlicher Distanzierung vom politisch-aktivistischen und militaristischen Auftreten der Hitlerjugend hatte zur Folge, daß 1932 erst einzelne Cliquen aus den anderen Jugendverbänden (wahrscheinlich sind auf diese Weise auch Werner Lemke und ich ins »Jungvolk« gelangt) und dann 1933 nach deren Auflösung ganze geschlossene Verbände mit ihren Führern ins »Deutsche Jungvolk« übersiedelten.

Die Eigenständigkeit dokumentierte sich auch äußerlich: Das Jungvolk behielt seine alte Fahne (schwarz mit weißer Siegrune) und eine eigene Uniform (braunes Hemd, schwarzes Halstuch mit braunem Lederknoten, schwarze kurze Hosen, Schulterriemen). Angesichts dieser Autonomie und der zunächst fast unbehelligt weitergeführten bündischen Tradition konnte es nicht ausbleiben, daß die damals von allen Gruppen begierig aufgenommenen neuen Impulse von Köbels dj.1.11 im »Deutschen Jungvolk« Zustimmung und Nachahmung fanden.

Um diesen auf den ersten Blick merkwürdigen, im Grunde aber in der Anfangsphase der Hitlerherrschaft für viele Bereiche typischen Vorgang zu begreifen, muß man sich vergegenwärtigen, daß damals die Durchdringung des gesellschaftlichen Lebens in Deutschland durch die Organisationen und Institutionen der NSDAP noch unzulänglich war. Das »Jungvolk« war für uns, die wir von den tagespolitischen Auseinandersetzungen kaum berührt wurden, die fast bruchlose Fortsetzung des bisherigen bündischen Lebens mit Fahrten, Lagern, Heimabenden und mit den gleichen Liedern; für einen Knaben wie mich bedeutete die Jungvolkzeit sogar eine Steigerung dieser Erlebenssphäre, da mir der kulturell-ästhetisch anspruchsvolle, an die Selbstdisziplin größere Anforderungen stellende dj.1.11-Stil mehr zusagte als es das bieder patriotische Pfadfindertum der »Freischar junger Nation« getan hatte.

Ich habe erst jetzt – bei der Nachprüfung der Daten – entdeckt, daß zwei der drei Zeitschriften, mit denen »tusk« weit über den unmittelbaren Einfluß seiner kaum jemals mehr als zweitausend Mitglieder umfassenden Gefolgschaft hinaus die jugendbewegte Szene insgesamt infizierte, erst im Oktober 1932 (»Der Eisbrecher«) und im März 1933 (»Die Kiefer«) zu erscheinen begannen. (Nur »Das Lagerfeuer«, das mir damals in Königsberg unbekannt blieb, hat Köbel bereits ab Juli 1930 herausgegeben.) Zuvor danach gefragt, hätte ich ihr Erscheinen in die Jahre 1930 bis 1932 verlegt, da sie in meiner Erinnerung mit dem Nazismus und seinem Machtantritt nichts zu tun hatten. Das war nicht nur chronologisch, sondern auch politisch ein Irrtum, denn in beiden Monatsschriften hat »tusk« von vornherein eine Annäherung an die Hitlerbewegung gesucht und schließlich in einem Rundbrief vom 24. Mai 1933 seine Jungenschaften aufgefordert, sich der Hitlerjugend anzuschließen. Da er aber schon im April 1932 der Kommunistischen Partei beigetreten und dort auch aktiv geworden war, vermuten manche Interpreten, daß er auf diese Weise (und vielleicht mit Zustimmung der KPD) seinen Bund retten und zum Kern einer zukünftigen kommunistischen deutschen Staatsjugend machen wollte.

Wie immer die Wahrheit aussehen mag: Er hätte in beiden Fällen seine Lage verkannt. Schirach hielt dj.1.11 für ein »kulturbolschewistisches« Unternehmen und die Person »tusk« für ein nicht integrierbares, gefährliches Element. Köbel wurde 1934 verhaftet, im berüchtigten Columbia-Haus in Berlin inhaftiert und gefoltert, machte einen Selbstmordversuch und durfte schließlich emigrieren. Als er sich nach dem Krieg in Ost-Berlin niederließ, hat die SED bis zu seinem Tod alles getan, um ihn an jeder politischen Aktivität und Einflußnahme auf die Jugend zu hindern.

Eberhard Köbel war eine genialische und tragische Figur. Er scheiterte bei dem Versuch, ein asketisch-heroisches Männlichkeits-ideal ohne Überprüfung an den Möglichkeiten des konkreten Menschen in pädagogische und politische Prinzipien umzusetzen. So war die Faszination von dj.1.11 doppeldeutig: Zum einen bot sie einen elitären Kontrapunkt zu der auf uns zurollenden ordinären Massenbewegung Hitlers, zum anderen legte sie mit ihrer hochgemuten Kampf-, Leistungs- und Härtemoral den Glauben an das revolutionäre Erneuerungsprogramm des Nationalsozialismus als Lösung des deutschen Dilemmas nach den Weimarer Erfahrungen nahe.

»tusk« konnte Knaben für Anstrengungen, Opfer, körperliche Höchstleistung und Disziplin begeistern, sie für Pathos, Haltung, Stil empfänglich machen, aber er wußte nicht zu sagen, auf welche Weise dies alles dem Gelingen eines gewöhnlichen menschlichen Lebens dienen sollte. Da sich aus der bloßen Stilisierung des *elan vital* kein individual- und sozialethisch tragfähiges Daseinsrezept ableiten läßt, suchte er (insofern dem Fall Brecht ähnlich) die Lösung in rigorosen Ordnungssystemen.

Bei der Beurteilung seiner Wendung zum Kommunismus darf man nicht vergessen, daß Stalin erst 1928/29 seine terroristische Herrschaft unumschränkt etablieren konnte, viele deutsche und europäische Sympathisanten der bolschewistischen Revolution daher bis in die dreißiger Jahre hinein mit dem Begriff »Kommunismus« immer noch die Vorstellung von vorbildlichem Humanitätswillen und unerhörter kultureller Progressivität verbanden.

Es wird 1933 oder 1934 gewesen sein, als ich durch Egon Adam, einen künstlerisch besonders interessierten Schulfreund, erstmals vom »entfesselten Theater« Tairows, von Meyerhold und Eisenstein, Stanislawskij, Majakowskij, Chagall und Kandinsky hörte. Keiner von uns wußte, daß alle diese großen Namen des revolutionären Aufbruchs längst ausgelöscht, ihre Träger ermordet, vertrieben oder zum Schweigen gebracht worden waren.

Der Kommunismus in Deutschland profitierte auch und immer noch von einer nicht nur in der Jugendbewegung tief verwurzelten Russophilie, von Kosaken- und Balalaika-Romantik, genauso wie deutschnationale Idealisten die Hitlerbewegung mit Hölderlin, Nietzsche und George in Verbindung brachten und zwei der bedeutendsten Figuren der deutschen Kulturgeschichte dieses Jahrhunderts den Nazismus kurzfristig für ein säkulares geistiges Ereignis hielten: Gottfried Benn und Martin Heidegger (nur Ernst Jünger hat immer Distanz bewahrt).

Auf einer formal-begrifflichen Verständnisebene läßt sich ein nationaler Sozialismus auch als National-Bolschewismus und der Kommunismus als International-Sozialismus interpretieren, das heißt, die Entscheidung zwischen den beiden Konzepten ergibt sich dann aus der Bindung entweder an völkisch-patriotische Werte oder an aufklärerisch-rationalistische, an Menschheitsidealen orientierte Vorstellungen.

»tusk« hielt sich für einen Sozialisten, wobei ihn nicht ein Volk oder die Menschheit als Objekt des sozialistischen Programms, sondern die Art, wie geführt und erzogen werden sollte, interessierte. Es lag ihm nicht an irgendeinem Deutschtum, an Bekenntnissen zum eigenen Volk oder der nordischen Rasse, sondern an einem bestimmten Lebensstil. Was ihn auf seinen Weg brachte, war das Erlebnis eines längeren Lappland-Aufenthaltes, waren Finnland und Rußland und später China und Japan. Seine Helden waren die Samurai.

Man hat der Jugendbewegung die Romantisierung von Zuständen und Neigungen vorgeworfen, die geradewegs zum Faschismus führen mußten. Dieser Vorwurf traf als allgemeines Verdikt weder den alten Wandervogel noch die bündische Jugendbewegung und war für Teile davon (zum Beispiel dj.1.11) nur in beschränktem Maß haltbar. Nationalsozialismus wie Faschismus waren politische Ideologien, das heißt programmatisch ausgearbeitete Vorstellungen von einer mit allen Mitteln anzustrebenden neuen Gesellschaftsordnung. Was der Erreichung dieses Zieles diente, war gut, was sie behinderte, schlecht.

Die Intention der Jugendbewegung – vom Steglitzer Wandervogel bis zu den Jungenschaften der heutigen Zeit – richtet sich nicht auf eine Umwälzung der gesellschaftlichen Verhältnisse, sondern auf eine unabhängig von diesen Verhältnissen mögliche geistige, emotionale und moralische Vervollkommnung des einzelnen – und natürlich auf den Gewinn, der mit dieser Selbsterziehung für den einzelnen zu erzielen ist. Die Bereitschaft, sich einem solchen, die eigene Person betreffenden Formungsprozeß zu unterziehen, schließt politische Überzeugungen, Betätigungen und Bindungen nicht aus, nur haben diese außerhalb der Jugendgruppe ihren Platz. Selbst in den deutschnationalen Bünden der Weimarer Zeit (etwa in meiner »Freischar junger Nation«) war das Entscheidende die charakterliche Erziehung und Selbsterziehung des einzelnen, nicht die Mitwirkung an politischen Auseinandersetzungen und Demonstrationen.

Was war das nun für ein Charakter, dem da zur Entfaltung verholfen werden sollte? Die Meißner-Formel der Freideutschen Jugend von 1913 spricht von einer Lebensgestaltung »aus eigener Bestimmung, vor eigener Verantwortung, mit innerer Wahrhaftigkeit«. Wenn ich die vielen dann folgenden Bekundungen bis ins Jahr 1933 hinein richtig lese, hat dieses prinzipielle Bekenntnis keine Gruppe jemals in Frage gestellt.[8] Versucht man sich ein genaueres Bild von der angestrebten personalen Haltung zu machen, so tritt uns die Gestalt des Jünglings entgegen, der nach dem Guten, Wahren und Schönen strebt, dessen Ideal der Ritter ohne Furcht und Tadel, der Gralssucher und Märchenprinz ist. Angestrebt als Eigenschaften, die man gerne hätte, wurden und werden bis heute (man muß heute nur etwas kräftiger am Panzer der kessen Sprüche kratzen): Tapferkeit und Standhaftigkeit, Aufrichtigkeit, Zuverlässigkeit, Großherzigkeit, Gelassenheit und Duldsamkeit, die Fähigkeit zu Freundschaft und Liebe.

Es war dieser – wenn man will: naive – individualethische Idealismus, der die Angehörigen der Jugendbewegung gegen Faschismus, Nazismus, Kommunismus und alle Totalitätsansprüche stellenden Politizismen immun machte. Wer auf Fahrt ging oder ein Lager mitmachte, wollte nicht eine gesellschaftliche Heilslehre erproben und propagieren, sondern mit sich selbst Erfahrungen machen; er wollte empfindsamer, einsichtiger, mutiger, unabhängiger von Bequemlichkeit und Begehrlichkeit werden.

Nur in jener kurzen Übergangsphase unmittelbar vor und nach 1933, in der Hitler und seine Bewegung patriotische Ziele vortäuschten und ihre Kritik an den Weimarer Zuständen idealistisch mißverstanden werden konnte, haben sich rechte Jugendführer und Jugendgruppen freiwillig der Hitlerjugend und dem Deutschen Jungvolk angeschlossen. Dann kam sehr rasch die Ernüchterung und der erbitterte Vernichtungsfeldzug Baldur von Schirachs gegen die »bündischen Hunde«.

Aus Jungen, die sich am »Hyperion«, am »Cornett« und am »Wanderer zwischen beiden Welten« berauschten, ließen sich vielleicht neue Langemarck-Helden und -Opfer machen, aber gewiß keine KZ-Wächter, keine Folterknechte und Totschläger. Wer in einer Überlieferung aufwächst, für die Selbstverbesserung vor jeder Art von Weltverbesserung rangiert, ist auch vor schwerwiegenden politischen Irrtümern nicht gefeit und kann in einer Zwangslage auch wider besseres Wissen und Wünschen handeln, aber er wird nicht davon überzeugt werden können, daß es politische Ideale gibt, deren Durchsetzung Gemeinheit und Brutalität rechtfertigen. Vor dem Hintergrund der allgemeinen Entwicklung dieses Jahrhunderts stellt sich die Jugendbewegung als ein (wahrscheinlich sehr deutscher) Versuch dar, das klassisch-romantische Menschenbild abseits der und gegen die herrschende zynische Zeitströmung zu bewahren.

Der aufklärerisch gesinnte Humanismus vergaß im Bann der französischen Revolution und der Entdeckungen von Marx seine personalistische Herkunft und suchte die Lösung in (menschenverachtenden) sozialistischen Heilslehren, und der politische Konservativismus, ebenfalls von Ideen des Thermidor infiziert, geriet unter die demoralisierenden Zwänge nationalistischer (also auch kollektivistischer) Denk- und Handlungskonzepte.

Besonders beweiskräftig für den faschistoiden Charakter der Jugendbewegung scheinen linken Analytikern bis heute ihre Lieder. Das gemeinsame Singen spielte in der Tat eine zentrale Rolle im jugendbewegten Leben. Zunächst waren es die von Hans Breuer im »Zupfgeigenhansl« gesammelten Volks- und Vagantenlieder, und später, in der bündischen Zeit, war es ein großes Repertoire von Landsknechts- und Fahrtenliedern sowie musikalischer Folklore aus vielen Ländern bis zu den Eigenkompositionen der Nerother, des »Grauen Corps« und den »Liedern und Chören der Eisbrechermannschaft«. Da werden nicht nur Natur und Heimat besungen, sondern auch Kampf und Krieg und Heldentod, flatternde Fahnen, verwegene Reiter, blitzende Säbel. »...dem Ritter fuhr ein Schlag ins Gesicht und ein Spaten zwischen die Rippen«, »...setzt auf's Klosterdach den roten Hahn«, »Dschingis Khan, der lahme Reiter, führt uns an, die Faust umspannt das Schwert«, »Platow preisen wir, den Helden...«.

Wir saßen irgendwo auf einer Waldlichtung an einem masurischen See. Ein Lagerfeuer prasselte, warf seine Lichter auf die Stämme der Fichten und ließ drei, vier Zelte erkennen. Die Jungen, um das Feuer herum, waren zwölf, dreizehn, vierzehn Jahre alt; sie stützten sich rückwärts auf den Boden oder hatten die Arme um die nackten Knie geschlungen und sangen. Ein Älterer, vielleicht sechzehn oder achtzehn, spielte Gitarre.

Es gehört schon eine gehörige Portion aufklärerischer Einfalt dazu, den Knaben, die jene Lieder sangen, den Wunsch zu unterstellen, mit Hitler in den Weltkrieg zu ziehen, Europa zu verwüsten, Polen und Russen zu versklaven und alle Juden auszurotten. Keiner von ihnen wollte im Ernst an den Don ziehen, sich einem Dschingis-Khan anschließen, Kirchen in Brand stecken, Blutbäder mit dem Säbel anrichten, trommelnd in den Heldentod marschieren. Alle diese Geschichten und Namen waren romantische Chiffren für unser Bedürfnis nach Abenteuer und Risiko, nach einem intensiveren Leben, als wir es zu Hause und in der Schule führen mußten. Und in vielen Liedern, insbesondere den alten Volksliedern, ließen wir uns vom großen Strom einer Sentimentalität tragen, deren Thema oft wehleidig überzogen wird, aber dennoch eine alle Menschen bewegende (und menschlicher machende) Wahrnehmung ausdrückt: die Empfindung der Vergeblichkeit, der Vergänglichkeit und des unvermeidbaren Abschieds.

Das Zusammengehörigkeitsgefühl in der Jugendbewegung beruhte auf Übereinkunft in einer Lebensstimmung, nicht im Glauben an ein politisches Programm. Das Verbindende war eine, das Verhalten des einzelnen betreffende, Gesinnung, die in Sympathie wurzelte und Sympathie hervorrief. Es war also weder ein Zeichen von Unklarheit noch von Entschlußlosigkeit, daß in der Jugendbewegung mit der gleichen Begeisterung Landsknechtslieder wie Lieder der aufständischen Bauern, der roten wie der weißen Gardisten gesungen wurden.

Texte können gut oder schlecht sein, aber sie beweisen gar nichts. Nicht nur kann die eindrucksvollste Tonfolge der Propagierung übelster Ziele dienen, diese lassen sich auch in starke und schöne Worte fassen. Obwohl ich der Heilslehre, für die die »Internationale« in Anspruch genommen wird, abgeneigt bin, halte ich Musik wie Text für eindrucksvoll. Eine Analyse der von der Jugendbewegung gesungenen Liedertexte gibt politisch gar nichts her oder führt in die Irre.

Aufschlußreich erscheint mir ein Vergleich mit den politischen Songs und mit der gleichfalls jugendbewegenden Rock- und Popmusik unserer Zeit. Rock und Pop sind Ausdruck der befreiten Vitalität des Menschen. In dieser Musik (die ihre legitime Funktion hat) wird unmittelbar die physiologisch gegebene Triebnatur des Menschen ausgedrückt und zum Programm erhoben: die Lebendigkeit des Lebens, die Motorik, Aggressivität und Laszivität der Lustsuche. Der politische Song – sei er proklamatorisch oder satirisch – lebt fast nur noch vom (guten oder schlechten) Text und der Vortragskunst seines Interpreten. Zumeist ist der musikalische Anteil auf einen monotonen Sprechgesang reduziert und dient lediglich der Stärkung der psychischen Aufnahmebereitschaft für die jeweiligen Parolen und Anklagen.

Die charakteristischen Lieder der Jugendbewegung drücken weder Triebbedürfnisse aus, noch propagieren sie politische Überzeugungen; sie gehören vielmehr jenem Zwischenreich an, in dem sich ideelle Wünsche und Vorstellungen unserer Gefühls-Natur eingeprägt haben und sich gleicherweise musikalisch wie verbal-bildhaft auszudrücken versuchen.[9]

Rock- und Popfans hält es, wie man weiß, in Konzerten nicht auf ihren Stühlen. Die Musik stimuliert sie aber auch in der größten

Menge als einsame Subjekte, die auf das Erleben ihrer eigenen Körperlichkeit, ihrer organischen Existenz konzentriert sind. Die politisch Engagierten nehmen im Gegensatz dazu die vielen anderen deutlich und lustvoll zur Kenntnis; für ihre Begeisterung ist es wesentlich, unter Gesinnungsgenossen zu sein, die sichtbarlich und demonstrativ ihre Überzeugungen teilen.

Die singende Horde besteht aus zehn oder zwölf Freunden, also einer sehr kleinen Gruppe, deren typische Situation auf Fahrt oder im Lager der Aufenthalt in der (von anderen Menschen freien) Natur ist. Nicht nur die Wälder und Wiesen, Seen und Flüsse, sondern auch Sonne und Sternenhimmel sind die bewußt wahrgenommenen und in das Empfinden und Denken jedes einzelnen einbezogenen Naturerscheinungen.

Die Welt besteht nicht nur aus subjektiven Lust- und Unlusterfahrungen, und sie besteht auch nicht nur aus dem, was Menschen mit- und gegeneinander tun und treiben; dies alles findet in einer Wirklichkeit statt, in der die Menschen ein winziger Teil des Universums sind. Im Gegensatz zur innerweltlich abgeschlossenen Realität des Pop- und Politszenariums tritt mit der Erfahrung von Natur und Kosmos die Rätselhaftigkeit und Offenheit der Welt ins Bewußtsein. Im Erleben des einzelnen Angehörigen der Jugendbewegung gibt es auch in den weltlichen Bünden eine »religiöse« Dimension als letzten und umfassenden Horizont.

Die kleine Gruppe, in der jedes Mitglied ein individuelles Selbst bleibt, dessen Beziehung zu den anderen gleichfalls von deren persönlicher Wesensart bestimmt wird, und in der jeder einzelne – auch wenn es ihm nicht bewußt sein sollte – niemals die Bindung an die außersozialen, universalen Daseinskoordinaten verliert, war das prägende Zentrum des Lebens in der Jugendbewegung. Mit dieser personalen Grundstruktur sind weder kollektivistisch- noch elitärtotalitäre Gefolgschaftsphilosophien zu vereinbaren.

Seine ausgeprägt elitären Neigungen hätten »tusk« vor der Annäherung an Massenbewegungen wie den Kommunismus oder den Nationalsozialismus bewahren müssen, aber durch den 1932/33 bei ihm immer stärker hervortretenden autoritären Anspruch auf blinde Gefolgschaft und bedingungslosen Gehorsam geriet er in den Sog der beiden großen kollektivistischen Ideologien. In den gleichen Monaten, in denen ein so unzweifelhaft nationalkonservativer Mann wie von Trotha die deutsche Jugendbewegung vor der Zerstörung durch Schirach zu bewahren suchte, rief »tusk« seine Gruppen dazu auf, sich der Hitlerjugend anzuschließen und als »endgültiges Ziel ... die Überführung in die kommende Staatsjugend« anzuvisieren. Und er kehrte aus der Emigration nicht nach Westdeutschland zurück, um am Aufbau einer freien Jugendbewegung mitzuwirken, sondern ging nach Ost-Berlin – in der Hoffnung, dort in der SED-Staatsjugend eine führende Rolle spielen zu können.

Es ist im Grunde unerheblich, ob er – wofür einiges spricht – als kommunistischer Partisan die Hitlerjugend unterwandern wollte oder aber 1933 tatsächlich glaubte, in dieser seine Vision von der »Jungenarmee« verwirklichen zu können. In beiden Fällen ging es ihm nicht um bündische, die personale Charaktererziehung des einzelnen in einem kleinen Freundeskreis anstrebende Lebensformen, sondern um die Formierung großer Massen von Jugendlichen zu einem einheitlichen, soldatisch harten und disziplinierten Prätorianertyp. Man muß nach der Lektüre seiner verschiedenen Verlautbarungen, Anordnungen und Befehle seit 1931 leider feststellen, daß Hitlers Forderung an die Jugend, »zäh wie Leder, hart wie Kruppstahl, flink wie Windhunde« zu sein, durchaus von Eberhard Köbel hätte formuliert werden können.

Ich bin in diese ausführliche Erörterung des Falles dj.1.11 und »tusk« hineingeraten, weil er ein Lehrstück ist – nicht nur für bestimmte persönliche Erfahrungen und Konflikte, sondern für die Situation einer vielleicht nicht repräsentativen, aber gewiß nicht kleinen Gruppe meiner Generation beim Übergang von der Weimarer Republik zum Dritten Reich. Eberhard Köbel bin ich weder jemals persönlich begegnet, noch habe ich einer seiner Jungenschaften angehört. Aber ich kann bezeugen, welche außerordentliche Wirkung er in den Jahren 1932 bis 1934 auch auf uns in dem so weit abseits liegenden Königsberg mit seinem geistig, ästhetisch und habituell anspruchsvollen bündischen Lebensstil ausgeübt hat.

Die Lektüre vieler seiner Texte, die ich damals gar nicht zu Gesicht bekommen oder aber längst vergessen hatte, zeigt »tusk«

als einen eigensinnigen, ehrgeizigen, selbst- und sendungsbewußten Charakter von großem Charisma und natürlicher Autorität. Sein Wollen und Planen, worauf immer es sich richtete, zeichneten Nüchternheit und Präzision, Stilgefühl, Macht- und Ordnungsbedürfnis und Härte, aber auch Leidenschaftlichkeit und Pathos aus. Er war wissenschaftlich, technisch und künstlerisch begabt und in allen diesen Bereichen auch erfolgreich. Eine Karriere als Naturforscher lag nahe und wurde von ihm zunächst auch angestrebt, dann aber für immer zugunsten des Aufbaus der neuen, alle bestehenden Bünde er- und übergreifenden Form einer »autonomen Jungenschaft« aufgegeben.

Für biographisch entscheidend würde ich halten: seinen Perfektionismus, der sich moralisch und sozial als Rigorismus äußerte, seine Fähigkeit, äußerlich-optisch eindrucksvolle Gegenstände, Symbole und Bewegungsabläufe zu gestalten, sein asketisch-heroisch-idealistisches Menschenbild und sein Bedürfnis nach Verfügungsgewalt über die ihm folgenden Knaben und Jünglinge.

Eberhard Köbel mangelte es an einer seine partiellen Talente und Interessen umfassenden, ordnenden und relativierenden Intelligenz. Er war unfähig, zu sich selbst Abstand zu gewinnen, seine Anlagen richtig einzuschätzen und einzusetzen, und er erwies sich als ebenso unfähig, die moralischen, pädagogischen und politischen Konsequenzen seines ungehemmt zu allgemeinen Rezepten ausgearbeiteten rigoristischen und ästhetisch-theatralischen Heroismus zu begreifen. Dieses Defizit wurde gefährlich verstärkt durch ein geringes Einfühlungsvermögen in den konkreten Nächsten, durch Unduldsamkeit und Ungeduld, durch puristische Härte gegen sich selbst und andere.

Köbel hat 1933 geheiratet und wurde in England Vater von zwei Söhnen. Im Gegensatz zur Überzeugung und Handhabung anderer Bünde lehnte er das Verständnis des Bündischen als Lebensbund, der auch dem der Jugend Entwachsenen einen Platz und eine Aufgabe in der Gemeinschaft zuwies, ab und reagierte heftig auf jede Erwähnung der erotischen Aspekte jugendlichen Zusammenlebens und -erlebens.

So bietet »tusk« psychologisch das Bild eines Falls von Knabenliebe (was keineswegs bedeuten muß, daß er sexuelle Neigungen dieser Art hätte verdrängen müssen). Die hartnäckig festgehaltene Vision einer von ihm geführten grandiosen Bubenarmee, in der eine Auslese der Nation streng und schön unter flatternden Fahnen marschiert und zu jedem Einsatz bereit ist, war seine Art, zu lieben und sich des Liebesobjektes zu bemächtigen.

Ich notiere diese Vermutung nicht, weil ich das geringste gegen die erotische Komponente der Jugendbewegung einzuwenden hätte oder gar einen indiskreten Blick in das Innenleben eines tragischen Menschen tun möchte, sondern weil ich glaube, daß der Widerspruch zwischen Hingabe an seine Jungenschaftsidee und Erosfeindlichkeit (»wer über Eros spricht oder den bösen Schein, das zu tun, nicht vermeidet, wird verjagt und geächtet«)[10] ein Schlüssel ist, ohne dessen Berücksichtigung der andere, genauso auffällige Widerspruch zwischen elitär-moralischen Ansprüchen an den einzelnen und kollektivistisch-brutalem Ordnungswillen unverständlich bleiben muß.

Von einer Charakteranalyse, die den Anschein erweckt, daß das Denken und Trachten eines Menschen durch die Aufdeckung psychischer Mechanismen hinlänglich erklärt werden kann und er als Opfer dieser Zwänge nicht mehr verantwortlich gemacht, das heißt ernst genommen werden muß, halte ich nichts. Es steht uns nicht zu, ihn als Psychopathen zu behandeln und zu bezweifeln, daß seine Entscheidungen tatsächlich Entscheidungen gewesen sind. Es gibt jedoch keinen Grund, deshalb den Tatbestand zu ignorieren, daß es offensichtlich eine Verkennung des Unterschieds zwischen Eros und Sexus war, die Köbel veranlaßt hat, alles »weich werden« zu ächten, den zu engen Kontakt mit einzelnen Mitgliedern seiner Jungenschaften zu meiden und in die Rolle eines ausschließlich von seiner Sache besessenen (und damit die Person als Zentrum aller Sittlichkeit aus den Augen verlierenden) Führers zu flüchten.

Ich glaube, daß seine von allen Freunden und Gefolgsleuten übereinstimmend konstatierte Ausstrahlung ihre Intensität aus einem abgewiesenen, aber darum um so nachhaltiger aus dem Untergrund wirksam werdenden Eros bezog – eine Ausstrahlung, die allein erklärt, warum er ungeachtet seiner schrecklichen politischen Irrtümer damals einen so fruchtbaren Einfluß auf uns hatte und heute noch auf eine bewußt demokratisch und liberal eingestellte bündische Jugend ausüben kann.

Das Auftreten von Köbel und seiner dj.1.11 machte – sozusagen von heute auf morgen – deutlich, daß die Jugendbewegung der Weimarer Zeit (vielleicht weil sie doch noch zu sehr bloße Fortsetzung des alten Wandervogels war) ihre pädagogischen Aufgaben und Möglichkeiten unterschätzt hatte; sie wurde für die in den zwanziger Jahren heranwachsenden Jungen, die inmitten dieser an Auf- und Anregungen überreichen Zeit lebten, nicht herausfordernd und phantasievoll genug geführt. »tusk« brachte Bewegung in die stagnierende Szene. Von seinem Eintritt in die KP wußten wir nichts, von seinem wenig später folgenden lautstarken Eintreten für die nationalsozialistische Staatsjugend scheinen wir – da ich mich an diese Verlautbarungen nicht erinnern kann – kaum Kenntnis genommen zu haben. Warum auch? Wie ich schon feststellte, fühlten wir uns zu dieser Zeit in Übereinstimmung mit dem von der NS-Bewegung an den Tag gelegten revolutionären Elan und waren ja zum Teil bereits Angehörige des Jungvolks.

Was uns von »tusk« erreichte und enthusiasmierte, waren seine musisch-ästhetischen und seine literarisch-philosophischen Impulse: die neuen Lieder, von denen er viele selbst komponiert und getextet hatte, das »soldatische« Chorsingen, die sorgfältige und das Auge gefangennehmende graphische Gestaltung seiner Schriften und Zeitschriften, die von ihm entworfene kleidsame und praktische Jungenschaftsjacke, die Einführung der ebenso dekorativen wie nützlichen Kohte (einer Zeltform, in der man ein Feuer unterhalten konnte), die einprägsamen, geschmacksicher stilisierten Embleme (auf der grauen Fahne eine schwarze Lilie auf rotem Grund oder zwei Rosen mit gekreuzten Schwertern) und schließlich das anspruchsvolle Niveau der von ihm verfaßten oder für die Zeitschriften ausgewählten Beiträge.

Sein Lapplandbericht und später die programmatische Schrift »Der gespannte Bogen« ließen gedanklich und sprachlich das uns bis dahin bekannte bündische Schrifttum weit hinter sich. Köbel schrieb einen knappen, drängenden Stil, dessen Pathetik auch dann ihren Eindruck auf uns nicht verfehlte, wenn sie in schrille Töne überging. Die Philosophie, die er in autoritativen Sentenzen verkündete, war eine brisante Mischung aus deutsch-patriotischem Idealismus, elitärem Männlichkeitsethos und einer, an Zen-Sprüchen orientierten, heroischen Metaphysik.

Es ist leicht, heute, nach fünfzig Jahren, eine solche ironisch getönte Charakterisierung zu Papier zu bringen, damals – ich hatte gerade Nietzsche entdeckt – setzten diese Ideen bei mir und meinen Freunden noch unerprobte seelische und geistige Kräfte frei.

Oberflächlich betrachtet konnte man die Parolen Eberhard Köbels für genuine Elemente der nazistischen Weltanschauung halten, tatsächlich aber mangelte es ihm an der entscheidenden Voraussetzung für eine NS- oder kommunistische Karriere, nämlich der Fähigkeit zur bedenklosen Anpassung an die Folter- und Mordpraxis beider Systeme. Köbel selbst hat die tiefe Kluft nicht zu sehen vermocht, die seinen Traum von einer disziplinierten Auslese der deutschen Jugend von ihrer kollektivistischen Dressur durch ein diktatorisches Regime (sei es nazistisch, faschistisch oder kommunistisch) trennte. Er hat offenbar auch nach 1945 nicht begriffen, daß sein asketisch-heroisches Erziehungs- und Lebensmodell nur Stimulans für den sich freiwillig daran ausrichtenden einzelnen sein konnte, als staatlich verordnetes und durchgesetztes Konzept für eine militaristische Massenorganisation aber notwendig in die Forderung nach blindem Gehorsam münden, zur Nivellierung alles Individuellen und Spontanen führen und zuletzt in die Bereitschaft zur Brutalität umschlagen mußte.

»tusk« war weder ein Nazi noch ein Kommunist, sondern ein von hochgespannten Idealen beherrschter, unpolitisch denkender und agierender Mensch. Das NS-System strebte von Anbeginn Zwang, Unterdrückung, Mord und Krieg an, verstand es jedoch noch Jahre nach der Machtergreifung, einen deutschnationalen Idealismus vorzutäuschen, dessen Alibicharakter nur wenige durchschauten. Köbel erstrebte, trotz seiner immer martialischer und aggressiver werdenden, dem Nazijargon ähnelnden Formulierungen, eine »Armee« von heldischen Knaben, die niemals etwas Gemeines und Unehrenhaftes zu tun imstande sein würden.

Die Frage, was aus Tapferkeit, Selbstzucht, Einordnung, Opferbereitschaft werden mußte, wenn man diese Tugenden von den sie komplementierenden Forderungen der Duldsamkeit, Mitmenschlichkeit, Selbstverantwortung isoliert und zu Maximen einer totalitären Staatsjugend macht, hat er sich nicht gestellt. Er hat sie nicht nur angesichts der vorauszusehenden Entwicklung der Hitlerjugend, sondern auch gegenüber seiner eigenen Idee einer Jungenarmee nicht gestellt, die sich ja ebenfalls – hätte er sie jemals aufstellen können – in ein Instrument der Unterwerfung und der Demoralisierung des einzelnen verwandelt haben würde. Erst diese Übereinstimmung der Konsequenzen einer aufrichtig gemeinten idealistischen Vision mit der Praxis eines vorgetäuschten Idealismus macht deutlich, wie hoffnungslos sich »tusk« in die nazistischen wie die kommunistischen Prospekte verstricken mußte.

Die anderen Bünde, obwohl von der Notwendigkeit einer Hitler-Hugenberg-Koalition überzeugt, bewiesen im Fall Eberhard Köbel den richtigen Instinkt: Seine anvisierte Jungenarmee war ihnen genauso suspekt wie die Hitlerjugend. »tusk« war nicht der augenfälligste Repräsentant des faschistischen Charakters der Jugendbewegung, sondern in ihr – gerade wegen der kollektivistischen und totalitären Konsequenzen seiner großen politischen Pläne – ein Fremdkörper.

Solange das Objekt seines Gestaltungs- und Führungswillens eine überschaubare Zahl kleiner Gruppen war, deren Mitglieder ihm aus freiem Willen Gefolgschaft leisteten, erwies sich Köbel als ein genialer Anreger und Erzieher, der jeden einzelnen anspornte, Selbstbeherrschung zu üben, seine musischen und geistigen Talente zu entwickeln. Als er jedoch immer heftiger die Formierung einer elitären Auslese der ganzen deutschen Jugend – zunächst als große, aus der bündischen Jugend herauswachsende Organisation, dann innerhalb der Hitlerjugend – erstrebte, ging es ihm nicht mehr um die zu schützende und zu fördernde seelisch-geistige Begabung jedes einzelnen, sondern um die typisierende Gestaltung seiner erträumten Elitejugend, um eine beeindruckende Choreographie ihres Auftretens.

»tusk« dachte in heroischen Bildern, stilisierten Pantomimen, Gesten, Bewegungsabläufen. Sein Talent als Geschmacksbildner, als Regisseur großer Auftritte wurde ihm zum Verhängnis. Er sah in Hitlers Staatsjugend die Chance, die große Oper einer Heerschar stolzer und schöner Knaben ins Werk zu setzen. Und er rechtfertigte seine (zwanghafte) Interesselosigkeit am subjektiven Geschick des einzelnen durch das Bekenntnis zum (nationalen oder internationalen) Sozialismus.

Es ist in diesem wie in anderen Fällen – man denke an d'Annunzio, T. E. Lawrence, Mishima – schwierig zu entscheiden, ob eine starke, an optischen und theatralischen Reizen orientierte Anlage zur Mißachtung der (störenden, Ordnung und Schönheit vernichtenden) Innerlichkeit konkreter Individuen führt oder umgekehrt eine frühkindlich erworbene Angst vor der einfühlenden Zuwendung zum anderen zur Hypertrophie ästhetischer (oder auch ideologischer – siehe Brecht oder Bloch) Lebensprinzipien.

Es gehört zum sich bis zum Fanatismus steigernden Helden- und Schönheitsideal des Eberhard Köbel aber nicht nur die Vorherrschaft des völlig ins Visuell-Habituelle abgedrängten Lustempfindens, sondern auch eine diese Verlagerung und Übersteigerung erst ermöglichende Unfähigkeit, die moralische Problematik einer solchen Einstellung wenn nicht zu lösen, dann doch wenigstens zu begreifen. Tatsächlich ist es auffällig, wie gefühlsbedingt und gefühlsgesteuert auch alle theoretischen Äußerungen von »tusk« sind. Die nüchterngenaue Art seiner Naturbeschreibungen und seine handwerklichen Talente täuschen eine Objektivität vor, über die er nicht verfügte. Es waltet hier vielmehr eine Präzision, die die Dinge energisch in Besitz nehmen, nicht in ihrem komplexen So-Sein verstehen will.

Bei näherem Zusehen entspringt auch die Affinität Köbels zur chinesischen und japanischen Philosophie nicht dem Bedürfnis, sich unabhängig von gesellschaftlichen Problemen über metaphysische Zusammenhänge Gedanken zu machen, sondern unverkennbar dem Drang, seinem amoralischen Ästhetizismus zu einem rechtfertigenden universalen Überbau zu verhelfen. Er ist einer der ersten Europäer, die die Spontaneitäts- und Absurditätsmethodik des Zen-Buddhismus als in Philosophie umgesetzten Samurai-Heroismus mißverstehen, weil sie übersehen, daß jede Mystik die soziale Ruhigstellung und moralische Harmonisierung der zwischenmenschlichen Verhältnisse als selbstverständlich voraussetzt. (An dieser Stelle böte sich ein Seitenblick auf die Martin Heidegger für kurze Zeit in die Nähe des Nationalsozialismus führende politische Interpretation seiner eigenen Seinslehre an.)

Wenn ich auf die erstaunliche Faszination zurückblicke, die Köbel damals auf uns ausgeübt hat (und die, wie dieser Exkurs zeigt, bis heute angehalten hat), so glaube ich, daß der Grund dafür nicht einfach seine Wirkung als Anreger gewesen ist, sondern die Tatsache, daß er in äußerster Zuspitzung ein existentielles Grundproblem vorlebte, das beim Übergang von der Pubertät zur Adoleszenz auftritt, um uns dann – so oder so – ein Leben lang zu begleiten.

Es ist der Konflikt zwischen einem romantisch-idealistisch-heroischen Lebensdrang und einer rationalistisch-pragmatisch-permissiven Lebensplanung, zwischen dem Ideal des einsam, furcht- und rücksichtslos nach Wahrheit und Schönheit strebenden Ritters, der Ungeheuer bezwingt und Menschheitsrätsel löst, und dem sich meldenden Wunsch nach Teilhabe und Mitwirkung an einem ganz normalen Dasein, in dem größtmögliche Entfaltungsfreiheit und Unlustvermeidung für alle gesichert sind.

Dieser Konflikt ist nicht zu lösen, sondern läßt sich nur in seinen Auswirkungen begrenzen, indem man sowohl dafür sorgt, daß das einsame Abenteuer der Suche nach der blauen Blume und dem Gral nicht auf Kosten des und der anderen stattfindet, als auch verhindert, daß eine zum Idol erhobene Begehrlichkeits- und Nützlichkeitsphilosophie jeden Sinn für ein Dasein erstickt, dessen Ethos (auch angesichts apokalyptischer Bedrohungen) nicht einfach das Überleben, sondern eine an ideellen Werten ausgerichtete menschliche Existenz sicherstellen will.

Aus der Ferne schien uns »tusk« für kurze Zeit die Erfüllung der bündischen Hoffnungen zu verkörpern und der Führer zu den höheren Weihen zu sein, in die eingewiesen zu werden wir begierig und durch Anspannung aller unserer Kräfte bereit waren. Das ist keineswegs nur ein Irrtum gewesen, denn abgelöst von seinen uns gar nicht erreichenden politischen Obsessionen wirkte er durch die Überzeugungskraft seiner Talente.

Die Wirklichkeit wiederum, die uns erwartete, als wir langsam dem Knabenalter entwuchsen, forderte nicht Mitwirkung an einer vernünftigeren und besseren Welt, sondern erzwang in Gestalt einer vorgegebenen starren und sich immer fester fügenden Ordnung Unterwerfung, Anpassung, Tarnung und Heuchelei und damit den erneuten Rückzug ins Subjektive und Private. Unsere Suche nach Wahrheit und Schönheit erwies sich als kindische und lächerliche Illusion, die Realität jedoch, die diese Desillusionierung zustande brachte, bestätigte unsere Erfahrung, daß es ein aufrichtiges Leben und Erleben nur im kleinen Kreis der Freunde gibt.

In den zwölf für meine Generation entscheidenden Jahren von 1933 bis 1945 standen wir nicht vor dem Problem, romantisch-heroische Neigungen mit pragmatischen und humanistischen Aufgaben zu vereinbaren, sondern sahen uns dem Konflikt zwischen den Werten einer intakten Privatwelt und den Unwerten einer Außenwelt ausgeliefert, deren Gemeinheit uns Fatalismus und Zynismus nahelegte.

Gleich nach dem Kriege lernte ich in München Hermann Mau, einen jungen Historiker, kennen, der am Maßmannplatz ein Jugendwohnheim leitete und dabei war, eine größere Arbeit über die Jugendbewegung zu schreiben. Sie ist 1948 unter dem Titel »Die deutsche Jugendbewegung – Rückblick und Ausblick« in der *Zeitschrift für Religions- und Geistesgeschichte* erschienen. Im Februar 1950 machte Hermann Mau daraus für mich die Nachtstudio-Sendung »Erlebnis und Gemeinschaft – Geschichte und Schicksal der deutschen Jugendbewegung«. Er starb zwei Jahre später, im Alter von neununddreißig Jahren, bei einem Verkehrsunfall auf der Autobahn. Sein unerwarteter Tod beendete nicht nur diese Beziehung, sondern auch den Anlauf, den ich genommen hatte, über den Neubeginn und die Rolle der Jugendbewegung nachzudenken. Die Rundfunkarbeit und die eigene publizistische und politische Tätigkeit nahmen mich so in Anspruch, daß ich das Thema für zwei Jahrzehnte aus den Augen verlor.

Erst Ende der siebziger Jahre regte mich ein Artikel an, nachzuforschen, ob und in welcher Weise es zu einer Fortsetzung der Jugendbewegung gekommen war. Es gibt diese Fortsetzung, und die bündische Jugend der neuen Nachkriegszeit ist zwar kein Gegenstand öffentlicher Aufmerksamkeit, zeigt aber eine erstaunliche Vielfalt und Lebendigkeit. Auch »tusk« und dj.1.11 beschäftigen wieder die Gemüter, und die Auseinandersetzung mit diesem Phänomen füllt immer neue Zeitschriftennummern und Bücher.[11]

Anpassung und Widerstand

STUDENT UND SOLDAT IM DRITTEN REICH

Als Vierzehnjähriger tat ich 1932 genau das, was »tusk« empfohlen hatte: Ich wechselte von der »Freischar junger Nation« zum »Deutschen Jungvolk« und nahm im Oktober des gleichen Jahres (zusammen mit Werner Lemke) am Reichsjugendtag der Hitlerjugend in Potsdam teil. Wir wurden im eiskalten Rumpf eines alten kleinen Dampfers von Königsberg über die Ostsee nach Swinemünde und von dort mit der Eisenbahn nach Potsdam transportiert. Ich erinnere mich, daß ich die Tage dort, mit dem Höhepunkt des Vorbeimarsches an Hitler, in einem Zustand der totalen Erschöpfung über mich ergehen ließ. Von der Rückfahrt weiß ich nur noch, daß sie nicht mehr über die Ostsee, sondern mit der Bahn über Land durch den Polnischen Korridor führte.

Was ich dann wiederum als ein punktuelles Erlebnis bewahrt habe, ist ein Augenblick, in dem ich übermüdet, aber wach, während der nächtlichen Durchquerung des polnischen Gebiets mit den anderen in meinem Abteil »Siehst du im Osten das Morgenrot...« singe.

Obwohl ich noch heute die Betäubung wiedererstehen lassen kann, in der ich mich während der ganzen Unternehmung befand, ist nicht daran zu zweifeln, daß diese erste (und letzte) Massenveranstaltung, an der ich aktiv teilgenommen habe, ihren Eindruck nicht verfehlte. Aber gleichzeitig begann sich in mir ein Gefühl des Widerwillens gegen das Ausgeliefertsein in endlosen Marschkolonnen und fanatisierten Menschenansammlungen zu regen.

Vielleicht hätte die Faszination der Veranstaltung länger vorgehalten, wenn ich sie – wie es sich wahrscheinlich in der Vorstellung eines Eberhard Köbel abspielte – als Schauspiel hätte genießen können, aber auf mich als eines der vielen Opfer der Inszenierung konnte der Reichsjugendtag im Endeffekt nur ernüchternd wirken.

Da das Leben in meinem Jungvolk-Fähnlein sich weiter in den gewohnten bündischen, ganz und gar unmassenhaften Formen abspielte, hatte die Potsdam-Erfahrung nur peripheren Charakter. Der Aufmarsch vor dem »Führer« schien uns eine ausschließlich von der und für die Hitlerjugend bestimmte Demonstration, und dem militaristischen und aggressiv politischen Auftreten der HJ standen wir ohnehin mißtrauisch und ablehnend gegenüber. Im Gegensatz zu den Appellen und Erwartungen von »tusk« waren es gerade seine elitären und ästhetischen Ansprüche, die uns via »Eisbrecher«, »Kiefer« und »Lieder der Eisbrechermannschaft« gegen die ordinäre Schneidigkeit der braunen Kolonnen einnahmen.

Sowohl die Zuwendung als auch die Abwendung von der NS-Bewegung waren in diesem Alter kein ideologisch-moralischer, sondern ein von Gefühlsregungen bestimmter Vorgang. Ich begann das Regime, verkörpert durch die Horden der SA, als Bedrohung zu empfinden. Die kurze Zeit der Begeisterung hatte keinem Parteiprogramm gegolten (ich kannte es nicht), sondern der kämpferisch auftretenden Bewegung, der damit verbundenen allgemeinen Aufbruchstimmung, der Marschmusik, dem Sentiment und Pathos der Gesänge.

Ich glaube, daß sich mein rasch wachsender Widerstand an den Reden Hitlers entzündete. Seine aus dem Lautsprecher dringende hysterisch-drohende Stimme machte mich wütend, und es gab Auseinandersetzungen mit meinen Eltern, die ihn anhören wollten. Gleichzeitig entwickelte sich bei mir eine allgemeine Abneigung gegen alles Militärische, Zackige und Laute, und ich weiß, daß ich sogleich einen Umweg einschlug, sobald sich irgendwo ein Umzug ankündigte (und kleine und große Umzüge der SA und anderer NS-Organisationen fanden ständig statt).

Nachdrücklich zu Bewußtsein gebracht wurde mir meine Abscheu vor dem NS-System durch einen Vorfall, der sich im Sommer 1936 abspielte. In der letzten Juliwoche erschienen eines Mittags in der Giesebrechtstraße zwei Gestapobeamte, um mich – wie sie sagten – zu einer Vernehmung abzuholen. Flankiert von den beiden bedrohlich wirkenden und wortkargen Gesellen wurde ich dann gleich um die Ecke zum Steindammer Kirchplatz geleitet und dort in einem Büro der Geheimen Staatspolizei abgeliefert, das sich im ersten oder zweiten Stock eines Hauses gegenüber der Längsseite der Steindammer Kirche befand.

Es ging um einen meiner Freunde, den damals vierundzwanzigjährigen Studenten der Kunstgeschichte G. B., der im Königsberger »Parkhotel« – ich weiß nicht, in welcher Funktion – seinen Lebensunterhalt verdiente. (Da er oder seine Angehörigen möglicherweise noch am Leben sind, nenne ich seinen Namen nicht.) Er war, wie ich wußte, homosexuell und – was ich nicht wußte – im Zuge einer in ganz Ostpreußen durchgeführten Großrazzia bereits verhaftet worden.

Da ich keine homophilen Neigungen hatte, mich völlig ungefährdet und G. B. auf diese Weise am ehesten helfen zu können glaubte, leugnete ich, irgend etwas von seiner Veranlagung oder gar von diesbezüglichen Beziehungen zu wissen. Dabei kannte ich durch G. B. (und auch durch meinen Schulfreund Egon Adam) eine ganze Anzahl von Studenten, Schauspielern und Angehörigen des Opernballetts, für die der berüchtigte § 175 eine Quelle ständiger Ängste und Anlaß deprimierender Diskussionen war.

G. B. hatte auch schon ein Geständnis abgelegt. So erschien meine Ahnungslosigkeit unglaubwürdig, machte mich selbst verdächtig und veranlaßte den Vernehmungsbeamten, mich in Untersuchungshaft abführen zu lassen. Das besorgten wieder die beiden Beamten, mit denen ich nun den ganzen langen Steindamm hinunter, am Nordbahnhof entlang, zum Polizeipräsidium marschierte.

Ohne jede Nachricht und ohne Kontakt zur Außenwelt habe ich dann drei Tage im dortigen Gefängnistrakt zugebracht. Ich wurde harsch, aber korrekt behandelt, und gemessen an den Erfahrungen, die zur gleichen Zeit viele andere in den Gefängnissen und Konzentrationslagern machen mußten, war mein Erlebnis ein lächerlicher Zwischenfall. Da ich jedoch ohne Ahnung und Vorwarnung von einer Minute zur anderen aus einem friedlichen Alltagsdasein gerissen worden war und befürchten mußte, der nationalsozialistischen Willkürjustiz nicht so schnell entkommen zu können, waren es mir endlos erscheinende Stunden. Durch das kleine vergitterte Zellenfenster drangen von der Straße her die sommerlichen Geräusche: Menschenstimmen, Gesang, Klavierspiel, das Klingeln der Straßenbahn, Autohupen. Wen würde meine Unschuld überhaupt interessieren, und wie sollte ich sie jemals beweisen können?

Gegen Mittag des 31. Juli (ich habe das Datum behalten, weil ich an diesem Tag achtzehn Jahre alt wurde), holte man mich aus der Zelle; ich erhielt meine Utensilien, einschließlich Gürtel und Schnürsenkel, zurück und war entlassen. Da G. B. meine Aussage bestätigt hatte (was noch nicht viel bedeuten mußte), war es meinem Vater, der in Königsberg Hinz und Kunz kannte, gelungen, meine Freilassung durchzusetzen, und ich konnte am Nachmittag, ohne daß meine Großeltern und die anderen Gäste von dem Vorfall etwas bemerkt hätten, die Geburtstagstorte anschneiden.

Die Verhandlung des Falles G. B. fand dann im Herbst vor einem Schöffengericht statt. Unter den Zuhörern war auch mein Klassenlehrer, Studienrat Peschutter, mit dem ich auf ständigem Kriegsfuß stand. Obwohl zu jener Zeit – unabhängig vom mörderischen Haß der Nazis auf sie – schon die Bekanntschaft mit Homosexuellen auch vom deutschen Durchschnittsbürger für anstößig gehalten wurde, haben er, Direktor Hundertmarck und alle übrigen Lehrer sich mir gegenüber loyal und wohlwollend verhalten.

G. B. wurde nach quälenden, weil in widerwärtiger Weise nach intimen Einzelheiten forschenden Verhören aller Zeugen zu einer Gefängnisstrafe von acht Monaten verurteilt. Ich habe nichts mehr von ihm gehört und fürchte, daß er, wie viele andere vom § 175 in jenen Jahren Betroffenen, anschließend an seine Haftstrafe noch in ein KZ gekommen ist.

Wenn ich von diesem gravierenden Erlebnis und den obengenannten Gründen absehe, spielte bei meiner jugendlichen Selbst-Entnazifizierung wahrscheinlich eine große Rolle, daß ich in jenes Alter gekommen war, in dem man sich von der Menge abzusondern und beharrlich seinen eigenen Interessen nachzugehen beginnt.

Das Problem, auf irgendeine Weise der Mitwirkung in der Hitlerjugend zu entgehen, stellte sich mir glücklicherweise nicht, da ich –
obwohl längst überaltert – als »Fähnleinpressewart« (eine Funktion,
die ich wohl meiner Mitarbeit in den Jugendbeilagen der *Königsberger Allgemeinen Zeitung* zu verdanken hatte) bis 1936 im »Deutschen Jungvolk« verbleiben konnte, kurz bevor es durch die zwangs-
weise Aufnahme aller 1926 Geborenen seine relative Autonomie
und seinen bündischen Charakter endgültig verlor.

Da im Frühjahr 1937 das – um ein Jahr vorverlegte – Abitur
bevorstand, war es dann nicht schwierig, sich allen Mitgliedschaften
und politischen Aktivitäten außerhalb und innerhalb der Schule zu
entziehen. Im März fand die Abschlußprüfung statt, im April begann bereits der halbjährige Einsatz im Reichsarbeitsdienst, den
man ableisten mußte, bevor man der zweijährigen Wehrpflicht
genügen konnte oder aber ein Studium beginnen durfte.

Die sechsmonatigen Erd- und Entwässerungsarbeiten in einem
abgelegenen Gelände bei Gleisgarben im östlichen Ostpreußen, in
der Nähe von Goldap, waren eine schlimme Zeit. Die ungewohnte
körperliche Anstrengung erschöpfte mich bis zur Depression; vor
allem deprimierte, daß wir in dem einsam am Waldesrand errich-
teten Lager völlig den Launen von Arbeitsdienstführern ausgeliefert waren, die sich zum überwiegenden Teil aus sonst nirgendwo
mehr erwünschten früheren Berufsunteroffizieren und allerlei son-
stigen gescheiterten Existenzen rekrutierten. Sie langweilten sich,
ließen sich Abend für Abend vollaufen und schikanierten uns
dann im Stil von Remarques »Im Westen nichts Neues«. Wir wurden drei, vier Stunden nach dem Zapfenstreich aus den Betten
geholt, mußten in unseren Nachtgewändern draußen antreten,
dann um die Baracken laufen, in den Baracken unter die Betten
kriechen und auf die Schränke steigen und dazu den Antreibern
passend scheinende Lieder singen. Oder es fand ein Spindappell
statt, der mit dem vollständigen Aus- und Wiedereinräumen aller
Schränke endete.

Lange bevor dieses halbe Jahr (das noch bis Ende Oktober durch
vierzehn Tage Erntehilfe verlängert wurde) zu Ende ging, war ich
entschlossen, mich auf keinen Fall sogleich wieder kasernieren und

in eine Uniform stecken zu lassen, sondern zunächst ein Studium zu beginnen. Das ist, wie sich herausstellte, ein weiser Entschluß gewesen, denn während fast alle meine Klassenkameraden – um alles Unangenehme hinter sich zu bringen – nach dem Arbeitsdienst sogleich ihrer Wehrpflicht genügten und dann 1939, als mit dem Polenfeldzug die sechsjährige Kriegszeit begann, ihre Uniform anbehalten mußten, wurde ich erst im Frühjahr 1940 einberufen und Anfang 1941 endgültig Soldat.

Im November 1937 belegte ich mein erstes Semester an der Albertus-Universität Königsberg, deren Hauptgebäude sich unmittelbar vor unserer Haustür zwischen Giesebrechtstraße und Paradeplatz befand. Ich war seit langem entschlossen, Philosophie und Literaturgeschichte zu studieren. Als drittes Fach wählte ich schließlich die in Königsberg neu eingerichtete Disziplin »Zeitungswissenschaft«. Meine Eltern hatten besorgt gefragt, was ich denn beruflich und in diesen Zeiten mit Philosophie und Literatur anzufangen gedächte (einen Lehrberuf zu ergreifen, hatte ich nicht im Sinn), und da bot sich als praktisch verwertbares Fach die (nicht in Königsberg und in München, aber in Berlin schon damals so genannte) »Publizistik« an. In diesem Bereich hatte ich mich ja schon während meiner Schulzeit versucht.

An den deutschen Universitäten herrschten auch vier Jahre nach der »Machtergreifung« mehrheitlich immer noch die alten Ordinarien, für die es nach so wenigen Jahren NS-Herrschaft noch keinen »politisch zuverlässigen« Ersatz oder Nachwuchs geben konnte; den wenigen linientreuen Dozenten war es noch nicht gelungen, sich der universitären Innenbezirke und des wissenschaftlichen Alltagsbetriebs zu bemächtigen.

Charakteristisch für den Zustand der deutschen Universitäten während des Dritten Reichs war das Nebeneinander von hergebrachter akademischer Tradition und einer oberflächlichen, von NS-Dozenten- und Studentenbund durchgesetzten Anpassung an die Rituale des NS-Regimes. Die Besonderheit dieser Situation wird deutlich, wenn man sie mit den diesbezüglichen Verhältnissen in der damaligen UdSSR vergleicht. Daß dieser Vergleich zuungunsten der Sowjetunion ausfällt, lag nicht nur daran, daß 1937 die Rote

Diktatur dort schon seit zwanzig Jahren herrschte, sondern vor allem an der marxistisch-leninistischen Ideologie, die den radikalen Bruch mit allen Überlieferungen und eine völlige Neuordnung für alle Lebensbereiche erzwang. Gegenüber der umfassenden und präzisen Rezeptur des Bolschewismus hatte der Nationalsozialismus nur einige wenige Richtlinien zu bieten. Er stand dem sowjetischen System an Rücksichtslosigkeit in nichts nach, aber er mußte wohl oder übel seinen Zugriff auf jene Überzeugungen und Verhaltensweisen beschränken, die seine Doktrin zu erfassen imstande war.

Nachdem Hitler seine Propaganda mit völkisch-patriotischen Forderungen bestritten hatte, um das durch Versailles ideell und durch die Wirtschaftskrise materiell gedemütigte Bürgertum für sich zu gewinnen, mußte er also – zumindest in den ersten Jahren nach 1933 – alle gewähren lassen, die sich auf eben diese bürgerliche Gesinnung beriefen. Das NS-System verfing sich damit in seinem eigenen Netz. Da es so tun mußte, als wäre der Nationalsozialismus die Hüterin der großen deutsch-nationalen Einigungs-, Befreiungs- und Bildungsbewegung, konnten Partei und Staat nur in Einzelfällen eingreifen, wenn eben diese Tradition auf den Schulen und Hochschulen gepflegt wurde. Gegen eine mit einigem Geschick gehandhabte Beschäftigung mit Herder, Fichte und Humboldt, mit den Freiheitskriegen und der 48er Revolution hätten sie nichts unternehmen können, obwohl diese Namen und Ereignisse offensichtlich für eine Bewegung standen, deren Impetus zwar entschieden national, aber zugleich von einem leidenschaftlich humanistischen Freiheits- und Gerechtigkeitsdrang erfüllt gewesen ist, dessen Kenntnisnahme den barbarischen Charakter des NS-Systems nicht bestätigte, sondern entlarvte.

Wer diesen nur auf den ersten Blick merkwürdigen Sachverhalt ignoriert und alles, was in der deutschen Geschichte unter dem Stichwort »national« rangiert, im Schubfach »Faschismus« ablegt, wird weder begreifen können, warum der einzige ernsthafte Umsturzversuch von konservativen Patrioten unternommen wurde, noch wird er einsehen, daß es vor allem der von den Nazis mißbrauchten, deshalb aber geduldeten national-liberalen Bildungstradition zu verdanken ist, wenn die deutschen Universitäten auch in jenen Jahren ihre Studenten in der großen Mehrheit nicht als borniertе und fanatisierte Führergläubige, sondern als relativ normale und urteilsfähige Menschen entlassen haben.

An den Professor Albert Goedeckemeyer erinnere ich mich nur deshalb, weil er an der Königsberger Universität den Lehrstuhl Kants innehatte und mich zusammen mit vielleicht noch zwanzig anderen Kommilitonen in »Die Philosophie und ihre Hauptprobleme« einführte. Seit 1908 an der Albertina und kurz vor der Emeritierung, war er kein origineller Denker, aber ein eloquenter, seinen Stoff beherrschender Didaktiker, der es verstand, das Philosophieren als jenes spannende geistige Abenteuer vorzustellen, das ich mir erhofft hatte.

Nachhaltige Bedeutung erlangten für mich in den ersten beiden Semestern nur zwei – sehr verschiedenartige – Professoren: Helmuth von Glasenapp und Arnold Gehlen.

Glasenapp gehörte der philosophischen Fakultät als Indologe an und las über »Die Philosophie der Inder«, ein Thema, das mich auch dann gefesselt hätte, wenn es von einem weniger kenntnisreichen und einfühlsamen Interpreten dargeboten worden wäre. Ich hatte mich mit den alten Indern zwar schon während meiner Schulzeit beschäftigt, aber doch keine rechte Ordnung in die überwältigende Fülle des Stoffs bringen können. Gerade eine solche Aufbereitung war die Stärke Glasenapps, der später vielgelesene Darstellungen der Philosophie und der Religionen Indiens publiziert hat.

An dem, was Glasenapp zu sagen hatte, gefiel mir insbesondere die Feststellung, daß es zwischen indischem Denken und indischem Glauben eine scharfe Trennung niemals gegeben hat, also auch die Philosophie mehr an spirituellen Problemen als an der gedanklichen Durchdringung der Erscheinungswelt interessiert war. Die Vorlesung bestärkte mich in der Überzeugung, daß – im Gegensatz zur positivistischen Meinung – nur eine an den Grenzfragen orientierte Philosophie diesen Namen verdient.

Glasenapp war peinlich auf Objektivität bedacht, wobei ich glaube, daß seine Abneigung gegen irgendeine subjektive Wertung der von ihm behandelten Denk- und Glaubenssysteme weniger einer intellektuellen Entscheidung als vielmehr seinem verbindlichen, passiven, mehr an der Ordnung als an der Wertung der Phänomene interessierten Charakter entsprach. Seine Darstellung hatte aber nicht nur den Vorzug, die verschiedenen Phasen und Typen indischer Philosophie ohne Bevorzugung oder Benachteiligung nebeneinanderzustellen, sondern war auch gekennzeichnet von einem Interesse für *alle* Aspekte der indischen Kultur, das sich auf die persönliche Erfahrung seiner vielen Indienreisen stützte. Glasenapp kannte die politischen und wirtschaftlichen Verhältnisse Indiens aus eigener Anschauung und war ein Liebhaber auch der indischen Dichtung. Die universelle Tendenz seines Forschens und Lehrens machte sich schließlich in der Bereitschaft bemerkbar, die indischen Weltanschauungen nicht isoliert zu betrachten, sondern mit den anderen großen Religionen zu vergleichen.

Glasenapp war also 1946 der gegebene Nachfolger von Jakob Wilhelm Hauer auf dem Tübinger Lehrstuhl für Indologie und Religionswissenschaft. Ich habe die Verbindung zu ihm gleich damals wiederaufgenommen, ihn in Tübingen besucht, mit ihm eine große Rundfunksendung gemacht und noch kurz vor seinem Tod im Jahre 1963 (er starb im Alter von 72 Jahren an den Folgen eines Verkehrsunfalls) die Buchausgabe seiner Abhandlung »Buddhismus und Gottesidee« vorbereitet. Dabei war es bezeichnend, daß ich große Mühe hatte, ihn für den etwas publikumswirksameren Titel »Der Buddhismus – eine atheistische Religion«[12] zu gewinnen. Obwohl seine sehr gründliche Untersuchung mit eben dieser Feststellung beginnt, schien sie ihm als Titel schon zu polemisch und apodiktisch.

Mit dem, worüber Glasenapp berichtete, nämlich die Versuche der indischen Denker, jene seelischen und geistigen Zusammenhänge zu erkunden, die den einzelnen über seine kurze irdische Existenz hinaus mit dem Weltgrund verbinden, hatte die »Philosophische Psychologie«, die Arnold Gehlen vortrug, nicht sehr viel zu tun. 1938 – 34 Jahre alt – war Gehlen für uns ein unbeschriebenes Blatt. Ich hatte nichts von ihm gelesen. In seiner Vorlesung hat er dem NS-System keine erkennbaren, geschweige denn ausdrücklichen Reverenzen gemacht. Sein Vortrag war nüchtern und subtil mit einem deutlichen Hang zum Sarkasmus. Er wirkte als Person immer etwas steif und altväterlich wie ein Korpsstudent oder ein preußischer Reserveoffizier.

Was er zum besten gab, war eine empirische Anthropologie, die vom Biologischen ausgehend dem Menschen eine Sonderstellung als ein vom Instinkt verlassenes, zum motivbestimmten Entscheiden und Handeln gezwungenes Wesen zuwies. Da ich die Formulierung »Mängelwesen« in meinen Aufzeichnungen vom Sommersemester 1938 nicht finde, hat Gehlen sie zu diesem Zeitpunkt offenbar noch nicht benützt. Aber es zeigte sich schon damals seine Hochschätzung der Institutionen und einer Selbstzucht- und Verzichtmoral.

Da ich Glasenapp und Gehlen nebeneinander hörte, erschien mir der asketische Zug (ein Grundmerkmal indischer Ethik) bei Gehlen besonders merkwürdig, denn der Wert der von ihm gepriesenen Institutionen (Staat, Kirche, Nation) bestand seiner Meinung nach in ihrem bloßen Institutionsein, so daß es keine metaphysischen oder humanistischen Motive für Verzichtleistungen gab, also auch keine Kriterien, an denen der Machtanspruch der Institutionen hätte gemessen werden können.

Wenn ich an spätere Formulierungen Gehlens denke (etwa in seinem 1969 erschienenen Buch »Moral und Hypermoral«), in denen er einem erstaunlich pathetischen Immoralismus huldigt, scheint mir die tiefste Intention seiner Kulturphilosophie eine ästhetische zu sein. Er ist in die Nähe des Nationalsozialismus geraten, weil es ihm um eine heroische Lebenshaltung ging und nicht – wie es hätte scheinen können – um ein biologisch und soziologisch bedingtes System von Verhaltensregeln, die geeignet waren, ein humanes Überleben der Menschen zu gewährleisten.

Was mich damals angesichts der an den deutschen Universitäten immer noch vorherrschenden, rein geisteswissenschaftlich betriebenen Philosophie an den Überlegungen Gehlens beeindruckte, war die provozierend weit und detailliert in zoologische, physiologische, neurologische, linguistische und psychologische Befunde ausgreifende Fundierung seiner Anthropologie. Zwar habe ich Philosophie ohne metaphysische Ambitionen niemals ernst genommen, andererseits aber auch keine philosophischen Spekulationen, die sich über Physik, Biologie und Empirie überhaupt hinwegsetzen.

Mit Arnold Gehlen, der nach dem Krieg an der Hochschule für Verwaltungswissenschaft in Speyer eine akademische Zuflucht fand, habe ich während und auch noch nach meiner Rundfunkzeit mehrfach diskutiert oder ihn zu Diskussionen eingeladen. Er nahm mit Wohlwollen zur Kenntnis, daß ich in Königsberg seine Vorlesungen besucht hatte, war aber sichtlich gekränkt, als ich 1971 in meinem Buch »Das sogenannte Gute« einige seiner Grundthesen kritisierte. Dennoch blieb er immer ein aufmerksamer Gesprächspartner und soignierter homme de lettres, der kühl und geistreich zu argumentieren verstand und weiterhin eine ungeschönt konservative Position vertrat, wobei er jedoch zu meinem Bedauern vor einer Stellungnahme zu bestimmten Axiomen des herrschenden Demokratieverständnisses ins allgemein kulturphilosophische Problematisieren auswich.

Es gehört zum bleibenden Gewinn meines Studienbeginns in Königsberg, daß ich in einer geschichtsphilosophischen Übung von Gunther Ipsen (einem soziologisch orientierten Kulturphilosophen) erstmals einem Denker begegnete, der sich als protestantischer Christ verstand, aber über das Wesen des Religiösen und der Religion Anschauungen vertrat, die meinen Vorstellungen entsprachen. Es handelt sich um Ernst Tröltsch, der als Philosoph die Lehre vom Allbewußtsein und vom Offenbarwerden des Absoluten im endlichen Geist des einzelnen Menschen verfocht, eine Anschauung, die als Gleichsetzung von *atman* und *brahma* schon in den »Upanischaden« entwickelt wird. Darüber wiederum dozierte nebenan Helmuth von Glasenapp.

Der Ertrag eines Studiums, ob es nun sechs oder zwölf Semester umfaßt, besteht in keinem Fall in der Möglichkeit, sich auch nur auf einem Gebiet ein universales Wissen anzueignen, sondern darin, anhand mehr oder minder zufälliger Spezialthemen oder kursorischer Gesamtübersichten auf Gestalten und auf Einsichten zu stoßen, die (wenn man ihnen nunmehr auf eigene Faust nachgeht) gründlichere Zusammenhänge erschließen.

Von Tröltsch kommend, stieß ich damals auf Schleiermacher und Dilthey und später auf dieser Linie einer liberalen Theologie auf Paul Tillich, das heißt, es entstand aus dem, was die Universität bot oder geboten hatte, und aus den Anregungen, die sich daraus für die eigene Lektüre ergaben, allmählich ein gedankliches Grundmuster, das sowohl eine »objektiv«-geistesgeschichtliche als auch eine dem eigenen subjektiven Problembewußtsein entsprechende Orientierung erlaubte.

Die nach 1945 eintretenden mittelbaren Folgen der zwölf Jahre NS-Herrschaft scheinen mir heute weitaus schlimmer als die Einflüsse und Indoktrinationen, die sich unmittelbar zwischen 1933 und 1945 auf die Bildung und geistige Verfassung der Deutschen ergaben. Wir konnten nach Indien, in die Antike, ins Mittelalter, ins deutsche neunzehnte Jahrhundert ausweichen und standen vor den (von der Armseligkeit der NS-Weltanschauung gar nicht tangierbaren) Grundfragen der menschlichen Existenz.

Erst die Reaktion auf die nach 1945 zutage kommenden nazistischen Verbrechen führte dann zu jener totalen Aktualisierung, Soziologisierung und Politisierung der intellektuellen Diskussion, die für lange Zeit fast alles wegschob, was nicht in den Kategorien eines puren Aufklärungs-, Vernunft- und Wissenschaftsglaubens unterzubringen war. Genaugenommen paßte der zynische, aber geistreiche Pragmatismus und Dezisionismus Arnold Gehlens als anregender Kontrapunkt sehr viel besser in die philosophische Szene der Bundesrepublik als zum dumpfen Blut-und-Boden-Aberglauben der NS-Zeit.

Zu den Philosophen, die in bewußter Nachfolge das abendländisch- und deutsch-idealistische Welt- und Menschenbild vertraten und ihre Lehrstühle während des Dritten Reichs halten konnten, gehörten Eduard Spranger und Nicolai Hartmann, beide zu meiner Zeit an der Berliner Universität. In den Seitenstraßen rund um die Universität standen immer Bücherkarren. In einem von ihnen stieß ich gleich in den ersten Tagen des Wintersemesters 1938/39 auf ein antiquarisches Exemplar von Sprangers »Psychologie des Jugendalters«. Ich hatte gerade seine Kant-Vorlesung belegt. Von dem Psychologiebuch hatte ich zwar schon gehört, kannte es aber nicht.

So begann meine Berliner Zeit mit der Lektüre dieser noch heute lesenswerten Schrift. Es waren zwei Themenkreise, die mich fesselten. Zunächst seine Darstellung der »religiösen Entwicklung des Jugendlichen«, in der ich viele meiner eigenen Erfahrungen wiedererkannte, und dann sein Versuch, die Jugendbewegung kulturgeschichtlich und entwicklungspsychologisch einzuordnen.

Erstaunlich war es auch, im Buch eines patriotischen und idealistischen deutschen Professors eine ausführliche, kritisch-sachliche Erörterung der Theorien Sigmund Freuds zu finden, in der diese nicht als »jüdisch« disqualifiziert wurden. Ich kannte bis dahin nur Freuds »Vorlesungen zur Einführung in die Psychoanalyse« (ein Fund aus einem Königsberger Antiquariat). Was Spranger an Freud auszusetzen hatte, war sein Pansexualismus, also jene Doktrin, die heute allgemein für zweifelhaft gehalten wird.

Was die Jugendbewegung anging, so erkannte der Autor ihren pädagogisch-idealistischen Charakter, wobei er auch auf das unzweifelhaft erotische Element hinwies. Schließlich meinte er einen »ethisch-religiösen« Grundzug in der Jugendbewegung feststellen zu können. Mir schien es zutreffender, von einer romantisch-religiösen Grundstimmung zu sprechen. Sprangers Kritik am »Kulturressentiment« und am »Primitivismus« der Jugendbewegung war falsch. Wie viele seiner Generations- und Zeitgenossen ist er noch blind für die drohenden Gefahren der technischen Massenzivilisation gewesen. Wandervogel wie bündische Jugend waren ein erster ahnungsvoller Protest auch gegen diese Entwicklung.

Eduard Spranger war ein enthusiastischer Denker, der jedoch auch einen nüchternen Blick für Realitäten hatte. Seine Typenlehre, in der er den theoretischen, ökonomischen, ästhetischen, sozialen, religiösen und den Macht-Menschen unterscheidet, ist ein grober, aber brauchbarer Raster für eine charakterologische Einordnung; und Typenlehren lenken den Blick auf die Tatsache, daß es eine vorgegebene mentale Ausrichtung des Menschen gibt. Vor allem aber erinnern sie daran, daß allein der konkrete einzelne das Subjekt und Objekt jeder ideellen, politischen und pädagogischen Bemühung ist, eine Tatsache, die bei der soziologischen Betrachtung leicht in Vergessenheit gerät.

Eine (meines Erachtens im Prinzip richtige) These, die Spranger kurzfristig den barbarisch-terroristischen Charakter der Hitlerbewegung verkennen ließ, war seine Überzeugung, daß die unaufhaltsame Subjektivierung des modernen Menschen als Gegengewicht einen starken, den gemeinschaftlichen Willen zur Sittlichkeit verkörpernden Staat verlangt. (Diese Meinung ähnelte nur oberflächlich der Forderung Gehlens, den Herrschaftsanspruch der Institutionen nicht in Frage zu stellen, denn für ihn gab es weder einen objektiven Geist noch objektive Werte.)

Im Gegensatz zu Spranger, der von einem festen, aber nur in den wesentlichen Axiomen formulierten Welt- und Menschenbild ausgehend auf aktuelle Situationen reagierte und zu den verschiedensten historischen, politischen und kulturellen Themen Stellung nahm, war Nicolai Hartmann der letzte große Systematiker der deutschen Philosophie. Er hat eine »Metaphysik der Erkenntnis«, eine Ontologie, eine Ethik, eine Ästhetik hinterlassen, mit dem Ziel, noch einmal auf der Grundlage aller bis zur Gegenwart gesammelten Einsichten in die Natur der Dinge eine »Summe« zu ziehen. Zu Zeiterscheinungen und Zeitfragen hat er nur im persönlichen Gespräch – etwa in dem ihm sehr wichtigen »Philosophischen Cirkel«, dem Doktoranden und ältere Studenten angehörten – oder im Kontext der grundsätzlichen Erörterungen Stellung genommen.

Spranger war ein würdiger und respektgebietender, professoral auftretender Gelehrter, Hartmann ein besonnen die Details des Weltaufbaus bedenkender Weiser. Er hatte einen schmalen, durchgeistigten Kopf, eine kräftige Adlernase, durchdringend klare blaue Augen und einen energischen Mund. In seinen Vorlesungen ging von ihm eine schwer zu beschreibende Faszination aus. Wenn er, zwischen Stehpult und erster Sitzreihe wandernd und immer wieder verweilend, seine Gedanken entwickelte, schien das Primat des Geistes unbezweifelbar und die SA, die Unter den Linden vorbeimarschierte, ein flüchtiger Spuk.

Während ich an Sprangers oder Gehlens Vorlesungen keine Erinnerungen habe, sind mir Ort und Atmosphäre des Raumes, in dem Hartmann las, bis ins Detail gegenwärtig. Es war ein Hörsaal mittlerer Größe in einem Nebengebäude der Friedrich-Wilhelm-Universität, immer fast ganz gefüllt oder sogar überfüllt. Es saßen dort Studenten aller Rassen und Nationen: Inder, Japaner, Amerikaner, Franzosen, viele Studentinnen und auch ungewöhnlich viele ältere Leute, von denen sicher nur wenige noch Studenten waren.

Nicolai Hartmann war für mich die wichtigste und fruchtbarste Begegnung meiner Universitätszeit. Die Einsichten, die ich ihm verdanke und die es mir erleichtert haben, mich nicht nur in den Anschauungen von der Welt, sondern auch in der Welt selbst zurechtzufinden, waren seine Lehren von der objektiven Existenz der gegenständlichen Realität, vom hierarchischen Stufenbau der empirischen Welt entsprechend ihrer anorganischen, organischen, seelischen und geistigen Schichtung, von der Möglichkeit der Erkenntnis aufgrund der Zugehörigkeit von Subjekt und Objekt zur gleichen Seinsweise, von der Objektivität und der (relativen) Autonomie auch der ideellen und ethischen Werte, von der Freiheit des Menschen, sich für die höheren und gegen die niederen Güter zu entscheiden, und vom Vorhandensein unlösbarer, weil »irrationaler Reste« in allen unseren Problemen.

Hartmann brachte das in ein subtil durchdachtes System, was ich mir bruchstück- und ahnungsweise von der Struktur und Wirkungsweise der Welt zurechtgelegt hatte. Was sein Welt- und Menschenbild über eine bloße Zusammenfassung zeitgenössischer Erkenntnisse zu einer Wissenschaftstheorie hinaushob, war seine Überzeugung von der Eigengesetzlichkeit des »objektiven« Geistes, das heißt der Sprache, des Rechts, der Moral, der Religion, der Kunst und ihrer einzelnen Schöpfungen sowie der prinzipiellen Offenheit aller Wirklichkeit zur Transzendenz hin.

Es ist diese »transintelligible« (dies der von Hartmann gewählte Terminus) Offenheit, die den Wahrheitsanspruch der Hartmannschen Philosophie relativiert, aber damit zugleich ins Recht setzt und (auch für mich) praktikabel machte. Allerdings habe ich mich an die selbstgesetzte Beschränkung der Hartmannschen Wirklichkeitsdeutung auf kognitiv erfaßbare Sachverhalte niemals gebunden gefühlt, sondern halte das Bedürfnis und die Fähigkeit des Menschen, auch emotionale und intuitive Erfahrungen – ohne wissenschaftliche Absicherung – in Vermutungen oder gar Überzeugungen umzusetzen, für eine legitime geistige Tätigkeit. Mir scheint jede metaphysische und religiöse Spekulation zulässig, die den relativen, in dieser Relativität aber verbindlichen Gültigkeitsanspruch der von Hartmann beschriebenen Wirklichkeit nicht in Frage stellt.

Bald nach Kriegsende habe ich auch zu Nicolai Hartmann, der seit 1946 in Göttingen lehrte, wieder Kontakt gesucht. Er stellte sich von selbst durch meinen Freund Hermann Wein her, der zunächst sein Assistent war und später ebenfalls in Göttingen Philosophie lehrte. 1949, ein Jahr vor seinem Tode, nahmen wir mit Hartmann ein Gespräch auf, in dem er die Hauptgedanken seines Werkes in freier Rede zusammenfaßte.[13]

An der Münchner Ludwig-Maximilian-Universität gab es schon vor 1933 im Fach Philosophie keinen wirklich bedeutenden Lehrer, der – wie Hartmann – durch eine außerordentliche Leistung in »reiner« Philosophie oder – wie Spranger – durch unzweifelhaft nationale Gesinnung und Respektabilität seine Stellung auch in den Jahren nach der »Machtergreifung« hätte halten können. Nur Fritz-Joachim von Rintelen wurde noch bis Anfang 1941 auf seinem »katholisch-weltanschaulichen« Lehrstuhl geduldet. Aus der Position seiner Glaubensentscheidung, aber in kritischer Übereinstimmung mit der genuin-abendländischen und neuzeitlich-europäischen Denktradition las Rintelen über griechisch-römische Philosophie, über Metaphysik, über Kant, Schelling, Nietzsche und Heidegger, ohne Zugeständnisse an den Zeitgeist zu machen.

Auch Kurt Huber hatte schon damals den Ruf eines integren und eigensinnigen Denkers. Ich habe einigemal seine Vorlesung über Wissenschaftslehre besucht, mich aber nicht bei ihm eingeschrieben, da das Thema zu weit ab von meinen Interessen lag.

Als ich im Wintersemester 1939/40 nach München kam, spielte im Fach Philosophie die universitätsinterne Hauptrolle als Lektor und Prüfer Hans Alfred Grunsky, der seine akademische Karriere dem (für die deutschen Universitäten selbst jener Jahre singulären) Versuch verdankte, völkisch-rassistische Wahnideen ohne Umschweife in den Rang geisteswissenschaftlicher Erkenntnisse zu erheben. Von ihm stammte der abstruse Rundumschlag »Der Einbruch des Judentums in die Philosophie«, eine 1937 erschienene Schrift, in der es Grunsky unternahm, die »Talmudisierung« der abendländischen Philosophie durch jüdische Denker nachzuweisen.

In seinen Vorlesungen und Übungen hielt er sich – soweit ich mich erinnere – mit aggressiv antisemitischen Äußerungen zurück. Was ich Grunsky verdanke, war die Bekanntschaft mit Huizingas »Herbst des Mittelalters«. In einem Seminar über »Die Philosophie der Renaissance« hatte ich dieses Werk zur Grundlage eines Referates über »Askese und Sinnlichkeit« zu machen. Über die Schwierigkeiten, die ich mit ihm hatte, wird noch zu berichten sein.

Der Ertrag meines literaturgeschichtlich-germanistischen Studiums war – gemessen an den Kenntnissen und Erkenntnissen, die mir die Philosophie bescherte – gering. Mehr als die Namen Lugowski, Jenisch, Koch, Petersen, Schwietering und die schriftlich fixierte Tatsache, daß ich Vorlesungen und Übungen über Aufklärung und Rokoko, Klassik und Naturalismus, Grimmelshausen, Goethe, Schiller und Kolbenheyer belegt hatte, sind mir nicht geblieben. Nur zwei Vertreter dieses Fachs, die beide in München lehrten, haben sich mir eingeprägt: Herbert Cysarz und Arthur Kutscher.

Die Situation der Germanistik und des engeren Bereichs »Deutsche Literaturgeschichte« vor und nach 1933 (und wiederum auch nach 1945) war weitaus heikler als die der Philosophie. Letztere konnte sich ohne Schwierigkeit in zeitlich und thematisch der Politik unzugängliches Gelände begeben und auch in gegenwartsnäheren Gebieten auf einem begrifflichen Niveau operieren, das von den Niederungen der NS-Ideologie aus kaum erreichbar war. Germanistik und Geschichte der deutschen Literatur waren jedoch durch ihren Gegenstand von vornherein und unmittelbar dem Interesse und Mißtrauen der Machthaber ausgesetzt.

Die Wissenschaft von der deutschen Sprache und Literatur war zu keiner Zeit eine kühl analysierende Forschung, sondern von Anbeginn »Kunde vom deutschen Wesen«, wie es sich in deutschsprachiger Prosa und Poesie mitteilt. Nachdem die Nationalliteraturen als Objekt der Forschung und Erbauung von Herder entdeckt worden waren, hatte sich die deutsche Romantik der Volksdichtung angenommen, und in der Aufbruchstimmung der nationalen Einigungs- und Befreiungsbewegungen zu Anfang des neunzehnten Jahrhunderts entstand die Germanistik. Die Beschäftigung mit der deutschen Literatur an den Hochschulen und Schulen wurde zur Demonstration des völkische Identität und nationalstaatliche Unabhängigkeit erstrebenden Bürgertums.

Sobald dieses Reich der Deutschen sich etabliert und das deutsche Bürgertum es in wenigen Jahrzehnten zu Ansehen und Wohlstand gebracht hatte, verloren sich die progressiven Elemente der Aufbruchphase. Wer die Geschichte der deutschen Literaturwissenschaft mit Gervinus' »Geschichte der poetischen Nationalliteratur der Deutschen« (1848) beginnen und mit Nadlers »Literaturgeschichte der deutschen Stämme und Landschaften« (1912–1928) enden läßt, hat für die These, daß das NS-System nur die folgerichtige Konsequenz deutschnationalistischen Ungeistes gewesen ist, scheinbar alle Beweise beisammen.

Aber was da so offenbar zu sein scheint, ist eine Fehleinschätzung, die auf der Vernachlässigung dreier Tatbestände beruht:

Erstens durchlaufen die Literaturen und die Literaturwissenschaft aller Völker, die es zu solchen Selbstdarstellungen ihres Wesens bringen, progressiv- und konservativ-nationalistische Phasen, ohne daß daraus rassistische Theorien und kriminelle Praktiken entstehen müßten.

Zweitens muß die obige Beschreibung durch die Feststellung ergänzt werden, daß der konservative Patriotismus der wilhelminischen wie der Weimarer Zeit an den deutschen Universitäten und damit im deutschen Bildungsbürgertum immer mit den neuhumanistischen Ideen Wilhelm von Humboldts und den ethischen Forderungen der idealistischen Philosophie verbunden blieb.

Drittens kann man die ganze Kontinuitätsdebatte sinnvoll nur führen, wenn man sich immer wieder daran erinnert, daß Hitler und seine Propagandisten sich der Sprache und Begriffe des Deutschnationalismus nur bedienten, um an die Macht zu gelangen. Was sie dahinter verbargen und erst nach und nach erkennen ließen, waren nicht deutschnationale Ziele im Sinne einer ethisch verpflichteten Vaterlandsliebe, sondern rassistische und imperialistische Pläne, deren Wurzeln in den Charakteren und Lebensgeschichten Adolf Hitlers und seiner Trabanten, nicht in der Geschichte »der« Deutschen zu suchen sind.

Nur auf dem Hintergrund dieser Sachlage wird verständlich, was sich an den deutschen Universitäten, besonders im Fach Germanistik und deutsche Literaturgeschichte, von 1933 bis 1945 abgespielt hat. Kurzfristig haben in der Tat eine ganze Reihe patriotischer Hochschullehrer die Hitlerbewegung für die Chance einer nationalen Erneuerung gehalten, dann aber – je nach Intelligenz, Widerstandsvermögen und Geschick – versucht, eine Deutschkunde zu lehren, die in vielen Fällen zwar von grotesker Provinzialität gewesen ist, aber sich für jeden, der hinzuhören verstand, an einer idealistischen und humanistischen Tradition orientierte.

Allein der Umstand, daß ein Literaturwissenschaftler in jenen Jahren Herder, Goethe, Schiller, Kant, Humboldt oder Dilthey zitierte – und wie und in welchem Zusammenhang er es tat –, genügte, um die Vorlesung als einen Akt des Widerstandes gegen das NS-System zu verstehen. Und es war tatsächlich ein solcher Akt, insofern er die Studenten trotz aller Beschränkung in der Auswahl der Autoren und Themen weiterhin im Klima der klassischen deutschen Bildung denken und empfinden ließ.

Wer jemals an der Münchner Universität oder im persönlichen Umgang den »Theater«-Professor Arthur Kutscher[14] erlebt hatte, wußte, wie verhaßt ihm der Nationalsozialismus gewesen ist.

Aber dieser selbe Arthur Kutscher war ein so naiver und eingefleischter Deutschnationaler, daß er es fertigbrachte, gleich 1946 dem Desch-Verlag das Manuskript einer »Stilkunde der deutschen Dichtung« anzubieten, in der es von Formulierungen wie »schöpferisch ist allein die Seele«, »wir Germanen«, »artfremde Vorbilder«, »Kunst kann nur gewonnen und erhalten werden von unten auf, durch stammlich-völkische Kräfte« und so fort wimmelte.

Da ich im Winter 1945/46, nach meiner Rückkehr aus Österreich, beim Desch-Verlag in München nicht nur Autor, sondern auch Lektor geworden war, landete Kutschers Manuskript bei mir, und ich habe dann in einem langen Brief (dem ich obige Zitate entnehme) dem Autor – trotz meiner Sympathie für ihn – klarzumachen versucht, daß solche Formulierungen nach dem entsetzlichen Mißbrauch durch die Nazis indiskutabel wären. Ich schloß meine Epistel mit der Feststellung: »Es wäre mehr als deprimierend, wenn wir weiterhin versuchen wollten, Kultur- und Geistesgeschichte ›biologisch‹, ›stammlich-völkisch‹ und ›seelisch-mystisch‹ zu betreiben.«

Der Fall Kutscher ist vielleicht ein extremes, aber doch treffendes Beispiel für die Tatsache, daß eine noch so offensichtlich Sippe und Volk beschwörende, Bauerntum, Handwerk und Heimatbindung feiernde Literatur und Literaturkunde ihre Vertreter nicht zwangsläufig zu Befürwortern von KZs, Folter und Mord macht.

In jedem realistisch-naturalistischen oder auch wissenschaftlichen wie in jedem romantischen und ästhetischen Lebensglauben steckt die Gefahr des Immoralismus, in jedem Moralismus wiederum die Möglichkeit, der Verteidigung spezieller Ge- und Verbote fundamentale Regeln der Menschlichkeit zu opfern; in jeder allein für richtig gehaltenen Überzeugung oder Lebensart steckt die Drohung, alle Abweichungen auszurotten.

Die überwiegende Mehrheit auch der zunächst auf die Hitler-Bewegung setzenden Volks- und Heimatdichter und -denker gehörte aber ihrer Gesinnung nach in die große Strömung einer durch die Niederlage im Ersten Weltkrieg und die Folgen des Versailler Vertrages neu entfachten Hoffnung auf nationale Identität, Unabhängigkeit und Größe, wie sie sich bei allen Völkern in Krisensituationen einstellt. Diese Vaterlandsliebe war geistig und moralisch gewiß nicht auf der Höhe einer kosmopolitischen Gesinnung, aber ebenso gewiß nicht von rassistischen und imperialistischen Mordgelüsten erfüllt.

Es ist eben kein nur gradueller, sondern ein prinzipieller Unterschied, ob ein erzürnter, aber ehrenwerter Patriot gegen eine seiner Meinung nach »bindungslose Asphaltliteratur« zu Felde zieht oder aber ein ganz und gar nicht ehrenwerter, jeder humanen Regung barer nationalistischer Fanatiker darauf aus ist, seine kunstanschaulichen Gegner mundtot gemacht und liquidiert zu sehen.

Ich habe mich in meiner Knabenzeit an Walter Flex, Hermann Löns, Hermann Burte, Felix Dahn, Hans Grimm, Gustav Frenssen erbaut, aber dann sehr bald keinen Geschmack mehr an patriotischer, volkhafter und bodenständiger Dichtung gefunden. Dennoch empfinde ich es heute als unsinnig, jeden Lyriker oder Erzähler, der die deutsche Seele, die deutsche Treue, den deutschen Wald besungen hat, oder jeden Germanisten, der dies mit Wohlwollen quittierte, für die KZ-Greuel und den Holocaust verantwortlich zu machen.

Herbert Cysarz, der nicht die naturalistische, sondern eher die dionysische und barocke Tradition deutschen »Schrifttums« vertrat und auch ausgesprochen geisteswissenschaftlich-philosophische Interessen hatte, war ebenfalls schon lange vor 1933 ein national und völkisch gesinnter Mann. Aber daß dieser ewige Jüngling, der große Scharen von hingerissenen Germanistik-Studentinnen zu seinen Füßen versammelte, wenn er schwärmerisch und wortgewaltig Hölderlin, Schiller und (vor allem) Nietzsche beschwor, von den Brutalitäten des NS-Systems den Anbruch des »Dritten Reichs der Deutschen« erwartet haben sollte, scheint mir unwahrscheinlich.[15] Ich habe in seinem Seminar »Geschichte und Dichtung« eine Arbeit über »Schopenhauer und die Geistesgeschichte« verfaßt, von der von vornherein irgendeine Ausbeute für die NS-Weltanschauung nicht zu erwarten gewesen ist.

Wenn es von der anderen Seite her eines Beweises dafür bedurft hätte, daß der eigentliche Nazismus mit der deutsch-nationalen und deutsch-völkischen Tradition nur soweit etwas zu tun hatte, als er sie nützte, um zur Macht zu kommen, lieferte ihn in Königsberg das Fach Zeitungswissenschaft. Da frisch installiert, wurde es an der Albertina – im Gegensatz zu Berlin und München, wo altgediente bürgerliche Gelehrte wie Dovifat und d'Ester die Stellung hielten – von einem NS-Dozenten, dem bald zum Professor ernannten Dr. Alfred Six, vertreten.

Six war – soweit ich das beurteilen konnte – ein intelligenter Karrierist und Zyniker, dem alles Patriotische und Nationale ebenso fernlag wie es ihm später nichts ausmachte, als hoher SD-Funktionär maßgeblich an den verschiedenen Ausrottungsaktionen in den besetzten Ostgebieten mitzuwirken. Geheimnisvoll und ständig in Eile, wurde er zu seinen Vorlesungen und Seminaren von Berlin eingeflogen, las hastig aus dicken Manuskripten, die wahrscheinlich von anderen zusammengeschrieben worden waren, fast kommentarlos Daten und Fakten aus dem in- und ausländischen Zeitungswesen herunter und gab sich eher geschäftsmäßig und salopp als doktrinär. Seine besondere Aufmerksamkeit schien der Sowjetunion zu gelten, denn gleich im ersten Semester habe ich bei ihm – da mich das Thema auf dem Hintergrund des offiziellen Antibolschewismus interessierte und man normalerweise an die »subversiven« Quellen gar nicht mehr herankam – eine umfangreiche Arbeit über Iljitsch Uljanow-Lenin verfaßt, der ich die Aneignung der ersten elementaren Kenntnisse über den Marxismus-Leninismus, die russische Geschichte und die bolschewistische Revolution verdankte.

Die Mehrzahl meiner Kommilitonen in diesem Fach war – zumindest während meiner Studienjahre – keineswegs besonders politisch oder gar nazistisch engagiert, sondern strebte eine normale journalistische Betätigung in irgendeinem Sachbereich an: der Wirtschaft, der Sozialarbeit, dem Recht, der Literatur, dem Theater, der bildenden Kunst. Und weder Six noch sein Assistent Dr. Walz legten ideologische Bekenntnisse ab oder erwarteten solche von ihren Studenten, sondern verhielten sich betont wissenschaftlich (vielleicht aus Kalkül, vielleicht aus dem Gefühl, eine noch sehr umstrittene »Wissenschaft« zu vertreten).

Erst im zweiten Semester erfuhr ich, daß einige Zeitungswissenschaftler inzwischen von Six für den SD (Sicherheitsdienst) angeworben worden waren. Alfred Six ist 1948 in Nürnberg als Amtschef der Sicherheitspolizei und des SD zu zwanzig Jahren Gefängnis verurteilt, aber bereits 1952 auf freien Fuß gesetzt worden.

1937/38 hatten sich für ihn und seine Funktionen die Aufgaben, die ihn nach Nürnberg brachten, noch nicht ergeben. Wir hatten nur eine ganz nebelhafte Vorstellung von Institutionen wie Reichssicherheitshauptamt und Sicherheitsdienst, und ich selbst unterhielt zu Six keinerlei persönlichen Kontakt, da er mir als Typ nicht lag. Aber er machte mir auch keine Schwierigkeiten.

Im übrigen war nach den körperlichen Strapazen der Arbeitsdienstmonate mein intellektueller Betätigungsdrang zwar außerordentlich, hinderte mich aber nicht, mich in der Vorlesung und dem Seminar von Six vor allem mit einer Kommilitonin zu beschäftigen. Sigrid Martini war mein erster (und einziger), in Berlin unternommener, glücklicherweise niemals veröffentlichter Romanversuch gewidmet, den auch sie nicht zu Gesicht bekam, da sich ihre Spur verlor, nachdem ich Königsberg verlassen hatte.

Das wahre Ausmaß des heraufziehenden Unheils lag 1937/38 noch völlig im Dunkel. Natürlich konnte zu dieser Zeit niemandem mehr der totalitäre Charakter des nazistischen Systems verborgen geblieben sein, denn die »Volksgemeinschaft« war bereits so umfassend von den Parteiorganisationen erfaßt und von beamteten und freiwilligen Spitzeln durchsetzt, daß es – außerhalb der oberen Stäbe der Wehrmacht und kleiner kirchlicher Kreise – die Möglichkeit zur Bildung einer über private Zirkel hinausgehenden politischen Opposition nicht mehr gab.

Der den NS-Totalitarismus charakterisierende, zu jedem Verbrechen entschlossene rassistische und imperialistische Fanatismus jedoch war für den deutschen Durchschnittsbürger noch ebensowenig erkennbar wie für einen im Ausland lebenden Beobachter. Bis auf einige wenige, die die mörderischen Pläne Hitlers von vornherein richtig eingeschätzt haben, glaubten auch die deutschen Juden zu diesem Zeitpunkt (und sogar noch sehr viel später), schlimmstenfalls Deportation oder Arbeitslager fürchten zu müssen.

Die »Kristallnacht« ereignete sich erst im November 1938, fünfeinhalb Jahre nach dem Machtantritt Hitlers. Zwei Jahre zuvor (1936) hatte in Berlin unter Mitwirkung und dem Beifall der Welt die XI. Olympiade stattgefunden, drei Jahre zuvor (1935) das seit 1919 französisch besetzte Saarland mit einer Mehrheit von 91 Prozent für die Rückkehr ins Reich gestimmt. Hitler und seine Propagandisten sprachen vom Willen zu einer gerechten europäischen Friedensordnung, nicht vom Krieg. Gerüchte über Spannungen zwischen SA, SS und Wehrmacht, zwischen Göring, Goebbels, Himmler, und die Erinnerung an den sogenannten Röhmputsch (1934) nährten die Hoffnung auf einen Zersetzungsprozeß des Regimes.

Mit Studienbeginn stand ich vor der Frage des Eintritts in den Nationalsozialistischen Deutschen Studentenbund (NSDStB). Da es sich um eine Art Berufsverband handelte und der politische Druck in Königsberg auf die Erstsemester stark war, schien der Beitritt, wenn nicht unerläßlich für einen erfolgreichen Verlauf des Studiums, so doch erwägenswert. Ich erinnere mich nicht, daß irgend jemand meiner Freunde die Entscheidung dieser Frage für ein moralisches Problem gehalten hätte.

Unserer Überzeugung nach hatte dieses Zwangssystem, in das wir schon als Schüler hineingeraten waren, keinen Anspruch auf Loyalität und Aufrichtigkeit. Wir hielten jeden aktiven Widerstand für aussichtslos und hatten nur den Willen, uns allen vermeidbaren Anforderungen zu entziehen und inmitten des sich immer enger zusammenziehenden Netzes von politischen Forderungen und Kontrollen einen möglichst großen Freiraum für unsere privaten und beruflichen Interessen zu sichern. Da man sich sowohl in der NS-Partei selbst wie in vielen ihrer Unterorganisationen mit der Teilnahme an Mitgliederversammlungen, Schulungskursen und sozialen Diensten begnügen konnte und – wenn man vom Zwang zur Heuchelei absah – dort nichts Unmoralisches gefordert wurde, war die Zugehörigkeit zu einer NS-Gliederung eine Frage der Zweckmäßigkeit.

Wir haben das Thema in einer kleinen Gruppe von Studenten, die sich bald nach den ersten Kontakten in den Seminaren zusammenfanden, nüchtern erörtert und kamen zu dem Schluß, daß es das klügste wäre, nicht nur dem NSDStB, sondern gleichzeitig auch noch der NSDAP und einer zweiten Unterorganisation beizutreten – oder zumindest sich dort als Interessent eintragen zu lassen. Man wäre dann nicht nur gegen Verdächtigungen abgesichert, sondern könnte sich auch lästiger Verpflichtungen entledigen, indem man jeweils dem Dienst bei einer Organisation mit dem Hinweis auf gleichzeitige Kommandos bei einer der anderen fernblieb.

Auf diese, zumindest theoretisch einleuchtende, Idee kamen wir deshalb, weil im Zusammenhang mit der Werbung für den Studentenbund an der Universität auch für die Mitwirkung in der Partei und ihren verschiedenen Spezialgliederungen geworben wurde.

Ich kann mich nicht mehr erinnern, ob und auf welche Weise die drei, vier anderen Mitverschworenen das Projekt in die Tat umgesetzt haben. Mir war die Sache zu kompliziert und mühsam, und über den Start kam ich nicht hinaus. Von der Begegnung mit der NSDAP habe ich überhaupt keine Vorstellung mehr und vermute, daß ich es mit einem einmaligen Besuch bewenden ließ. Als zweite Organisation hatte ich mir das als besonders lax geltende Nationalsozialistische Kraftfahrerkorps (NSKK) ausgesucht. (Ich hatte keinen Führerschein und für Kraftfahrzeuge nicht das geringste Interesse.) Von den vielleicht drei-, viermal, die ich dort aufgetaucht bin, ist mir nur ein Abend im Gedächtnis, den ich mit etwa zwanzig älteren Männern in braunen Uniformen im Hinterzimmer eines Lokals in der Gebauhrstraße zugebracht habe. Es ging um die »Autobahnen des Führers«.

In den Jahren, die ich als Student verbrachte, gab es für meine Generation ganz allgemein weder einen zureichenden politischen Informationsstand noch einen sozialen, programmatischen oder gar konkret konspirativen Ansatz, um einen aktiven Widerstand auch nur anzustreben. Möglich wären (auch damals schon) nur Einzeleinsätze – wie die späteren Flugblattaktionen der »Weißen Rose« – gewesen. Aber solche Pläne und Entscheidungen ergaben sich erst, als der brutal vom Zaun gebrochene Krieg und die rücksichtslose Verfolgung der Juden die Bösartigkeit und kriminelle Energie des Hitlerregimes in ihrem ganzen Ausmaß fühlbar werden ließen.

In den Jahren 1937/38/39 waren wir von Abscheu und Unruhe erfüllt und wehrten uns aus schlichtem Selbstbehauptungswillen gegen die Vereinnahmung durch Staat und (durchorganisierte) Gesellschaft. Wir wollten unbehelligt im Alhambra Café sitzen, am Schloßteich spazierengehen, mit der Freundin an die Ostsee fahren, Bücher (auch der verfemten Autoren) lesen und uns die Themen, die diskussionswürdig waren, nicht vorschreiben lassen; wir versuchten beharrlich, eine normale jugendliche Lebensführung in einer gegebenen, von uns in absehbarer Zeit nicht veränderbaren Situation mit allen Mitteln zu verteidigen.

Die Mehrzahl der so eingestellten Studenten hielt den NS-Staat für eine lästige Erschwernis bei der Verwirklichung ihrer beruflichen Pläne und privaten Wünsche; ich wußte nach meinen Erfahrungen in der Affäre G. B., daß dieses Regime gemein und gefährlich war, hatte aber keine Kenntnis von den damals schon begangenen Greueltaten (Dachau war sehr weit) und erst recht keine Vorahnung von dem bevorstehenden neuen Weltkrieg und dem Massenmord am jüdischen Volk.

In der NSDStB-»Kameradschaft«, der ich zugeteilt war, hoffte ich auch ohne vorgeschobene Dienste in der Partei und dem NSKK mit einem Minimum an Mitwirkung auszukommen. Obwohl dies bei der starken Mitgliederfluktuation im Studentenbund und den schwer kontrollierbaren Angaben über die Gründe einer Verhinderung durchaus möglich war, übertrieb ich meine Abstinenz.

Ich hatte mich zu irgendeiner Gemeinschaftsaktion zwar angemeldet (wenn ich nicht irre, handelte es sich um eine öffentliche Sammlung), aber dann doch nicht daran beteiligt. Da ich mich auch sonst kaum sehen ließ, wurde mir schriftlich der Ausschluß aus dem NSDStB angedroht. Glücklicherweise ereignete sich dies erst während des zweiten Semesters, als ich bereits entschlossen war, im Winter mein Studium an der Berliner Universität fortzusetzen.

Auch in Berlin blieb mir die Meldung beim Studentenbund nicht erspart, und dort ereilte mich dann das Schicksal. Die Königsberger Verwarnung war mit mir nach Berlin gegangen, und aufgrund einer Auseinandersetzung während eines NSDStB-Heimabends (ich habe keine Ahnung mehr, worum es sich gehandelt hat), die offenbar meine politische Unzuverlässigkeit vermuten ließ, wurde ich aus dem Studentenbund ausgeschlossen.

Meine Spekulation, gerade durch die Mitgliedschaft ein unauffällig seinen privaten Interessen nachgehender Student bleiben zu können, hatte sich als Fehleinschätzung erwiesen und sogleich zur Folge, daß mein zu der Zeit laufender Antrag, für zwei Semester an die Universität Zürich zu gehen, abgelehnt wurde. Da ich wahrscheinlich versucht hätte, in der Schweiz zu bleiben, konnte ich diese Entscheidung nicht für unverständlich halten. Aber es erschien mir nun ratsam, nicht an der Friedrich-Wilhelm-Universität zu bleiben, sondern erneut einen Stellungswechsel vorzunehmen.

So fand ich mich zu Beginn des Wintersemesters 1939/40 in München ein, das zwar offiziell die »Hauptstadt der Bewegung« war, inoffiziell aber als »Hauptstadt der Gegenbewegung« galt. Nicht zu Unrecht, wie ich bemerkte. Was in Königsberg und in Berlin undenkbar gewesen wäre, machte in München keine Schwierigkeiten. An der Ludwig-Maximilian-Universität interessierte sich im Winter 1939/40 niemand für meine vorhandenen oder nichtvorhandenen NS-Mitgliedschaften. Und es scheint auch mein Ausschluß aus dem NSDStB dort nicht aktenkundig geworden zu sein.

Inzwischen war der Krieg ausgebrochen, und ich befand mich im fünften Semester, als ich zum 1. April 1940 meinen Einberufungsbefehl erhielt. Etwa zur gleichen Zeit kam eine Bestimmung heraus, aufgrund deren man – in der philosophischen Fakultät mit einem Minimum von sechs Semestern und einer ausreichenden Zahl von Seminarscheinen – zur Beendigung des Studiums (Staatsexamen oder Promotion) für ein halbes Jahr vom Wehrdienst zurückgestellt werden konnte. Ich war sogleich entschlossen, von dieser Möglichkeit Gebrauch zu machen. Man konnte die Uniform – ich befand mich bereits als Rekrut in der Münchner Funkerkaserne – noch einmal ausziehen, und vor allem schien es mir fraglich, ob ich nach dem Krieg (falls ich sein Ende erleben sollte) Gelegenheit oder Lust haben würde, erneut auf die Universitätsbänke zurückzukehren.

Das Problem, das sich jetzt ergab und schnell gelöst werden mußte, war die Frage, in welchem Fach und bei welchem meiner Professoren ich zu einem in so kurzer Zeit zu bewältigenden Dissertationsthema kommen sollte. An die Bearbeitung eines Themas im engeren Bereich der Philosophie war angesichts der zur Verfügung stehenden kurzen Zeit nicht zu denken. Überdies sah ich nicht einmal die Möglichkeit, eine in dieser Situation ganz unerläßliche persönliche Verständigung mit dem schon erwähnten, für die Promotion entscheidenden Philosophieprofessor Grunsky herbeizuführen. An die Details kann ich mich nicht mehr erinnern, aber es war im Wintersemester im Seminar von Grunsky zwischen ihm und mir zu einer Kontroverse über die Interpretation irgendeines Aspektes von Grönbechs »Kultur und Religion der Germanen« gekommen, die mit einem ideologischen Verweis für mich endete.

Im Fach »Literaturgeschichte«, in dem ich ebenfalls ein Thema hätte vorschlagen können, war die Lage nicht viel günstiger. Ich fand mich dort Herbert Cysarz gegenüber, mit dem ich gewiß kein so kurzfristig zu bearbeitendes Thema hätte verabreden können. So blieb nur Karl d'Ester, der liberal-konservative, katholische Ordinarius für Zeitungswissenschaft, dem zwar mein Eintreten für eine Wissenschaft von der Publizistik (und meine Zweifel an der Wissenschaftsfähigkeit der Zeitungswissenschaft) mißfiel, in dessen Institut man aber weiterhin »Grüß Gott« sagen konnte und keine Zuneigung zum NS-Regime heucheln mußte.

In der Sache entscheidend war, daß ich mich der in Königsberg gesammelten okkultistischen Schriften und Zeitschriften erinnerte und d'Ester damit einverstanden war, daß ich ausgehend von diesem Material eine Typologie der populären okkultistischen Strömungen der Neuzeit unter besonderer Berücksichtigung der deutschen Szene in den zwanziger und dreißiger Jahren zu entwickeln versuchte.

Es bereitete auch keine Probleme, mit d'Ester die Schwierigkeiten der Behandlung gewisser Querverbindungen des esoterisch-völkischen Okkultismus zum Nationalsozialismus im allgemeinen und zur Biographie Hitlers im besonderen offen zu besprechen. Die Durchführung des Projekts wurde durch die Tatsache befördert, daß München bis in die Anfänge der Nazizeit ein Zentrum des deutschen Okkultismus gewesen war und seine hervorragendsten Vertreter fast alle dort gelebt hatten oder noch lebten: Schrenck-Notzing, du Prel, Tischner, Graf Klinkowström. Es war letzterer und vor allem dann die damals in München arbeitende Schweizer Forscherin Fanny Hoppe-Moser, die mir umfangreiches Material zur Verfügung stellten und mich von ihren persönlichen Kenntnissen profitieren ließen.

So erbat ich mir von meinen Eltern aus Königsberg die dort gehorteten Bestände und tauchte im Frühsommer 1940, als der von Hitler angezettelte Krieg in Frankreich seinem ersten Höhepunkt zustrebte, in der Münchner Ohmstraße 3, Rückgebäude, bei Frau Eberwein in die Kabbala, die weiße und schwarze Magie, den Mesmerismus und die Astrologie ab. Es wurde ein Gewaltakt, denn ich mußte mich in dem zur Verfügung stehenden halben Jahr auch noch auf die mündlichen Prüfungen in den drei Fächern vorbereiten.

Trotz nochmaliger Querelen mit Grunsky[16], die erst durch ein Machtwort des damaligen Dekans der Philosophischen Fakultät, Professor Walter Wüst, beendet wurden, lieferte ich die Dissertation im August ab und absolvierte die letzte mündliche Prüfung Ende November 1940. Die Aushändigung der Promotionsurkunde der Philosophischen Fakultät erfolgte im Mai 1941, als ich schon längst wieder Uniform trug, weil man erst dann eine genügend große Zahl von Betroffenen in der Aula zur feierlichen Entgegennahme der Dokumente zu vereinen vermochte.

Wenn ich meine Konfrontationen mit dem NS-Regime Revue passieren lasse, verliefen sie immer nach einem bestimmten Schema. Obwohl ich gewillt war, zu überleben, und mich einzurichten versuchte, war meine Anpassungsfähigkeit konstitutionell begrenzt. Es gelang mir nicht in jedem Fall, passiv zu bleiben, oder aber meine Unlust war so nachdrücklich, daß sie den Charakter der Verweigerung annahm. Wenn ich dennoch als Schüler, Student und Soldat die Kollision (bis auf jene frühe Erfahrung mit der Gestapo) mit Staats- oder Parteiinstitutionen vermeiden konnte, so war dabei nicht nur das sich bei jedem unter totalitären Umständen lebenden Menschen rasch entwickelnde Gefühl für das Betreten der Gefahrenzone, sondern auch Glück im Spiel.

Im Herbst 1943 lag die Funkkompanie der (bayerischen) 707. Infanterie-Division in Shukowka, einem kleinen Dorf in der Nähe von Brijansk. Mein unmittelbarer Vorgesetzter als Zugführer war der Leutnant Röhricht, ein junger Theologe, mit dem ich über Gott und die Welt lange Gespräche führte. Als er mir eines Tages sagte, er würde mich für den nächsten Offizierslehrgang vorschlagen, habe ich ihm zunächst diesen Plan auszureden versucht, war dann aber doch damit einverstanden. Die Abkommandierung bedeutete – alles in allem – ein halbes Jahr Rückkehr nach Deutschland, davon einige Wochen Aufenthalt beim Ersatztruppenteil in München oder Augsburg.

Im gleichen Shukowka, in dem wir einige Wochen gelegen haben, hatte ich mich mit einigen Russen befreundet, darunter einer gut Deutsch sprechenden jungen Lehrerin, Eugenia Golowanowa. Ich benützte die Gelegenheit, bei ihr Russisch zu lernen. Ob Eugenia überzeugte Kommunistin war, habe ich nicht herausbekommen. Sie war intelligent genug, nicht alle Deutschen für den Krieg Hitlers verantwortlich zu machen, aber die Arroganz und die Brutalität, mit denen die nazistische Besatzungspolitik gegen die Russen vorging, hatten sie zur Patriotin gemacht und erlaubten es ihr nicht, sich in dieser Situation von den Sowjets zu distanzieren.

Da in den von der Wehrmacht besetzten Gebieten die zurückgebliebenen Einwohner völlig abgeschnitten von allen Informationen über das Kriegsgeschehen und die Weltlage waren, hatte ich Eugenia einmal in die Funkstelle mitgenommen und Nachrichten eines sowjetischen Senders hören lassen. Das war strengstens verboten, und natürlich drang die Kunde davon auch zum Kompaniechef vor. Nur das rasche Eingreifen von Leutnant Röhricht, der eine Geschichte von einer russischen Putzfrau erfand, die unsere Unterkunft einer Generalreinigung unterzogen hätte, rettete nicht nur meine Abkommandierung, sondern verhinderte wahrscheinlich weit schwerwiegendere Folgen.

Im Januar 1944 – ich war mit meinem Funktrupp inzwischen wieder im Raum Mogilew/Smolensk – wurde ich als Fahnenjunker nach München in Marsch gesetzt und kam von dort auf die Heeresnachrichtenschule nach Halle und Leipzig. Erleichtert, der sich an der Ostfront anbahnenden Katastrophe für einige Zeit entronnen zu sein, aber voller Widerwillen gegen die in den Kursen zur Schau getragene Siegeszuversicht und den obligaten »Glauben an den Führer«, kam ich erneut ins Schleudern. Ich hatte nicht daran gedacht, daß fern vom Kriegsgeschehen die alltäglichen soldatischen Aufgaben und die sinnstiftende, solidarisierende Sorge um das Wohl und Wehe einer kleinen Gruppe wegfallen würden und man in den Kasernen des Dritten Reichs als isolierter einzelner nur noch den Parolen und Forderungen eines ideologisch aufgeheizten Militarismus ausgesetzt war. Meine Anpassungsfähigkeit war neuerdings überfordert.

So entwickelte sich meine Teilnahme an insgesamt drei Lehrgängen zu einem Desaster. Meine Abneigung saß so tief, daß ich mehrmals erkrankte, zuletzt (im Alter von sechsundzwanzig Jahren) an Scharlach. Ich halte das noch heute – was die Medizin dazu auch immer sagen mag – für eine psychosomatische Reaktion. Damit war meine militärische Karriere beendet, und ich wurde zum Unteroffizier zurückbefördert und wieder zum Ersatztruppenteil nach München geschickt. Das geschah im Februar 1945. Von dort kam ich dann im April noch einmal an die Front – diesmal direkt in die Hauptkampflinie – und verbrachte die letzten Kriegswochen beim vorgeschobenen Beobachter eines Artillerieregiments südlich von Wien am Schneeberg.

Nach der Kapitulation und der (vorschriftsmäßig vor sich gehenden) Auflösung meines Truppenteils erhielt ich meine Personalpa-
piere ausgehändigt. Unter diesen befand sich auch die meinen Fall
abschließende Beurteilung der Heeresnachrichtenschule. Dort hieß
es unter anderem: »Sz. hat zwar die Grundsätze der nat.soz. Führung und Erziehung verstanden, zeigt aber in ihrer Anwendung auf
die Truppe zu wenig Initiative, daher zur politischen Führung einer
Truppe nicht fähig.« Und der Lehrgruppenkommandeur stellte
abschließend fest: »...Stets passiv und verstockt, widersetzte er sich
durch Auftreten und Miene jeder an ihn gestellten Anforde-
rung...« Ich nehme an, daß ich es nur dem Ende 1944 vorherseh-
baren allgemeinen Zusammenbruch verdanke, daß es bei der Degra-
dierung und beim neuerlichen Fronteinsatz blieb.

Am 15. Mai 1945 traf ich nach Überquerung der Ens inmitten
panikartig vor sowjetischer Gefangenschaft flüchtender deutscher
Truppen und nach einem einsamen mehrtägigen Fußmarsch quer
durch Oberösterreich in Ach a. d. Salzach ein (dorthin war die
Familie vor den Münchner Bombennächten ausgewichen) und blieb
dort bis Oktober 1945.[17] In diesen Monaten des langsamen Erwa-
chens aus dem Alptraum schrecklicher Jahre hatte ich Zeit, darüber
nachzudenken, wie den Deutschen Hitler zustoßen konnte. Das
Resultat war die erwähnte kleine Schrift, die ich im November mit
nach München brachte und die dann 1946 unter dem Titel »Europa
und die Anarchie der Seele« bei Kurt Desch erschienen ist.

WAS HABEN WIR GEWUSST UND WAS KONNTEN WIR TUN?

Vor zwei Jahren habe ich jene Schrift noch einmal gelesen. Was mir
dabei auffiel (und bei früherem Durchblättern nicht aufgefallen
war): Der Autor empfand – ohne sich dessen bewußt zu sein – den
deutschen Zusammenbruch uneingeschränkt als Befreiung (erst
1971 habe ich in einem anderen Buch – »Das sogenannte Gute« –
diesen Mai 1945 in ein paar Sätzen zu schildern versucht), und
Auschwitz kommt als eigens zu erörterndes Thema nicht vor. Die

Position, von der aus ich Nationalismus, Kollektivismus, Sozialismus, Militarismus, Kleinbürgertum und »zu viel Seele« kritisiere und für den Aufstieg Hitlers verantwortlich mache, ist die eines sich – ein wenig emphatisch und naiv – an den klassischen Idealen des Wahren, Guten und Schönen orientierenden liberalen Humanismus.

An den sechs Essays des Büchleins (»Das Verhängnis des Nationalismus«, »Ist unser Leben noch lebenswert?«, »Politik als Verbrechen«, »Die Überwindung der Müdigkeit«, »Tragödie der Weltbeglückung«, »Europa und die Anarchie der Seele«) habe ich bereits Ende Mai 1945 zu schreiben begonnen. In der Abgeschiedenheit des oberösterreichischen Grenzdorfes Ach a. d. Salzach (auf der anderen Seite des Flusses liegt das bayerische Burghausen) war ich weit ab von allem, was sich im Sommer nach der Kapitulation in Deutschland und der Welt ereignete, und somit bei der Abfassung meines Deutungsversuchs völlig unbefangen.

»Unbefangen« heißt: Da Kollektivschuldthese und Entnazifizierung für mich noch keine Themen waren, habe ich die zwölf Jahre Terror und Krieg so »bewältigt«, wie sie mir unmittelbar danach erschienen sind. Im Rückblick stellten sie sich als eine Folge von Ereignissen dar, in die ich wie in eine Naturkatastrophe hineingeraten war und für deren Auswirkungen ich mich so wenig verantwortlich fühlte, daß ich auf die Idee, mich für das Hineingeratensein rechtfertigen zu müssen, gar nicht gekommen bin. Ich schrieb aus der Distanz eines mitbetroffenen Zeugen, legte kein Bekenntnis ab, sondern suchte – »objektiv« – die historischen, politischen, sozialen und psychologischen Zusammenhänge zu erfassen, die – um mit dem Prinzen Löwenstein zu sprechen[18] – die Besetzung Deutschlands durch die Nationalsozialisten möglich gemacht hatten. Die Art, wie ich in diesem ersten Sommer nach Kriegsende die Geschehnisse erörterte, läßt nur die Erleichterung spüren, nun endlich – von Unterdrückung, Heuchelei und Kriegsdienst befreit – leben, nachdenken und schreiben zu können.

Erst als wir wieder in München waren, begann jener moralische Sensibilisierungsprozeß, der nach dem bekannt werdenden Ausmaß und den Einzelheiten der Nazigreuel zu der Vermutung führte, daß nicht nur die Voraussetzungen für die Machtergreifung der NS-Bewegung, sondern auch ihre späteren Untaten aus der Geschichte der Deutschen abgeleitet werden müßten. Und dieses Deutungsschema hatte bei mir wie bei vielen anderen Deutschen, die entschlossen waren, eine Wiederkehr nazistischer Ideen und Praktiken zu verhindern, zur Folge, daß wir unsere ursprüngliche Überzeugung, Opfer des Systems gewesen zu sein, zu verdrängen begannen.

Die Faschismus-Theorien, die wir als engagierte Demokraten zu übernehmen uns verpflichtet fühlten, erzwangen ein intellektuell erzeugtes Schuldeingeständnis, das aufrichtig gemeint war, aber dem kein wirkliches Schuldgefühl entsprach. Ich spreche hier und im folgenden von Schuld im konkreten Sinn der gegebenen Verantwortung oder Mitverantwortung einer bestimmten Person für die Verfolgung, Gefangensetzung, Folterung und Tötung von Menschen. Ich spreche an dieser Stelle nicht von Schuld in irgendeinem allgemein existentiellen oder spirituellen Verständnis.

Ein Jahr nach Erscheinen meiner Aufsatzsammlung, also 1947, habe ich die Frage »Wie kamen die Deutschen zu Hitler?« noch einmal in einem Essay aufgenommen, der sich unter dem Titel »Hans Castorp, Harry Haller und die Folgen« mit der Rolle des deutschen Bürgertums beschäftigt und in der in der französischen Zone erscheinenden Monatsschrift »Die Umschau«[19] (unter dem Pseudonym A. J. Haller von Manès Sperber herausgegeben) publiziert wurde. Anhand einer Analyse der beiden Helden aus dem »Zauberberg« von Thomas Mann und dem »Steppenwolf« von Hermann Hesse (beide Bücher hatten mich den Rußlandfeldzug über begleitet) komme ich zu dem Schluß, daß das deutsche Bürgertum mitschuldig an der Machtergreifung Hitlers gewesen ist, weil es, beschäftigt mit privaten Sorgen, Kümmernissen und Konflikten, die politischen Dinge sich selbst überließ.

Ich wich also wiederum der Erörterung des Auschwitz-Themas aus und bestätigte, wenn man so will, gerade durch diese Ignoranz die Glaubwürdigkeit der heftig kritisierten Aussage vieler Deutscher, »von dem allem nichts gewußt zu haben«. Ist sie glaubwürdig?

Ich habe weiter unten (S. 128 ff.) einige der wichtigsten Daten zur Judenverfolgung im NS-Staat zusammengestellt. Aus dieser Zeittafel geht hervor, daß noch 1939 über die Auswanderung von 400000 deutschen Juden verhandelt wurde, das Tragen des gelben Sterns im September 1941 angeordnet und die Endlösung im Januar 1942 (auf einer Geheimkonferenz, von der die Öffentlichkeit erst nach 1945 erfuhr) beschlossen worden ist.[20]

Wer also behauptet oder behauptet hat, daß er 1941 von dem Massenmord an den Juden nichts wußte, sagt nicht nur deshalb die Wahrheit, weil er zu diesem Zeitpunkt noch nicht begonnen hatte, sondern weil bis in dieses Jahr hinein auch immer noch Pläne existierten, die als »Endlösung« nicht die Ermordung, sondern die Aussiedlung aller Juden in irgendein entlegenes Gebiet vorsahen.

Sodann ist zu fragen, was »gewußt haben« bedeuten soll. Daß man etwas mit eigenen Augen gesehen hat? Daß ein verläßlicher Augenzeuge es berichtete? Oder daß Gerüchte über die Vorgänge in den KZs in Umlauf waren?[21] Und welche Rolle wiederum spielte dieses oder jenes »Wissen«, Vermuten, Befürchten für das Empfinden und Denken des einzelnen Menschen? Es ist inzwischen zwar ein Allgemeinplatz, daß der Mensch in vollem Umfang nur jene Tatbestände »realisiert«, die er persönlich erlebt hat, aber aus diesem psychischen Faktum werden nur selten Konsequenzen gezogen.

Die Vergasung von vielen Hunderttausenden von Männern, Frauen und Kindern überstieg für denjenigen, der davon gerüchteweise hörte, so sehr seine Vorstellungskraft, daß er sie für unglaubwürdig hielt und ihn erst die Fotos der Krematorien und der Leichenberge überzeugten. Kann man im Ernst behaupten, daß deshalb, weil sich das Gerücht von 1942 im Jahre 1945 bewahrheitete, diejenigen, denen es damals zu Ohren kam, »gewußt haben« müssen, daß Millionen von Juden ermordet wurden?

Zuletzt stellt sich dann auch heraus, daß die Empörung über die angebliche Heuchelei der Deutschen gar nicht ihrem vermeintlich verleugneten Wissensstand über die Nazigreuel gilt, sondern der (zumeist unausgesprochenen) Unterstellung, daß sie versäumt haben, jene Verbrechen zu verhindern. Obwohl es keinen ernsthaften Historiker gibt, der das Zustandekommen einer Widerstandsbewegung in einem etablierten totalitären System für möglich hält, gilt der schlimme Verdacht nicht diesen oder jenen Kenntnissen, die man über die Vorgänge in den Konzentrationslagern gewinnen konnte oder gewonnen hat, sondern in der Tat der Vermutung, daß man gegen das Terrorsystem etwas hätte unternehmen können, es aber unterlassen oder gar auf irgendeine Weise daran mitgewirkt hat.

Wer bei der Prüfung dieser Gewissensfrage auf der Ebene konkreten Recht- oder Unrechttuns bleibt, muß davon ausgehen, daß sich in einem Menschen nur dann ein Verantwortlichkeits- und Schuldgefühl einstellt, wenn er tatsächlich an der Planung oder Durchführung von Verbrechen beteiligt war oder sie zumindest (und sei es auch nur insgeheim) gutgeheißen hat. Das ist glücklicherweise so, weil wir sonst – da als Mitglieder kleinerer oder größerer Kollektive immer auch in Übles verstrickt – überhaupt nicht unbefangen existieren könnten.

Die Inanspruchnahme dieser empirischen Position hat aber auch ihren guten ontologisch-anthropologischen Sinn, da es Bewußtsein, Entscheidung und Verantwortung nur für ein hier und jetzt, so und nicht anders existierendes Individuum gibt. Wer an Verfolgung, Folter und Mord weder tätlich noch billigend beteiligt gewesen ist und auch nicht in eine Situation kam, in der er es versäumt hat, ein Verbrechen zu verhindern, obwohl er es ohne Gefährdung des eigenen Lebens hätte tun können, fühlt sich zu Recht nicht schuldig.

In meinen politischen Beiträgen und Stellungnahmen nach 1945 habe ich Auschwitz »verdrängt«, weil ich, auf der Suche nach den Ursachen der nazistischen Untaten, bei der Selbsterforschung immer nur auf meine Teilhabe an allgemeinen Kennzeichen der deutschen Geschichte und des deutschen Charakters stieß – etwa auf romantisch-irrationale Neigungen oder auf einen unkritischen Idealismus oder auf Sympathien für Friedrich II. oder Nietzsche. Natürlich hätte ich dennoch schon damals Terror und Holocaust erörtern können. Es gelang nicht, weil mir – wie ich heute sehe – bei dem Versuch, das kriminelle Phänomen »Nationalsozialismus« aus spezifisch deutschen Wurzeln zu verstehen, dieses Ziel unterwegs abhanden kam. Von Bismarck oder Kaiser Wilhelm, von Wagner oder Nietzsche führt für mein Verständnis weder eine gerade noch eine gewundene Linie zu Hitler, Himmler oder Heydrich.

So verhängnisvoll die Rollen waren, die Hindenburg oder Hugenberg oder Papen gespielt haben, war es unwahrscheinlich, daß sie Folter und Mord geplant oder gebilligt hätten. Und ich konnte auch nicht entdecken, auf welche Weise aus völkischen, autoritären, elitären, preußischen Anschauungen und Haltungen (wie kritisch immer sie zu bewerten waren und von mir bewertet wurden) das KZ-System und die Judenvergasung hervorgehen sollten.

Die Konzentration meiner Selbstbezichtigung und Selbsterforschung auf die Frage, was denn am Deutschsein der Deutschen zum Nazismus (verstanden als Faschismus plus Holocaust) geführt haben könnte, erbrachte jedoch etwas anderes: die impulsive Neigung, sich von den Deutschen (wie wenn man selbst nicht dazu gehören würde) schaudernd abzuwenden, und die allgemeine Kriminalisierung konservativer Anschauungen.

Die sozial-liberale Linke, zu der ich mich zählte, verhielt sich nicht anders als die sozialistischen und marxistischen Wortführer des professionellen Antifaschismus. Wir schlugen uns nicht selbst an die Brust und legten als Deutsche, die wir nun einmal waren, Schuld- und Reuebekenntnisse ab, sondern belehrten unsere Landsleute wie die Angehörigen eines fremden Volksstammes. Alles, was uns an ihnen politisch nicht paßte, wurde mit dem Etikett »faschistisch« oder »präfaschistisch« versehen. Als Zuchtmeister aber waren wir selbst, wenn man unseren unermüdlichen Bekenntnissen zu Freiheit und Gerechtigkeit Glauben schenken wollte, im Raum reiner Menschheitsideale schwebende Humanisten.

Ernst Jünger, für Linke und Liberale der Prototyp des Nationalisten und Militaristen, sagte zu dem KP-Abgeordneten Wittvogel, als dieser 1933 eine erste KZ-Haft hinter sich hatte: »Man hat mir Dinge erzählt, die mich beschämt machen, daß ich ein Deutscher bin. Was in den Lagern geschieht, das wird den deutschen Namen für hundert Jahre beschmutzen.«[22]

Man kann nicht angebliche oder tatsächliche nationale Charakterzüge so überzeichnen, daß ihre Addition dann jede Art und jedes Ausmaß von Unmenschlichkeit ergibt. Weder Nationalismus noch Autoritätsgläubigkeit noch Pflichteifer und Ordnungsliebe noch irgendwelche irrationalistischen Neigungen müssen in den Angehörigen eines Volkes zwangsläufig den Wunsch wecken, andere Menschen zu quälen und zu töten. Diese Einsicht schließt die Überzeugung nicht aus, daß wir Deutsche in vollem Umfang für das, was Juden, Polen, Russen, Zigeunern von Deutschen angetan wurde, haftbar sind. Auch das Eingeständnis der Haftung ist eine moralische Entscheidung mit weitgehenden Konsequenzen (zum Beispiel des bewußten Verzichts auf die heute von Polen bewohnten ehemals deutschen Gebiete), darf aber nicht dazu führen, daß auf diesem Umweg die alte Schuldzuweisung wieder in Umlauf gebracht wird.

Ohne daß ihn persönlich Schuld trifft, kann jeder Angehörige eines Kollektivs – sei es eine Familie, ein Verein, eine Nation – für alles, was unter einer üblen Führung angerichtet wird, haftbar gemacht werden. Aber man kann nicht einerseits einzusehen behaupten, daß es in einem totalitären Staat, sobald er sich einmal eingerichtet hat, nur noch die Chance zu einem einsamen Helden- und Märtyrertum gibt, um dann andererseits aus der ausgebliebenen Revolte gegen das Unrechtsregime ein kollektives Versagen abzuleiten, das Schuld zuweist, auch wenn es von Haftung spricht.

Es war für mich trotz aller Selbstüberredung schmerzlich, bei meiner ersten Reise ins jetzt polnische Masuren Orte, deren deutscher Charakter mit Kindheitserlebnissen verbunden ist, nun als Heimat von Polen vorzufinden, die zum großen Teil schon dort geboren wurden. Jedoch habe ich keinen Augenblick daran gezweifelt, daß der polnische Staat allein durch einen willkürlich von einer deutschen Regierung vom Zaun gebrochenen Krieg so weit nach Norden und Osten verschoben wurde und daß die vor über vierzig Jahren dort angesiedelten Polen zu Recht dort sind und bleiben wollen.[23]

Aber ich bin mir genauso sicher, daß von den vielen Ostpreußen, die aus ihrer Heimat vertrieben wurden oder dorthin nicht mehr zurückkehren konnten, nur ein verschwindend kleiner Teil mitverantwortlich für die Verbrechen und Raubzüge des Hitlerregimes ist. Wir müssen den Verlust der Ostgebiete nicht deshalb akzeptieren, weil »die« Deutschen schlechte Eigenschaften haben (natürlich eignen ihnen auch solche), sondern weil wir zum unfreiwilligen Bestandteil eines Terrorsystems wurden, das sich zwölf Jahre lang des Staates der Deutschen bemächtigte.

Nun mag man meinen, meine Ablehnung der Schuldzuweisung könne gerade noch für jene Generation gelten, die 1933 unmündig war und an keiner der entscheidenden Wahlen teilgenommen hat. Aber ich nehme das Urteil »nicht schuldig« auch für den damals schon erwachsenen Durchschnittsdeutschen in Anspruch. Dabei geht es zunächst um die Frage, welche politischen, sozialen, ökonomischen, psychologischen Umstände dazu führten, daß fast die Hälfte (das heißt übrigens auch: nicht einmal die Hälfte) der wahlberechtigten deutschen Bevölkerung, nämlich 44 Prozent der abgegebenen Stimmen (89 Prozent der Wahlberechtigten machten von ihrem Wahlrecht Gebrauch), der NSDAP legal zur Macht verhalf.

Nach meinem Verständnis der liberaldemokratischen Willensbildung kann man die Deutschen, die am 3. März 1933 anläßlich der letzten Reichstagswahl, an der die Weimarer Parteien noch teilnahmen, die Hitlerpartei gewählt haben, nur für die Zustimmung zu dem Programm verantwortlich machen, das die Nationalsozialisten in diesem Endstadium der Republik verkündeten. Es ist abwegig, zu fordern, der NSDAP-Wähler hätte zuvor Hitlers »Mein Kampf« lesen und alle Äußerungen und Taten dieser Partei analysieren müssen. Es gehört zum Ethos und zum Risiko einer liberalistischen Demokratie, jeden Bürger von einem frühen Alter an, ohne nach Intelligenz, Interesse und Wissensstand zu fragen, für wahlberechtigt zu erklären. So gibt es keinen Grund, vom Wähler einer zugelassenen Partei mehr zu verlangen, als daß er sich mit dem aktuellen Wahlprogramm der Partei, die er zu wählen beabsichtigt, beschäftigt.

Was die NSDAP in den Jahren 1932 und 1933 forderte und versprach und was keineswegs nur schlecht informierte deutsche Wähler, sondern auch gut informierte, politisch gebildete ausländische Beobachter für glaubwürdig hielten, war eine demagogisch formulierte Zusammenstellung von nationalistischen, wirtschafts- und sozialpolitisch radikalen Absichtserklärungen, die gewiß nicht als liberal und demokratiefreundlich gelten konnten, aber auch nichts enthielten, das auf die Ausrottung des jüdischen Volkes und die Entfesselung eines neuen Weltkrieges hätte schließen lassen.

Wer hinterher behauptet, daß man dies alles damals bereits hätte herauslesen können, verkennt überdies, daß jede zu einer radikalen Umwälzung entschlossene Bewegung am Anfang ihres Weges selbst noch nicht genau weiß, wohin er sie schließlich führen wird, und er moralisiert auch insofern an der Realität vorbei, als die Menschen, insbesondere in Krisensituationen, die herrschenden Zustände nicht besonnen analysieren, sondern darauf impulsiv reagieren. Und die Zustände im Deutschland des Jahres 1932 legten nun in der Tat den Wunsch nach einer umfassenden politischen Neuordnung nahe.

Die Mehrzahl der der Frage der Entstehung des Dritten Reichs gewidmeten Untersuchungen sind theorielastige, von marxistischen oder idealdemokratischen Menschenbildern und Gesellschaftsmodellen ausgehende Schreibtischprodukte. Selbst wer »Mein Kampf« gelesen hatte oder hätte: War er verpflichtet, davon überzeugt zu sein, daß Hitler all die bombastischen Sprüche und Drohungen aus den zwanziger Jahren wahr machen würde?

Ich vermute, daß nicht einmal jüdische Leser dieses Pamphlets daraus die ihnen bevorstehende Endlösung entnommen haben. Warum hätte der deutsche Durchschnittswähler diese Einsicht und Voraussicht an den Tag legen müssen? Er fiel auf die NS-Propaganda herein, weil er von den Weimarer Parteien nichts mehr erwartete und sich in seiner bürgerlichen Existenz bedroht fühlte. Diese Panik und nicht Kriegslüsternheit oder ein abgründiger Judenhaß verführte die Deutschen, es mit Hitler zu versuchen.

Antisemitische Tendenzen fanden sich – mit Ausnahme der SPD – in allen Parteien, einschließlich der KPD, aber es dürfte schwerfallen, den Nachweis zu erbringen, daß auch nur eine geringfügige Minderheit der Wähler dieser Parteien in den Jahren vor 1933 die Phantasie gehabt hat, sich Art und Ausmaß der Verbrechen vorzustellen, die das Hitlerregime dann am jüdischen Volk begangen hat.

Seit dem preußischen Judenedikt von 1812 wurden den Juden auch dann, wenn sie nicht Christen werden wollten, nach und nach alle bürgerlichen Rechte zugestanden, so daß ihnen etwa ab 1870 auch bisher verschlossene akademische Berufe zugänglich wurden. Damit begann gerade mit der bismarckschen Reichsgründung und trotz Gobineau, Chamberlain, Treitschke und Stoecker die Geschichte eine Symbiose jüdischer und deutscher Tüchtigkeit, von deren Fruchtbarkeit eine von Jahrzehnt zu Jahrzehnt umfangreicher werdende Fülle von Namen zeugt, die in allen Bereichen des wissenschaftlichen, kulturellen und gesellschaftlichen Lebens für außerordentliche Leistungen stehen.

Es ist wirklichkeitsfremd zu glauben, daß diese – den zahlenmäßigen Anteil der jüdischen Bevölkerung im wilhelminischen Deutschland und in der Weimarer Republik weit übersteigende – Bedeutung des deutschen Judentums keinen Neid, keine Abneigung und keinen Widerstand in bestimmten sozialen Schichten und ideologischen Gruppen hätte hervorrufen dürfen.

Die Angst vor Überfremdung ist eine alte Angst der Völker, und in vielen Fällen war (und ist) sie nicht unbegründet. Man wird es also für normal halten müssen, daß ein Volk mit einheitlicher Sprache und Kultur – zunächst jedenfalls – mit Mißtrauen und Abwehr reagiert, wenn eine sichtbar aus einem fremden Lebens- und Glaubensmilieu stammende Minderheit plötzlich in seiner Mitte Lebensraum und Mitwirkung beansprucht oder sich gar als so begabt erweist, daß sie für einheimische Bewerber in den verschiedensten Tätigkeitsbereichen zur gefürchteten Konkurrenz wird – und dies gar noch in einer wirtschaftlichen Situation, in der viele um ihre Existenz kämpfen. Wer unter solchen Umständen Juden als fremde Eindringlinge empfand und sie um ihre ökonomischen Erfolge und kulturellen Leistungen beneidete, und wer sich heute abfällig über Türken äußert, weil er Angst vor Überfremdung hat, steckt voller gefährlicher Vorurteile, die man nicht auf sich beruhen lassen kann, ist deshalb aber noch kein zukünftiger Heydrich oder Eichmann.

Der Antisemitismus dieser Herkunft ist ein soziales und psychologisches Problem, das man nicht durch Entrüstung und Toleranzpredigten aus der Welt schaffen kann, zu dessen Lösung es vielmehr großer politischer und pädagogischer Anstrengungen jedes einzelnen, aller Gruppen und Institutionen beider Seiten bedarf. Sowohl der Einschmelzungsprozeß als auch – wenn die Assimilation abgelehnt wird – die Entwicklung eines Klimas der Duldung und Respektierung benötigen Zeit. Ich glaube, daß man (aus der Holocaust-Retrospektive) die antisemitischen Stimmen und Strömungen im kaiserlichen und im republikanischen Deutschland in ihrem Ausmaß und ihrer Wirkung überschätzt und in ihrer Motivation überinterpretiert. Angesichts der Unvermeidbarkeit und der – elementare Empfindungen und Interessen ins Spiel bringenden – Bedeutsamkeit des Konflikts hatte das Verhältnis der Juden zu Deutschland und der Deutschen zu ihren jüdischen Mitbürgern in den hundert Jahren vor 1933 einen durchaus hoffnungsvollen Verlauf genommen.

Auf jeden Fall führt auch hier jeder Versuch, eine lineare und monokausale Beweiskette aufzubauen und im deutschen Antisemitismus des neunzehnten und beginnenden zwanzigsten Jahrhunderts den Weg nach Auschwitz beschritten zu sehen, zu einem historisch und anthropologisch unhaltbaren Kurzschluß. Zumeist macht man sich vorsichtshalber gar nicht die Mühe einer durchdachten Argumentation, sondern begnügt sich damit, als unausweichliche Konsequenz auszugeben, was nichts als eine Behauptung ist.

Auch viele jener Deutschen, die in der Weimarer Republik über den zu großen Einfluß der Juden klagten und ihn begrenzt sehen wollten, lasen Stefan Zweig, Jakob Wassermann und Vicki Baum, kauften in jüdischen Geschäften, vertrauten sich jüdischen Rechtsanwälten und Ärzten an. Schlimmstenfalls wollten sie die Juden – und konnten sich dabei auf die Zionisten berufen – in einen eigenen Staat ausgesiedelt sehen.

Der unter Hitler praktizierte Massenmord am jüdischen Volk entsprang einem Antisemitismus, der nicht einfach auf der Linie sozialer Angst und Aggressivität nur noch etwas antisemitischer geworden ist, sondern war die Ausgeburt eines fanatischen Judenhasses, der pseudoreligiöse Wurzeln und Dimensionen hatte und von Hitler aus Wien mitgebracht worden war. Hinzu kam ein krimineller Wille, der auf das moralische Defizit eines bestimmten Charakters, nicht auf eine deutsche Eigenart zurückgeführt werden muß.

Es ist die alle Vorstellungen übersteigende Monstrosität der Endlösung, die dafür spricht, daß nicht einmal eine nennenswerte Minorität der NSDAP-Mitglieder etwas von den kommenden Schrecknissen geahnt hat und daß dann, als sie Wirklichkeit wurden, die große Mehrheit der Deutschen zu glauben sich sträubte, was an Gerüchten über die Vorgänge in den Konzentrationslagern umlief.

In seinen öffentlichen Auftritten hat »der Führer« mit großem Geschick den Deutschen wie dem Ausland gegenüber den Patrioten und Staatsmann gespielt, so daß alle Welt den wirren Begründungen seines Kampfes gegen die Juden, die Bolschewisten, Freimaurer und Homosexuellen nur geringe Aufmerksamkeit schenkte. Wie sehr seine besessene Suche nach minderwertigen, schwächlichen und verächtlichen Gruppen nicht von gängigen Vorurteilen, sondern von einer krankhaften Persönlichkeitsstruktur bestimmt war, wurde unübersehbar, als er nach den Juden auch die Slawen zu Untermenschen erklärte und schließlich die Deutschen selbst zu verweichlichten Bastarden, die seinen heroischen Plänen nicht gewachsen waren und deshalb zu Recht aus der Geschichte getilgt würden.

Meine Eltern haben bei der Reichstagswahl 1928 in Pillau und bei der Königsberger Stadtverordnetenwahl von 1929 wahrscheinlich die »Deutsche Volkspartei« gewählt. In Ostpreußen erzielte diese Partei der bürgerlichen Mitte 1928 mit über 400 000 Stimmen den weitaus größten Anteil. Bei den Kommunalwahlen von 1929 hatte sie in Königsberg etwa tausend Stimmen weniger als die Sozialdemokraten, stand aber mit insgesamt 345 000 Stimmen in ganz Ostpreußen mit großem Vorsprung immer noch an der Spitze.

Die NSDAP kam 1928 in ganz Ostpreußen auf ganze 2200, 1929 allein in Königsberg schon auf 8391 Stimmen. Aber erst bei den beiden Reichstagswahlen im Juli und November 1932 veränderte sich das Bild vollständig. Mit 75 760 beziehungsweise 62 688 Stimmen schoben sich die Nationalsozialisten in Königsberg an die Spitze, die SPD kam auf 37 926 (37 260) und die KPD auf 33 878 (38 204) Stimmen, während die »Deutsche Volkspartei« auf 3 033 (6 169) zurückfiel und den ersten Platz unter den bürgerlichen Parteien der »Deutschnationalen Volkspartei« (die zu einer Koalition mit Hitler bereit war) überlassen mußte (10 478 Stimmen).

Unter den Wählern, die die Wanderung von der Mitte nach ganz rechts mitgemacht haben, waren nun wahrscheinlich auch Ernst und Margarete Szczesny. Nach dem Bankrott in Pillau (1929) kämpften sie in den folgenden Jahren ums Überleben und erhofften offensichtlich nur noch von den eine radikale Neuordnung versprechenden Nationalsozialisten einen wirtschaftlichen Aufschwung, ein Ende der Massenarbeitslosigkeit, des Straßenterrors, der allgemeinen Unsicherheit und Unordnung sowie nicht zuletzt (aber sicher nicht zuerst) die nationale Konsolidierung durch eine Revision des Vertrages von Versailles, insbesondere die (geographische) Wiedervereinigung mit dem »Reich«. Wenn man dazunimmt, daß die Ostpreußen unmittelbar benachbarte UdSSR unter Stalin immer unheimlicher wurde – und damit auch die nach Moskau ausgerichtete einheimische KP –, ist das Echo, das Hitler zu diesem Zeitpunkt fand, keine Überraschung, die völkerpsychologisch-dämonologischer Begründungen bedürftig wäre.

Was aber war mit den Deutschen, nachdem sich das NS-Regime in wenigen Monaten etabliert hatte? Warum haben sie nicht protestiert, Widerstand geleistet und den Aufstand versucht?

Bereits am 22. März 1933 wurde im *Völkischen Beobachter* bekanntgegeben, daß in Dachau ein Konzentrationslager für »Schutzhäftlinge« eingerichtet werden sollte, soweit sie als »Reichsbanner und marxistische Funktionäre die Sicherheit des Staates gefährden«. In der Begründung hieß es: »Wir haben diese Maßnahme ohne Rücksicht auf kleinliche Bedenken getroffen in der Überzeugung, damit zur Beruhigung der nationalen Bevölkerung und in ihrem Sinn zu handeln.«

Zwei Tage später, am 24. März, wurde das »Gesetz zur Behebung der Not von Volk und Reich«, kurz »Ermächtigungsgesetz« genannt, gegen die Stimmen der Sozialdemokraten und bei Ausschluß der Kommunisten im Reichstag angenommen.

Im Sommer des Jahres befanden sich 27 000 Deutsche in Konzentrationslagern, wobei jüdische Bürger dort noch nicht als Juden, sondern als politische Gegner inhaftiert waren. Erst neun Jahre später, nämlich ab Herbst 1942, wurden in den auf deutschem Gebiet liegenden Konzentrationslagern auch Opfer der Judenverfolgung untergebracht.

Der Begriff »arisch« tauchte erstmals in dem am 7. April 1933 erlassenen »Gesetz zur Wiederherstellung des Berufsbeamtentums« auf.

Es hieß dort in Paragraph 3: »Beamte, die nicht arischer Abstammung sind, sind in den Ruhestand zu versetzen; soweit es sich um Ehrenbeamte handelt, sind sie aus dem Amtsverhältnis zu entlassen.« Absatz 2 dieses Paragraphen lautete: »Absatz 1 gilt nicht für Beamte, die bereits seit dem 1. August 1914 Beamte gewesen sind oder die im Weltkrieg an der Front für das Deutsche Reich oder seine Verbündete gekämpft haben oder deren Väter und Söhne im Weltkrieg gefallen sind. Weitere Ausnahmen können der Reichsminister des Inneren im Einvernehmen mit dem zuständigen Fachminister oder die obersten Landesbehörden für Beamte im Ausland zulassen.«

Man sieht, daß der Usurpator bemüht war, sich von der nationalistischen Welle tragen und die Welt im Glauben zu lassen, es handle sich bei diesen Maßnahmen gegen jüdische Bürger um eine Aktion, die zwar rigoros war, aber über den traditionellen volkstumspolitischen Antisemitismus nicht hinausging, wobei sogar der Tonfall des Gesetzestextes noch einen Minimalbestand an Moralität suggerierte, der von irgendeiner »Endlösung« nichts ahnen ließ.

Die sogenannten »Nürnberger Gesetze« datieren vom September 1935. Zum »Schutz des deutschen Blutes und der deutschen Ehre« wurde darin das Verbot der Eheschließung zwischen jüdischen und »arischen« Deutschen ausgesprochen. Auch diesem Gesetz ließ sich der Holocaust nicht schon entnehmen. Es erweckte vielmehr den Eindruck, daß die Nazis alle deutschen Juden in die vollständige soziale Isolation treiben und zur Auswanderung zwingen wollten. So bestimmte etwa der Paragraph 4 dieses »Reichsbürgergesetzes«, daß »Juden das Hissen der Reichs- und Nationalflagge und das Zeigen der Reichsfarben verboten ist«, jedoch »das Zeigen der jüdischen Farben gestattet« und »die Ausübung dieser Befugnis unter staatlichen Schutz gestellt wird«.

Im gleichen Jahr 1935 wurde der »Reichsverband der jüdischen Kulturbünde« gegründet, dessen Tätigkeit der Erhaltung und Pflege jüdischen Kulturgutes gelten sollte, was voraussetzte, daß die Deutschen jüdischen Glaubens eine geduldete Minderheit bleiben würden.

Am 9. November 1938 fand die sogenannte »Reichskristallnacht« statt. Unter dem Vorwand der spontanen Empörung des deutschen

Volkes über das Attentat eines jüdischen Studenten auf den Sekretär der deutschen Botschaft in Paris wurden im ganzen Reich von dazu abkommandierten SA-Trupps fast alle jüdischen Gotteshäuser in Brand gesetzt, an die siebentausend jüdische Geschäfte zerstört, jüdische Friedhöfe verwüstet und neunzig jüdische Bürger getötet. Selbst dieses erschreckende Ereignis ließ sich noch als brutaler Versuch des NS-Regimes deuten, die Juden zur Kapitulation, das heißt zur Emigration unter Zurücklassung ihres Besitzes und ihres Vermögens zu zwingen, wenn nicht naive deutsche Juden und Nichtjuden sogar dem Gerücht Glauben schenkten, daß es sich um eine eigenmächtige Aktion der SA gehandelt habe.

Zu Anfang des Jahres 1939 schloß die Hitlerregierung mit 32 westlichen Staaten ein Abkommen, aufgrund dessen im Verlauf von drei bis fünf Jahren gegen hohe Ablösungssummen die Auswanderung von 400000 deutschen Juden organisiert werden sollte. Es befanden sich zu diesem Zeitpunkt noch 570000 jüdische Bürger in Deutschland.

Am 1. September 1941 bestimmte eine Polizeiverordnung, daß alle Juden einen gelben Stern zu tragen haben. Im Januar 1942 wurde auf der sogenannten Wannseekonferenz die »Endlösung« beschlossen. Im gleichen Jahr 1942 befand sich in Berlin ein von den NS-Behörden offiziell geduldetes Institut, in dem jüdische Jugendliche auf die Übersiedlung nach Palästina vorbereitet wurden.

Wie ich schon oben festgestellt habe, zeigen also die nach dem Krieg bekannt gewordenen Dokumente, daß die verschiedenen mit der »Judenfrage« befaßten Staats- und Parteiorgane noch 1941 ganz unterschiedliche »Lösungen« im Blick hatten und zum Teil gegeneinander arbeiteten, die Deutschen daher noch acht Jahre nach Beginn und vier Jahre vor Ende des »Dritten Reichs« aus den kursierenden Gerüchten den Plan einer systematischen Vergasung von Millionen Juden nicht entnehmen konnten, weil es ihn entweder nur im Kopf Adolf Hitlers oder aber noch gar nicht gab. Als dieser Plan 1942 schließlich beschlossen wurde und ab Juni zur Ausführung kam, blieb er eine streng gehütete, geheime Kommandosache.

Während nun die Züge nach Auschwitz und Majdanek zu rollen

begannen, waren die Deutschen in einen Krieg verstrickt, der Front wie Heimat gleichermaßen in die Turbulenzen des langsamen Zusammenbruchs trieb. Wahrscheinlich ist die Anspannung der Kriegsjahre mit ein Motiv für den Entschluß zum Holocaust gewesen. Das Regime mochte hoffen, den Massenmord hinter den Kriegsereignissen verstecken zu können und damit das Problem angesichts der immer größer werdenden militärischen Anforderungen ein- für allemal loszuwerden. Am 1. November 1944, als der Zusammenbruch nur noch eine Frage der Zeit sein konnte, ordnete Heinrich Himmler an, die Vergasungen in Auschwitz einzustellen und alle Spuren, die darauf hinwiesen, zu tilgen.

Es ist undenkbar, daß in meinem Elternhaus – auch wenn die politische Grundstimmung deutschnational war und die NSDAP 1932 und 1933 wählbar erschien – jemals die Vernichtung der Juden diskutiert, die Einrichtung von Konzentrationslagern gutgeheißen oder ein neuer Weltkrieg als Vergeltung für Versailles herbeigewünscht worden wäre. Natürlich war der strikte Antisemitismus des Regimes nicht zu übersehen, aber für das Wahlverhalten derjenigen, die erstmals in den letzten Wahlen vor der »Machtergreifung« der NSDAP ihre Stimme gaben, spielte dieser Programmpunkt, wenn überhaupt, eine nebensächliche Rolle.

Von dem, was nach Kriegsbeginn in den Konzentrations- und ab 1942 in den Vernichtungslagern geschah, haben »die« Deutschen zwar nicht »nichts«, aber so wenig und so Vages erfahren, daß von einem »Wissen« nicht gesprochen werden kann. Es gibt dafür keinen sichtbareren Beweis als das (gewiß nicht gespielte) Entsetzen, das »die« Deutschen erfaßte, als nach Kriegsende die Wahrheit ans Licht kam und in Zeitungen und Radiosendungen erste Berichte über die in den Konzentrationslagern bei der Befreiung angetroffenen Zustände und erste Schilderungen der Überlebenden veröffentlicht wurden.

Der Versuch des NS-Regimes, die Greueltaten zu vertuschen, ist ihm mit Hilfe einer fast lückenlosen Beherrschung des öffentlichen Informationsflusses, der terroristischen Einschüchterung aller Augenzeugen und vieler Täuschungsmanöver (Theresienstadt als Vorzeigelager, Nachrichten, die auch noch 1942 und später als Ziel aller

Maßnahmen die Aussiedlung vortäuschen sollten u. a.) in hohem Maße gelungen. Die Abschirmung funktionierte so gut, daß auch dem Ausland erst im Frühjahr und Sommer 1945 das ganze Ausmaß der nationalsozialistischen Schreckensherrschaft bekannt wurde.

Ich habe von 1941 bis Anfang 1944 regelmäßig die Sendungen der BBC abgehört (wenn man dienstlich Tag und Nacht ein Funkgerät in Betrieb hat, war diese subversive Tätigkeit von niemandem kontrollierbar), bin aber sicher, dort niemals etwas über Umfang und Einzelheiten einer »Endlösung« erfahren zu haben.

Solange ich Schüler und Student war, also von 1933 bis 1940, in Königsberg, Berlin und München, wußte ich, wie die überwiegende Mehrheit der Deutschen, daß politisch unliebsame und jüdische Deutsche verfolgt, entrechtet, in KZs festgehalten, drangsaliert und auch ermordet wurden. Als ich am Vormittag des 10. November 1938, gerade in Berlin angekommen, aus dem Haus heraustrat, in dem ich ein Zimmer gefunden hatte, und durch die Uhlandstraße über den Kurfürstendamm zum S-Bahnhof Savignyplatz ging, sah ich auf beiden Straßenseiten die demolierten Läden jüdicher Geschäftsleute, vor denen mit finsterer Miene SA-Leute patrouillierten.

Als Soldat habe ich 1941 in Baranowicze in einer Druckerei (in der eine deutsch-weißrussische Zeitung gedruckt wurde) mehrere Nächte mit polnisch-jüdischen Setzern zugebracht, da diese sich fürchteten, nach Hause zu gehen. Es hieß, daß besondere Einsatztruppen alle männlichen jüdischen Einwohner zusammentreiben und deportieren würden. Im gleichen Gebäude wohnte ein nach Weißrußland verschlagener Rheinländer namens Carl Paul Hiesgen, den ich während der Zeit unseres längeren Aufenthaltes in Baranowicze fast täglich auf dem Dachboden, wo er seine jüdische Frau versteckt hielt, besuchte. (Hiesgen schrieb mir nach dem Krieg aus Oberhausen, daß sie beide überlebt haben.) Von ihm erfuhr ich erstmals, daß Juden nicht nur in Ghettos und Arbeitslager gebracht, sondern von speziellen Kommandos (die aus straffällig gewordenen Wehrmachtsoldaten und Kriminellen bestanden) erschossen wurden.

In Minsk habe ich im gleichen Jahr oder ein Jahr danach ein

großes, eingezäuntes, mitten in der Stadt liegendes Ghetto gesehen. Die Juden, mit denen ich über den Zaun hinweg sprechen konnte, erwarteten, weiter nach Osten transportiert zu werden.

1943, bei einem Aufenthalt in Oderberg anläßlich der Rückreise von einem Heimaturlaub, hörte ich von Auschwitz (das in der Nähe lag und das man vom Zug aus – wenn auch in einiger Entfernung – sehen konnte), wobei die Meinung vorherrschte, es sei dies ein riesiges Arbeitslager, in dem die jüdischen Häftlinge für die deutsche Rüstungsindustrie eingesetzt würden. Angesichts der Gerüchte über Vergasungen war das eine der damals immer wiederkehrenden und (da zu Auschwitz beispielsweise auch das berüchtigte Arbeitslager der IG-Farben gehörte) auch nicht ganz unzutreffenden Behauptungen, mit denen man die schrecklichen Gerüchte abzuwehren versuchte. Es klang einleuchtend, daß die Nazis es sich gar nicht leisten könnten, auf die billigen Arbeitskräfte in den KZs zu verzichten.

Es ist anzunehmen, daß die Mehrzahl der Deutschen in der Heimat mit dem Schicksal der Juden unmittelbar sehr viel seltener konfrontiert wurden als die im Osten eingesetzten Soldaten. Aber reichte nicht auch das, was die Zivilisten zur Kenntnis nehmen mußten – die rücksichtslose Entrechtung und Enteignung der jüdischen Mitbürger, ihr plötzliches Verschwinden, die Brutalitäten der SA, der SS, der Polizei –, aus, um Protest und Widerstand zur Pflicht zu machen?

Es reichte aus, aber es hat sehr bald nach dem Ermächtigungsgesetz, der Zerschlagung der Parteien, Gewerkschaften und ihrer Organisationen keine Chance mehr für das Zustandekommen einer oppositionellen Gruppierung gegeben, die imstande gewesen wäre, einen Widerstand zu organisieren.

Solange es noch möglich war, sind die Parteien (gerade auch SPD und KPD) zu zerstritten und von der bis in ihre eigenen Reihen reichenden Zustimmung der Deutschen zu dem Versuch mit Hitler wie gelähmt gewesen. Als sich dann der wahre Charakter des Regimes zeigte (noch lange nicht der Wille zum Krieg und zum Holocaust, aber sein totalitär-terroristischer Machtwille), war es schon zu spät. Das sehr rasch die ganze Gesellschaft durchdringende und formierende Unterdrückungs- und Spitzelsystem machte die Bildung von Widerstandsgruppen, deren Wirksamkeit über das ohnmächtige Zähneknirschen privater Zirkel hinausgegangen wäre, unmöglich.

Eine organisierte Konspiration war von diesem Zeitpunkt an nur noch in den höheren Befehlsstellen der Wehrmacht denkbar, da sie die einzige Institution war, die weiterhin über autonome Kontakt- und Operationsmöglichkeiten verfügte, im legalen Besitz von Waffen war und eine Befehlsstruktur hatte, in die Staat und Partei nicht ohne weiteres Einsicht hatten und eingreifen konnten.

Aber gerade die Militärs hatten zunächst gar keinen Grund gesehen, sich mit linken Kräften gegen eine Regierung zu verbünden, an der zu Beginn noch Vertreter der bürgerlichen Rechten beteiligt waren und von der man sich die Aufkündigung der Beschränkungen des Versailler Vertrages versprach. Später – zu spät – war dann die deutsche Wehrmacht tatsächlich das einzige Umfeld, in dem Umsturzpläne nicht nur erörtert, sondern aus dem heraus sie auch – erfolglos – durchgeführt wurden.

Viele Berichte und Kommentare erwecken den Eindruck, die Deutschen hätten die Regierungsgebäude und Parteizentralen stürmen, die Konzentrationslager öffnen, Hitler und seine Trabanten aufknüpfen müssen. Aber auch ein spontaner Umsturz hätte ein Mindestmaß an organisatorischer Vorbereitung nötig gehabt und der Zusammenführung und Koordination größerer Menschenmassen bedurft. Da jede oppositionelle Zusammenkunft in Kürze bekannt geworden wäre, die Teilnehmer einzeln abgeführt worden und in Gefängnissen verschwunden wären, ist der Vorwurf, daß die Deutschen die Revolte versäumt haben, unsinnig. Als das Dritte Reich sich eingerichtet hatte, gab es nur die Wahl zwischen Fluchtversuch ins Ausland, irgendeiner Form der Anpassung und dem einsamen Helden- und Märtyrertum.

Protest- und Widerstandsaktionen einzelner oder kleiner Gruppen waren natürlich auch im NS-Staat möglich; aber diejenigen, die sie wagten, mußten mit dem Galgen rechnen. Und damit, daß das Zeichen, das sie setzen wollten, nur wenigen zur Kenntnis kam. Ich teile die Überzeugung, daß die Qualität solcher Taten in der moralischen Haltung liegt, die sie zum Ausdruck bringen, nicht im Maß ihrer Zweckmäßigkeit und ihres Erfolgs. Jedoch können Mut und Opferbereitschaft dieser Größe niemandem abverlangt werden und machen denjenigen, der vor dem Risiko dieser Aufgabe zurückschreckte oder niemals in eine Situation kam, in der sich ein solcher Einsatz ergab, nicht zum Unmenschen und zum Mitschuldigen an den Verbrechen des NS-Regimes.

Wäre Heroismus ein einforderbares menschliches Verhalten: Wie sollte es dann verständlich sein, daß es auch unter den Juden selbst, obwohl sie nichts mehr zu verlieren hatten, nur ganz wenige gab, die sich nicht widerstandslos in die Gaskammer schicken ließen? (Und soweit sie vorher gezögert haben sollten, weil sie den Drohungen und Gerüchten keinen Glauben schenkten: Warum hätten die Deutschen mißtrauischer sein sollen?)

Ich habe 1939/40 gelegentlich auch Vorlesungen von Professor Kurt Huber besucht. Als sich um ihn, Hans und Sophie Scholl, Willi Graf, Alexander Schmorell und Christoph Probst der Widerstandskreis der »Weißen Rose« zu bilden begann, war ich bereits in Rußland.

Die Flugblattaktion vom Februar 1943 in der Münchner Universität war eine Tat, deren Bedeutung für die Aufklärung der Welt über die vermeintlich totale Hitler-Verfallenheit der Deutschen gar nicht überschätzt werden kann. Auf das Regime selbst und die Stabilität seines Machtapparates hat sie nicht die geringste Wirkung gezeigt und hätte dies auch dann nicht getan, wenn der Flugblatt-Text an die Litfaßsäulen angeschlagen worden wäre. Man muß die Briefe und Aufzeichnungen von Hans und Sophie Scholl lesen, um zu begreifen, daß sie sich über das Grundproblem, wie nämlich in einer von Spitzeln und Häschern durchsetzten Gesellschaft ein Aufstand zustande kommen sollte, gar keine Gedanken machten.

Hans Scholl (Jahrgang 1918) war 1933 der Hitlerjugend beigetreten, die er 1935 wieder verließ, um sich in Ulm einer damals längst illegalen Gruppe von dj.1.11 anzuschließen. Dies führte im Dezember 1937, als er schon eingezogen war, anläßlich einer Gestapo-Razzia gegen »bündische Umtriebe« zu seiner vorübergehenden Verhaftung. Er studierte Medizin und hatte im November 1942 mit seinen Freunden Schmorell und Graf gerade einen Einsatz als Feldwebel in einer Studenten-Sanitätskompanie an der Ostfront hinter sich.

Auch Willi Graf (ebenfalls Jahrgang 1918) gehörte der Jugendbewegung an, und zwar der Saarbrücker Gruppe des »Grauen Ordens«, einer kleinen christlichen Jungenschaft. Auch ihn hatte man schon 1937 wegen »bündischer Umtriebe« festgenommen.

Bald nach der Hinrichtung von Hans und Sophie Scholl und Christoph Probst tauchten Restbestände ihrer Flugblätter – versehen mit dem Zusatz »Und ihr Geist lebt trotzdem weiter« – noch einmal an der Universität München auf, und zwar im Chemischen Institut. Verteiler waren der aus Hamburg stammende Chemiestudent Hans Leipelt und seine Studienkollegin Marie-Luise Jahn. Im Oktober 1943 wurden beide verhaftet, im Oktober 1944 Leipelt »wegen Wehrkraftzersetzung, Feindbegünstigung und Abhörens ausländischer Sender« zum Tode, Marie-Luise Jahn zu zwölf Jahren Zuchthaus verurteilt. Erst nach dem Kriege erfuhr ich davon.

In meinen beiden Berliner Semestern 1938/39 war ich mit Marie-Luise Jahn befreundet gewesen. Sie stammte aus Ostpreußen (ihrem Vater gehörte das Rittergut Sandlack bei Bartenstein). Wir haben viele Vorlesungen gemeinsam besucht, lasen die gleichen Bücher, gingen zu Kranzler Tee trinken, am Kurfürstendamm tanzen (sie wohnte in der Rankestraße, ich zuletzt in der Augsburger Straße), sahen im Ufa-Palast am Zoo »Bel Ami« und fuhren am Wochenende auf den Spuren Kurt Tucholskys nach Rheinsberg. Natürlich wurde politisiert. Man tauschte mit gleichgesinnten Kommilitonen die neuesten Hitler-, Göring-, Goebbelswitze aus und empfahl sich gegenseitig diesen oder jenen Professor, von dem es hieß, daß er in seinen Vorlesungen – für Denunzianten unangreifbar, aber für jeden eingeweihten Zuhörer unmißverständlich – gegen den braunen Stachel löckte. Marie-Luise Jahn war politisch so engagiert wie jeder intelligente Mensch, der den Nazismus verachtete und fürchtete. Als ich nach München übersiedelte, ging sie zunächst nach Sandlack zurück, und wir verloren uns endgültig aus den Augen, als ich eingezogen wurde und nach Rußland verschwand.

Unabhängig von der Frage der Wirkungsmöglichkeiten jener verzweifelten Versuche, seiner Empörung über ein verbrecherisches Regime Ausdruck zu verleihen, darf man nicht übersehen, daß für eine kleine Gruppe, die irgend etwas zu unternehmen beschloß, bei einiger Vorsicht eine gewisse (allerdings nicht sehr große) Chance bestand, unentdeckt zu bleiben. Auch die Mitglieder der »Weißen Rose« haben mit dieser Chance gerechnet und nicht von vornherein mit dem Ende unter dem Fallbeil.

Wer aber nicht die Fähigkeit oder die Gelegenheit dazu hatte, auf eigene Faust aktiv zu werden oder sich den Umtrieben anderer anzuschließen, war ohnmächtig. Wenn ich im Jahre 1944 – zwischen meinen drei Fahnenjunkerlehrgängen in Halle und Leipzig – immer wieder für kurze Zeit in München war, saßen wir mit Walter Ohm und Else Wolz (beide Schauspieler) oder mit Gusti und Claus von Thielmann und Georg von Soden (beide waren mit mir in der Münchner Funkerkaserne) zusammen und grübelten vergebens darüber nach, was man tun könnte.

Als das Attentat vom 20. Juli mißglückte, begruben wir alle Hoffnungen auf einen Umsturz in letzter Stunde und wünschten nur noch ein schnelles militärisches Ende herbei. Je deutlicher sich dieses abzeichnete, um so mehr hegte man natürlich die Erwartung, zu überleben und nicht noch in den letzten Monaten und Wochen an der Front oder als Deserteur umzukommen.

Was jemand im Dritten Reich tun konnte, ohne sogleich das Leben zu riskieren, war keinesfalls »nichts«. Er konnte sich vom allgemeinen politischen Rummel abwenden und in eine Privatwelt flüchten, in der die überlieferten Werte weiterhin Geltung hatten; er konnte diese Haltung in seiner Familie und unter seinen Freunden ermutigen; er konnte sich der Mitwirkung an allen kriminellen Aktionen des Regimes entziehen; er konnte für die Verbreitung antinazistischer Informationen und Literatur sorgen. Aber schon die Teilnahme an der Herstellung und Verteilung von Flugblättern war keineswegs nur eine Mutfrage, sondern hing davon ab, ob man genügend organisatorisches Talent, Zeit und Gelegenheiten hatte, einen Raum, Geräte, Materialien zu beschaffen und verläßliche Freunde zusammenzubringen. Dies alles lag jedoch unterhalb jener

Grenze, von der ab man von einer organisierten und aktiven Résistance hätte sprechen können.

Zur Gruppe derer, die den 20. Juli 1944 vorbereitet haben, gehörten auch Mitglieder des sogenannten »Kreisauer Kreises«. Der Kreis als solcher aber war nicht mit der Vorbereitung von Komplotten oder gar eines Attentats beschäftigt, sondern versuchte ein Konzept für die Neuordnung Deutschlands nach dem erwarteten militärischen Zusammenbruch auszuarbeiten.

Mit einer auf Barrikadenbau und Bombenlegen beschränkten Definition des Begriffs »Widerstand« wird man also kaum auskommen, wenn man den verschiedenen Bemühungen, sich vom NS-Regime nicht zur völligen Passivität zwingen zu lassen, Gerechtigkeit widerfahren lassen will.

VON DER BANALITÄT DES »MITLAUFENS«

Wenn in Hitler-Deutschland eine SA-Kolonne durch die Stadt marschierte und eine Standarte oder Fahne mit sich führte, mußte jedermann, an dem der Trupp vorbeikam, stehenbleiben, Front zum Hakenkreuzemblem machen und die rechte Hand zum deutschen Gruß erheben. Ich vermute, daß zumindest gleich nach dem Kriege die Veröffentlichung der Fotos solcher Szenen in einer ausländischen Zeitung vom Leser als Beweis für die fanatische Hitlergläubigkeit aller Deutschen aufgefaßt worden ist. Tatsächlich sagte dieser kollektive Zwangskotau über die politische Einstellung derer, die da auf beiden Bürgersteigen aufgereiht mit erhobener Hand zu sehen waren, gar nichts aus. Wer die »Ehrenbezeugungen« verweigerte, mußte mit seiner Verhaftung rechnen.

Man sollte meinen, daß es selbst einem ausländischen Betrachter der Aufnahme so schwer nicht fallen konnte, eine derartige Überlegung anzustellen. In Wahrheit aber entspricht die spontan-naive Reaktion auf das Foto exakt der Einstellung des entschiedenen (ausländischen wie deutschen) Antifaschisten. Und diese Einstellung hat sich trotz aller inzwischen üblich gewordenen verbalen

Unterscheidungen zwischen Schuld und Haftung bis heute erhalten; die Schuld ist nunmehr Bestandteil der Haftungsbegründung geworden.

Nun läßt sich bei gutem Willen Haftung von Schuld klar abgrenzen. Völlig unbrauchbar, weil prinzipiell nicht eindeutig interpretierbar, ist jedoch der Begriff »Mitläufer«: Man kann mit einem im Besitz der totalen Macht befindlichen Regime sowohl freiwillig und aus Überzeugung als auch gezwungenermaßen und gegen seine Überzeugung »mitlaufen«. Sogar die von mir zitierte, um äußerste Objektivität bemühte Differenzierungsbereitschaft einer Autorin wie Hannah Arendt scheitert an diesem Thema. Sie stellte einerseits – und ohne jede Einschränkung – fest, daß es keine kollektive Schuld oder Unschuld geben kann, sondern nur eine kollektive Haftung, hielt aber am Ende pauschal die Deutschen für »ein Volk ohne Gewissen«.[24]

Während der Lebenszeit jeder Generation werden irgendwo in der Ferne oder auch ganz in der Nähe Menschen unterdrückt, gefoltert, getötet oder sterben elend an Hunger und Seuchen. Ein Regime mag aus einem Staatsstreich hervorgegangen, ein Krieg willkürlich vom Zaun gebrochen worden sein – nur ein verschwindend kleiner Teil der davon Betroffenen hat die Möglichkeit, eine Änderung der Situation zu versuchen, und unter dieser Minorität sind es wiederum nur wenige, die in der Lage und geeignet sind, den Widerstand zu ihrem Lebensinhalt zu machen. Der große Rest der Bevölkerung hat weiterhin einen Beruf, muß eine Familie ernähren und Kinder aufziehen, kann – mit einem Wort – das alltägliche Leben nicht verschieben, bis Unterdrückung und Krieg ein Ende gefunden haben.

Es sind also immer zwei Ebenen, auf denen moralische Probleme im Leben des einzelnen eine Rolle spielen. Die Ebene der großen geschichtlichen Entwicklungen und Entscheidungen, auf der er zumeist nur als Statist und Opfer in Erscheinung tritt, und die andere Ebene des von ihm in dieser vorgegebenen allgemeinen Lage zu bewältigenden persönlichen Daseins.

Der einzelne steht in seinem engeren Lebenskreis vor sozialen und moralischen Aufgaben, die er gut oder schlecht zu lösen vermag, und es werden an ihn Loyalitätsforderungen gestellt, denen er sich nicht mit dem Hinweis auf die herrschenden schlimmen Verhältnisse oder den Wahnsinn eines Krieges, in den er sich verstrickt sieht, entziehen kann. Die Menschen haben unter den schrecklichsten Umständen, sobald sie sich nur kurze Zeit von Schmerz und Angst befreien konnten, versucht, sich das Leben angenehm zu machen, etwas Nützliches oder auch etwas ganz Unnützes zu tun, sich zu unterhalten, an das eigene Glück, den eigenen Vorteil zu denken.

Es ist keine wirklich humane, sondern eine abstrakt-abstruse Forderung, daß die Antwort des Gerechten in einem ungerechten Staat in der Verweigerung jeder den persönlichen Pflichten und Interessen dienenden und als Bejahung der üblen Umstände oder des sie verursachenden Regimes auslegbaren Lebensäußerungen bestehen müsse. Abgesehen von der Undurchführbarkeit einer totalen Verweigerung kann der einzelne in einem diktatorischen System Selbstachtung und Widerstandskraft nur bewahren, indem er in den von Zwang und Terror noch ausgesparten Bereichen die dort gegebenen Möglichkeiten ergreift, ein ganz gewöhnlicher Mensch zu sein.

Das Leben ist kein Film, in dem kontrastierende, scharf aneinandergeschnittene Sequenzen jenen empörenden Widerspruch ergeben, der sich durch die optisch-dramaturgische Vortäuschung eines Zusammenhangs erzielen läßt, den es realiter nicht gibt. Die Konfrontation einer Prügelszene aus einem Konzentrationslager oder eines mit Gefallenen und Toten bedeckten Schlachtfeldes mit der Aufnahme beispielsweise eines gerade zu einer Vergnügungsfahrt auslaufenden KdF-Dampfers, auf dem fröhlich winkende Menschen zu sehen sind, während langsam die am Heck flatternde Hakenkreuzfahne ins Bild kommt, fördert keine bisher unbekannte oder verheimlichte Wahrheit zutage. Unsere Existenz besteht immer aus einer Abfolge widersprüchlicher Situationen, niemals aus einem physisch oder psychisch durchlaufend stimmigen Kontinuum. Angesichts der Komplexität der unser Dasein bestimmenden Umstände und Bedürfnisse und der diesen unterschiedlichsten Lebenslagen entsprechenden Anforderungen kann es gar nicht stimmig sein.

Jede Situation hat ihre eigene Moral. Man kann nicht das eigene

Wohlbefinden anstreben und sich im gleichen Atemzug in die Leiden (an denen es niemals mangelt) eines oder vieler anderer hineinversetzen, aber man kann in einem Augenblick Glück und im nächsten Schmerz oder Mitleid empfinden, an einem Ort Freudiges und gleich daneben Schreckliches erfahren.

Jener Film würde die Wahrheit zeigen, wenn man denselben, soeben drangsalierten KZ-Häftling kurz danach beim heimlichen Genuß einer Zigarettenkippe sähe oder den noch einmal davongekommenen Soldaten im Lazarett in einer Illustrierten blätternd, während aus der Ferne der Lärm der noch andauernden Schlacht zu hören ist.

Was in der Optik eines demagogischen Moralismus (die Verlogenheit aller Satire) als Verrat am Nächsten erscheint, ist ein im Wesen des ebenso unaufhaltsam wie unstimmig dahinfließenden Lebens liegender ständiger »Verrat« eines jeden Menschen an sich selbst. Auch wenn das Leiden wirklicher, wahrer und bestimmender ist als das Wohlbefinden, muß er, solange er von der Welt nicht lassen will, sich des Versinkens in Schmerz und Unglück erwehren und Lust für sich auch dann suchen, wenn andere leiden. Der Unglückliche beneidet den Glücklichen; verwünschen wird er ihn nur, wenn dieser sein Unglück verschuldet hat.

»Nach Auschwitz« war es mindestens so legitim, Gedichte zu schreiben wie Leitartikel. Ich sage »mindestens«, weil die Poesie der Substanz aller Menschlichkeit näher ist als jede humanistische Belehrung, weil Mitfühlen und Mitleiden eine Frage des seelisch-geistigen, nicht des intellektuellen Vermögens sind.

Es ist richtig, wenn man wünscht, daß sich die Deutschen in den Weimarer Jahren etwas weniger um ihre persönlichen Angelegenheiten und etwas mehr um die politischen Entwicklungen gekümmert hätten, aber es waren nicht die Goethe- und Schiller-, Eichendorff- und George-Liebhaber, die sich den Holocaust ausgedacht, ihn begrüßt oder ausgeführt haben. Ich bezweifle auch, daß wir nach 1945 bessere Demokraten und Menschen geworden wären, wenn wir anstelle von Wilhelm Lehmann und Gottfried Benn sogleich mehr Brecht und Bloch gelesen hätten. Adornos betulich-aufklärerisches Diktum war eine moralistische Pose.

In den ersten beiden Jahrzehnten nach 1945 habe ich mich kräftig an der Verächtlichmachung und Verdächtigung der suspekten »deutschen Innerlichkeit« beteiligt und dabei vergessen, daß ich das Dritte Reich und den Krieg nicht nur mit Thomas Mann, Döblin, Leonhard Frank und Erich Kästner, sondern auch mit Hesse, Binding und Carossa, Bergengruen und Reinhold Schneider überlebte. Was auch ich nicht müde wurde, als »Rückzug ins Gemüt« zu ironisieren und anzuklagen, war eine in dieser Ausprägung möglicherweise sehr deutsche, aber legitime Form der auch in normalen Zeiten immer wieder notwendigen psychischen Stabilisierung und Selbstvergewisserung des einzelnen gegenüber einer bedrängenden Außenwelt. Unter den unnormalen Bedingungen staatlichen Terrors war diese Rückzugs- und Regenerationsmöglichkeit lebenswichtig und wurde von dem, der sie bot, aber auch von dem, der sie nutzte, nicht als Flucht und Kapitulation, sondern als Verweigerung und Widerstand erlebt.

Da es zum Wesen eines totalitären Staates gehört, seinen Bürgern jede aufrichtige Selbstdarstellung nach außen zu versagen, blieb als schwer bespitzel- und eliminierbarer, aber objektiver Gesprächspartner, der die Vorstellungen des einzelnen aus ihrer subjektiven Beliebigkeit erlöste, nur die Literatur. Das Leben mit Büchern ist von Haus aus ein abgeschirmter, sich im Innern des einzelnen vollziehender Vorgang. Wenn nun die produzierten und reproduzierten Gedanken, Empfindungen und Bilder nur eine geringe Chance haben, geäußert, erörtert, gelebt zu werden, kommt es zwangsläufig zu einer Bevorzugung jener Literatur, die nicht so sehr Vorbereitung auf und Anleitung zum »wirklichen« Leben ist, sondern sich selbst genügt. Schöne Empfindungen werden in schöne Vorstellungen und schöne Vorstellungen in schöne Empfindungen umgesetzt. Man nennt das »Erbauung«.

Aber was läßt sich gegen Erbauungs-Bücher (und auch gegen erbauliche Musik-, Kunst- und Naturerlebnisse) in einer Situation sagen, die alles Subjektive, Individuelle, Persönliche verfemt und verfolgt, wo immer es nach Ausdruck drängt? Dagegen läßt sich um so weniger sagen, als nicht nur Literatur minderer Qualität, sondern gerade die Lebensdarstellungen und -deutungen der Klassiker ihren

Sinn und ihre Wirkung in der inneren Verarbeitung durch einen einsamen Leser finden.

Während des Dritten Reichs wurden von den Deutschen, die gewohnt waren, mit Büchern zu leben, nicht nur Stifter und Rilke und Hesse, sondern auch die biblischen Schriften, die großen Theologen und Philosophen sehr viel mehr und intensiver gelesen als jemals zuvor. »Irrationalismus«, Idealismus und Romantik erweisen sich auch unter diesem Aspekt als deutsche Traditionen, die dem Nationalsozialismus nicht Vorschub geleistet, sondern seine Armseligkeit bewußt gemacht und unterlaufen haben.

Eine Abkehr von der bis dahin beherrschenden Literatur der Nüchternheit und Sachlichkeit und eine Wendung nach innen und zum Ich hatte schon um 1930 eingesetzt. Die Literatur der Innerlichkeit entstand also nicht erst als Antwort auf den totalitären Politizismus des NS-Staates; sie erhielt nur eine zuvor nicht beanspruchte Bedeutung als allein noch verbleibende Möglichkeit, einen politisch freien Raum im unzeitgemäßen Sinn zu nützen, da die der herrschenden Ideologie widersprechenden Inhalte im Bereich des Erbaulichen nur schwer dingfest zu machen waren.

Prinzipiell bringt jede »Neue Sachlichkeit« als nächste Phase eine »Neue Innerlichkeit« hervor, weil sich die Interpretation der Wirklichkeit unter jedem Aspekt abnützt und aufbraucht. Das Ende einer literarischen Schule wird durch die Dogmatiker und durch die Epigonen in Gang gesetzt. Die Verabsolutierung eines Stils bringt ebenso wie die Reproduktion durch schwächere Talente verhältnismäßig rasch die Einseitigkeit des einen wie des anderen Standpunktes zum Vorschein. Sobald zu laut und zu lange behauptet wird, daß die Wahrheit nur hier zu finden ist, beginnt man sie anderswo zu suchen.

Zwischen 1934 und ¹1943 haben in der von der NS-Zensur nur widerwillig geduldeten (und kurzfristig auch einmal verbotenen) Monatsschrift *Das Innere Reich*[25], die von allen Antifaschisten für den Inbegriff des kollaborationswilligen deutschen Geistes gehalten wird, unter anderem mitgewirkt: Ernst Bertram, Werner Beumelburg, Rudolf G. Binding, Hans Friedrich Blunck, Georg Britting, Hermann Claudius, Günter Eich, Gerd Gaiser, Hans Grimm, Josef

Hofmiller, Peter Huchel, Jochen Klepper, Wilhelm Lehmann, Agnes Miegel, Max Rychner, Oda Schäfer, Wilhelm Schäfer, Reinhold Schneider, Rudolf Alexander Schröder, Ina Seidel, Eduard Spranger, Emil Strauss, Georg v. d. Vring, Josef Weinheber, Ernst Wiechert, Leopold Ziegler.

Das ist eine bunte Mischung. Ich setze sie hierher, weil die Namen anschaulich machen, daß nicht alle Vertreter jenes schmalen Bereichs schöngeistiger Poesie und Prosa einfach unter den Stichworten »Opportunismus« und »Mitläufertum« abgehakt werden können. Die wirklich »linientreue« Dichtung der Anacker, Johst, Möller, Vesper war – jedenfalls soweit sie unumwunden Blut und Boden, arischen Auserwähltheits- und Herrschaftsanspruch besang – weder für die Gruppe des »Inneren Reichs« repräsentativ, noch spielte sie für die an Literatur interessierte Öffentlichkeit irgendeine Rolle.

Was immer im Einzelfall die Motive der anderen Autoren waren, weiterzuschreiben und weiterzuveröffentlichen, und welchen literarischen Wert ihre Beiträge hatten, die Zeitschrift als Ganze hat das Verdienst, vor dem Hintergrund der immer rücksichtsloseren Unterdrückungs-, Endlösungs- und Kriegspolitik des NS-Systems offenbar gemacht zu haben, daß Hitler die Hoffnungen einer idealistischen, biedermeierlichen und unkritischen Liebe zum deutschen Vaterland nur mißbraucht hatte, sie ihm aber zur Rechtfertigung von Terror und Massenmord keinesfalls dienen konnten. Natürlich hat die Publikation der Zeitschrift und das öffentliche Weiterwirken ihrer Autoren nach innen und außen auch der Täuschung Vorschub geleistet, daß »der Führer« vielleicht doch das Beste wolle, aber diese Wirkung dürfte bei niemandem lange angehalten haben, so daß *Das Innere Reich* zuletzt doch ein bemerkenswertes Dokument der noch sichtbaren Gesinnung nicht »des«, aber eines anderen Deutschland gewesen ist.

Nur ein dümmlicher Kultursnobismus wird die vermeintlich oder tatsächlich unzureichende Qualität literarischer Produkte mit minderer moralischer Qualität ihrer Erzeuger gleichsetzen. Es gibt genügend schlecht schreibende Autoren, an deren guter demokratischer Gesinnung kein Zweifel erlaubt ist. Und man wird auch fragen müssen, ob die Tatsache, daß die Deutschen in den zwölf Jahren der

Finsternis nicht nur Blut-und-Boden-Poesie und NS-Pamphlete auf dem aktuellen Büchertisch vorfanden, nicht sehr viel wichtiger war als der (geringe) propagandistische Nutzen, den das Regime aus der scheinbar ungehinderten Weiterarbeit jener Schriftsteller ziehen konnte. Ich schreibe »scheinbar«, weil viele von ihnen sowohl mit ihren Erzeugnissen als auch persönlich genügend Schwierigkeiten mit den NS-Behörden hatten, von denen die Öffentlichkeit nur selten etwas erfuhr.

Von den oben aufgezählten deutschen Autoren hatten die meisten schon vor 1933 publiziert und ihr Publikum gefunden. Aber ein großer – ich nehme sogar an: der größte Teil der bürgerlich-kleinbürgerlichen Leserschaft der Weimarer Zeit konsumierte auch (oder gar vorwiegend) eine andere Literaturgattung, die sich zwar vom Nationalsozialismus nicht einmal kurzfristig mißbrauchen, ihr Publikum aber nicht minder ahnungslos ließ und für das heraufkommende Unheil blind und taub machte.

Es war dies eine kosmopolitische, aufgeklärte und vernunftorientierte, menschen- und menschheitsfreundliche Literatur, deren Bestseller in nur wenigen deutschen Bücherschränken fehlten. Etwa Stefan Zweigs »Sternstunden der Menschheit«, Arnold Zweigs »Novellen um Claudia«, Leonhard Franks »Der Mensch ist gut«, Erich Kästners »Herz auf Taille«, Falladas »Kleiner Mann – was nun?«, Hermann Kestens »Josef sucht die Freiheit«, Bruno Franks »Politische Novelle«, Jakob Wassermanns »Der Fall Mauritius«, Emil Belzners »Marschieren – nicht träumen«, Alfred Döblins »Berlin Alexanderplatz«, Ernst Penzolds »Die Powenzbande«, Alfred Neumanns »Der Teufel«, Robert Neumanns »Mit fremden Federn«, Vicki Baums »Stud. chem. Helene Willfüer«, Walter Hasenclevers »Ehen werden im Himmel geschlossen«, Wilhelm Speyers »Kampf der Tertia«, Lion Feuchtwangers »Erfolg«, Kurt Tucholskys »Rheinsberg«.

Nicht zufällig waren viele dieser Autoren assimilierte deutsche Juden. In ihren Werken kam ein optimistischer Glaube an Vernunft und Menschlichkeit zum Ausdruck, der das Vertrauen spiegelte, daß die einst Ausgestoßenen in die Endgültigkeit ihrer Aufnahme in das deutsche Vaterland oder doch in die deutsche Kultur setzten. Sie waren die prädestinierten Wortführer jenes liberalen (durchaus patriotischen) deutschen Bürgertums, das die feste Überzeugung hatte, der Weltkrieg 1914–1918 wäre der letzte große Krieg gewesen und es stünde nun, trotz aller Krisen, eine Epoche des Friedens, der Vernunft und Gerechtigkeit bevor. Und gleichgültig, ob sie politisch mehr nach rechts oder links neigten, nahmen sie (bis auf Ausnahmen wie Feuchtwanger und Heinrich Mann) Hitler nicht ernst.

Man kann die »Golden Twenties« im nachhinein als Tanz auf dem Vulkan interpretieren. Wenn man sich jedoch die Grundstimmung jener Jahre zu vergegenwärtigen sucht, so wie sie sich etwa in UFA-Filmen, Schlagern, in der Massenpresse und Unterhaltungsliteratur niedergeschlagen hat, so findet man Sentimentalität, Witz, Skepsis, Ironie, Selbstironie, aber keine Vorahnung eines neuen Weltkrieges und des Holocaust. Und in der anspruchsvolleren Poesie und Prosa gab es Überdruß und Verzweiflung, apokalyptische Visionen und Gedankenexperimente mit autoritären und kommunistischen Konzepten, aber wer im Weimarer Nachkriegsdeutschland hätte wohl Welteroberungspläne und Massenpogrome der Deutschen erwägen sollen?

Unter dem Eindruck der nach 1945 offenbar werdenden nazistischen Greuel hat die Welt die Zustimmung der Deutschen zum Hitlerregime und dessen Einfluß auf Gesinnung und Moral überschätzt. Zwölf Jahre sind eine viel zu kurze Zeit, um den Charakter eines Volkes zu verändern. Wie die uns in Atem haltenden Ereignisse der Gorbatschow-Ära zeigen, ist das nicht einmal in siebzig Jahren möglich.

Die unerwünschten Autoren verschwanden aus den vorderen Reihen der deutschen Bücherschränke, aber sie waren nach wie vor für jeden, der sie kennenlernen wollte, genauso greifbar wie die (natürlich auch zersetzenden, aber nicht verbietbaren) Klassiker. Weder in Königsberg noch in Berlin noch in München war es für mich schwierig, an die Bücher der ausgebürgerten Autoren zu kommen, und ich habe auch während des Krieges mein zerlesenes Exemplar des »Zauberberg« niemals verstecken müssen.

Um zu sehen, wie schnell zwölf Jahre vergehen, braucht man sie nur auf die Zeit ab 1945 zu übertragen. Dann wäre 1957 bereits alles zu Ende gewesen. Die Mutmaßung also, daß das deutsche Volk in diesem kurzen Zeitraum von seinen nationalen, von den europäischen und gesamtwestlichen Kulturtraditionen hätte abgeschnitten werden können, hält keiner Überprüfung stand. Abgeschnitten war der Durchschnittsdeutsche von allem, was ab 1933 an neuer Literatur, Kunst, Musik, Philosophie jenseits der für ihn gesperrten Grenzen hervorgebracht und diskutiert wurde. Das war schmerzlich, aber schaffte doch kein so umfassendes Vakuum, daß dort die dürftigen Produkte und Wahnideen der sogenannten nationalsozialistischen Weltanschauung hätten Wurzeln schlagen können. Was die Sieger für eine gelungene Indoktrination hielten oder ausgaben, war eine vom NS-Regime erzwungene äußerliche Anpassung, Sprachlosigkeit und Resignation.

Unter den Bedingungen des Lebens in einem totalitären Staat liest man anders als in einer Gesellschaft ohne Zensur und ohne Strafandrohung gegen jede abweichende Meinungsäußerung. Auch für den anspruchsvollsten Leser spielt literarische Qualität allein keine dominierende Rolle und schon gar nicht das literarische Experiment. Selbst ein schwacher Autor, den man sonst unbeachtet gelassen hätte, wurde in dieser Situation zum heimlichen Gesprächspartner und respektierten Mentor, wenn es ihm – in welcher unvollkommenen Gestalt auch immer – gelang, einen Text in Umlauf zu setzen, der unmißverständlich Widerspruch gegen die herrschenden Zustände anmeldete.

Ein besonders bemerkenswertes Beispiel dieser Art war die bewegende (mich in einer unvollständigen Abschrift erst 1937 in Berlin erreichende) Rede, die Ernst Wiechert am 16. April 1935 vor der Münchner Studentenschaft gehalten hat. Gerade weil seine Romane in ihrer weihevollen Erbaulichkeit, ihrer ungehemmten Sentimentalität, ihrem peinigendem Edeltum schwer lesbar sind, hat er in jener Ansprache die tiefe Kluft, die die niedrige Gesinnung des Nationalsozialismus vom humanistischen Ethos einer hochgestimmten Vaterlandsliebe unüberbrückbar trennte, so klar und mutig und glaubwürdig (weil völlig naiv) zum Ausdruck gebracht wie kein anderer deutscher Autor in jenen Tagen.

Wiechert blieb ein aufrechter Patriot, kam 1938 für zwei Monate nach Buchenwald und stand bis zum Ende des Dritten Reichs unter Gestapo-Aufsicht. Da er dann Autor bei Desch wurde, habe ich den Fortgang der Tragödie aus nächster Nähe miterlebt. Sein berechtigter moralischer Anspruch war auf seine literarischen Ambitionen nicht übertragbar. Er wurde das Opfer einer unbarmherzigen Kritik, die prinzipiell zutreffend und nicht vermeidbar war, deren ideologisch bornierteste Vertreter aber leider zu schnell vergaßen, daß auch umgekehrt die politisch-moralische Haltung Ernst Wiecherts vom literarischen Wert oder Unwert seines Werkes nicht beeinträchtigt werden konnte.

Da das Dritte Reich in der kurzen Zeit, in der es seine Stupidität und seine Schrecken verbreitete, keinen Chruschtschow, keinen Prager Frühling, keine polnische Solidarität hervorgebracht hat, sondern immer purer »Stalinismus« blieb, gab es nichts, was der Samisdat-Literatur vergleichbar gewesen wäre. Aber es wurden Abschriften von Kästner-Gedichten und von Reinhold-Schneider-Sonetten weitergereicht, und Hinweise wie die auf Bergengruens »Großtyrann«, Jüngers »Marmorklippen« oder Thiess' »Reich der Dämonen« verbreiteten sich schneller, als die Kulturbehörden brauchten, den Vertrieb zu stoppen.

Ich habe schon anläßlich der Erinnerung an meine Schul- und Universitätszeit die Frage gestellt, was denn wohl aus unseren Generationen geworden wäre, wenn die Mehrzahl unserer Studienräte und Professoren nicht »Mitläufer«, sondern Emigranten geworden wären. Dabei kommt es gar nicht darauf an, ob jeder, der an seiner Schule oder Universität geblieben ist, dies vor allem tat, weil er die deutsche Jugend nicht im Stich lassen wollte. Auch weniger hehre Motive kann ich nicht für verwerflich und faschistoid halten. Wer seine Familie nicht einem ungewissen Schicksal aussetzen oder im vorgerückten Alter nicht irgendwo in der Fremde noch einmal ganz neu beginnen wollte, blieb respektabel genug. Weder verkaufte er damit schon seine Seele, noch gesellte er sich zu den Unterdrückkern. Er lebte und arbeitete unter den gleichen, auch auf ihn angewiesenen Menschen, denen sein Interesse und seine Arbeit bisher gegolten hatten und die in ihrer Mehrheit wie bisher recht und schlecht ihr Leben lebten.

Solange auf Schulen und Universitäten noch überlieferte Bildungsgüter weitergegeben und erörtert werden konnten, hatte der Lehrer eine legitime und unersetzliche Funktion – auch wenn er die Wahrnehmung dieser Aufgabe mit dem Beitritt zu einer NS-Organisation, mit Anpassung und Zugeständnissen aller Art erkaufen mußte. Eine Situation, in der in den anerkannten Schulfächern und Universitätsdisziplinen gar nicht mehr nach bestem Wissen und Gewissen unterrichtet werden konnte, hat es in den zwölf Jahren nicht gegeben. Ganz im Gegenteil kann man davon ausgehen, daß nur in den Fächern und bei den Themen, die »nationalsozialistisches Gedankengut« unmittelbar betrafen, eine durchgehend tendenziöse Interpretation unvermeidbar war.

Wenn die Deutschen, die an den Verbrechen des NS-Regimes keinen Anteil hatten, einschließlich jener Jahrgänge, die in jene Zeit hinein- und in ihr aufgewachsen sind, das »tausendjährige Reich« überstanden haben, ohne indoktriniert zu werden, dann verdanken sie dies einer Bildung, die sie schon besaßen und an Kinder und Enkel weitergaben oder die sie trotz aller Pressionen und Einflüsse auch zwischen 1933 und 1945 im Elternhaus, in der Schule und auf der Universität erwarben.

Da es im Wesen eines totalitären Systems liegt, die Institutionen und das Personal des Unterdrückungsapparats strikt vom Leben der Gesellschaft abzugrenzen, ist es weder unverständlich, daß die Nationalsozialisten ihre Verbrechen in erstaunlichem Maße verheimlichen konnten, noch nimmt es wunder, daß die Unterdrückten und Überwachten Schwierigkeiten haben, sich für jene Verbrechen mitschuldig zu fühlen.

Und auch ein dritter, schon erwähnter Tatbestand ist so erstaunlich nicht. Das Überwachungs- und Spitzelsystem funktionierte perfekt genug, um jede organisierte Opposition und jeden artikulierten Angriff auf die Doktrin im Keime zu ersticken, aber es war völlig außerstande, seine Zensur auch auf jene Überzeugungen und Haltungen auszudehnen, die im überlieferten Bildungs- und Kulturgut enthalten sind und durch ihr bloßes Vorhandensein die Dürftigkeit und Gemeinheit der Staatsdoktrin entlarven. Das »Ausradieren« läßt sich nur erreichen, wenn man – wie es die Bolschewisten getan und die Maoisten versucht haben – die Schulen, Universitäten, Bibliotheken schließt, die Museen zerstört, alle Bücher verbrennt und vom Nullpunkt an neu beginnt.

Nicolai Hartmann hat bis in die letzten Wochen des Zusammenbruchs in Berlin an seiner »Ästhetik« gearbeitet und im Dezember 1945 seine Lehrtätigkeit in Göttingen mit einer Vorlesung über Ästhetik wiederaufgenommen. War das Indolenz oder Zynismus? Weder das eine noch das andere. Er hat getan, was zu tun war. Solange es ging, hat er unbeirrt von Terror und Elend an einem großen Thema unserer Zivilisation weitergearbeitet, und er nahm den Faden unverdrossen wieder auf, sobald es die Zeitläufte gestatteten.

Bei Eduard Spranger gestaltete sich das Ausharren weitaus komplizierter. Als national gesinnter Kulturphilosoph und Pädagoge – und politisch ahnungslos – hielt er, wie viele andere Zeitgenossen seiner Couleur, die Nationalsozialisten für »die Garanten einer Wiedergeburt« der deutschen Nation und Hitler für einen »charismatischen Führer«; im Mai 1933 versuchte er tatsächlich zu ihm vorzudringen, um seine Bedenken gegen die rabiaten, dem Ruf der Hitler-Bewegung, wie er meinte, abträglichen Umtriebe der NS-Studenten vorzutragen.

Spranger hat 1945 in einer Rechenschaftsschrift diese Vorgänge, denen ein Antrag um Versetzung in den Ruhestand und schließlich die Rücknahme dieses Gesuchs folgte, im Detail beschrieben. Dieser Bericht macht die entwürdigende Situation deutlich, in die ein deutscher Professor geraten mußte, der nicht gleich begriffen hatte, daß mit dem Machtantritt Hitlers nicht eine Wiedergeburt, sondern eine Höllenfahrt begann. Nach dem Erwachen aus seinen Illusionen trat Spranger dann den Rückzug von nicht mehr öffentlich diskutierbaren kulturphilosophischen, psychologischen und pädagogischen Fragen auf die allgemeine philosophiegeschichtliche Thematik an, balancierte auf dem schmalen Grad zwischen äußerlicher Unverfänglichkeit und zwischen den Zeilen lesbarem Widerspruch und wurde 1944 im Zusammenhang mit den Ereignissen des 20. Juli verhaftet.

Hellmuth von Glasenapp wiederum überstand das Dritte Reich in Königsberg ohne dramatische Verwicklungen, obwohl er seine Indologie vom offiziellen Philogermanismus fernhielt und sich auch weigerte, dem NS-Dozentenbund beizutreten.

Vom Fall Martin Heidegger, der sich 1933 mit Aplomb zum Rektor der Universität Freiburg machen ließ, bis zum Schicksal von Karl Jaspers, der nur bis 1937 lehren und bis 1938 veröffentlichen konnte, dann aber (da seiner Frau als Jüdin die Ausreise verweigert wurde) verbannt und vereinsamt nur noch für den Tag X an seinem Werk weiterarbeiten konnte, gab es also jede nur denkbare Art des »Weitermachens« deutscher Professoren, die nicht emigrieren konnten oder wollten.

Ohne die Figur des Wissenschaftlers, der sich von den Wechselfällen der Geschichte nicht daran hindern läßt, zu forschen und zu lehren, hätten sich die großen Kulturen und Zivilisationen niemals entfalten können. Wer einen Blick auf die Schicksale von Staaten und Imperien, auf Kriege und Revolutionen wirft und sich vorzustellen versucht, zu einer bestimmten Zeit an einem bestimmten Ort befindliche Gelehrte, Denker, Dichter und Künstler hätten immer nur vor der Alternative gestanden, die Flucht zu ergreifen oder auf ihr Werk und Wirken zu verzichten, wird mit moralistischen Urteilen und Forderungen zurückhaltend sein. Und er wird entdecken, daß jene Indolenz der zu Spitzenleistungen Begabten sich aus der Unmöglichkeit ergibt, in einer konkreten menschlichen Person alle für den Bestand und die Weiterentwicklung der Menschheit entscheidenden Rollen und Funktionen zu vereinen.

Der hier und jetzt lebende Bürger eines Gemeinwesens steht zumeist nicht vor dem Entscheidungszwang eines schlichten und umfassenden moralischen »Ja« oder »Nein«, sondern vor der Option für eine Aufgabe, aus der ein »Ja« oder ein »Nein« oder ein »Sowohl-als-auch« oder ein »Nein, aber« dann erst erwächst. In den wenigsten Fällen sieht die Lage für die Menschen, die eines Tages in einem totalitären System aufwachen, so einfach aus, daß Empörung und Gewissen ihnen nunmehr den Kampf gegen Unterdrückung und Unrecht als alleinige Lebensaufgabe vorschreiben. Auch die Sorge für die Familie, auch die Loyalität gegenüber Schülern und Studenten, auch die Erhaltung kultureller und geistiger Güter haben moralischen Rang.

Wer der Meinung war, daß Schule und Universität in den zwölf Jahren der Naziherrschaft noch intakt genug waren, um überkommene Werte zu erhalten und weiterzugeben, hatte nicht nur das Recht zu äußerlichen Zugeständnissen; es wäre absurd gewesen, sich für das Ausharren zu entscheiden und zugleich das Ausgeschaltetwerden zu provozieren. Wer nur in Ruhe gelassen werden wollte, brauchte nicht gleich in die SS einzutreten, Spitzeldienste zu übernehmen, weltanschaulicher Schulungsleiter zu werden, Schüler und Studenten zu indoktrinieren. Nur wer utopisch und radikal, das heißt ungeschichtlich, denkt, wird jedes Handeln aus gegebenen menschlichen Bindungen und Verpflichtungen heraus für opportunistisches Kompromißlertum halten.

Zu den allgemeinen staatsbürgerlichen Pflichten gehört auch in demokratischen Ländern der Wehrdienst. Nachdem Hitler alle Beschränkungen des Vertrages von Versailles aufgekündigt hatte, war es also keine Überraschung, daß zwei Jahre nach der Machtergreifung, im März 1935, die allgemeine Wehrpflicht wiedereingeführt wurde. Ehe das Regime sein wahres Gesicht zu zeigen begann und auf einen neuen Krieg zusteuerte, waren die Deutschen es wieder gewohnt, Soldat zu sein.

Ich habe schon berichtet, daß im Jahr 1937 außer mir (und vielleicht noch einem einzigen anderen Schüler) alle meine Mitabiturienten sich dafür entschieden, nach dem halbjährigen Arbeitsdienst sogleich den zweijährigen Wehrdienst zu leisten, um dann unbeschwert ein Studium oder eine berufliche Ausbildung beginnen zu können. Ich glaube nicht, daß sie zu diesem Entschluß gekommen wären, wenn sie geahnt hätten, daß Hitler 1939 mit dem Einfall in Polen den Zweiten Weltkrieg beginnen würde.

Schon die Besetzung der Tschechoslowakei im März 1939 hatte gezeigt, daß Hitler keineswegs nur die Sudetendeutschen in ein Großdeutsches Reich heimholen wollte, aber erst der Polenfeldzug machte den Deutschen und den Westmächten nach sechsjähriger NS-Herrschaft klar, daß Hitler ohne Rücksicht auf andere Nationen und Völker eine Ausdehnung des Reichs nach Osten anstrebte.

Unter denen, die die Uniform der Deutschen Wehrmacht schon trugen oder nun anziehen mußten, waren gewiß nicht wenige, die es erleichtert zur Kenntnis nahmen, daß die Westmächte – nachdem sie sechs Jahre lang dem Treiben des »Führers« zugesehen und es mit immer neuen Zugeständnissen und Verträgen abgesegnet hatten – nun endlich begriffen, was vor sich ging, und Deutschland den Krieg erklärten. Aber leider versäumten sie es, der Erklärung sogleich die Tat folgen zu lassen, und ehe sie sich versahen, war Polen nach kaum vier Wochen Krieg auch schon verloren.

Nachdem die allgemeine Mobilisierung erfolgt war, galt im Reiche Adolf Hitlers für Soldaten noch uneingeschränkter als zuvor schon für alle Deutschen die Alternative: »mitlaufen« oder liquidiert werden. Natürlich konnte man versuchen, krank zu spielen, sich ein Bein zu brechen, Phlegmone zur Entfaltung zu bringen, aber das war ein risikoreiches Spiel und verhalf auch nur zu einem Aufschub. Und steckte man erst einmal in der feldgrauen Uniform und war mit seiner Truppe in Marsch gesetzt und in »Feindesland«, begann sich die Situation schnell zu verselbständigen. Es ging plötzlich nicht mehr um die Frage nach dem Sinn oder der Rechtmäßigkeit des Krieges, sondern nur noch darum, das Erforderliche zur Erhaltung des eigenen Lebens und desjenigen der Mitbetroffenen zu tun.

Die Formel vom »deutschen Soldaten, der seine Pflicht getan hat« ist ebenso falsch wie richtig. Sie ist unzutreffend, weil der Krieg Hitlers kein vaterländischer Verteidigungs- oder Befreiungskrieg gewesen ist, sondern der Raubzug eines Despoten. Es ist unstatthaft, diesen Sachverhalt zu beschönigen, indem man den Mitwirkenden die Tugend des Pflichtbewußtseins attestiert. Und sie ist unzutreffend, weil sich die Pflichterfüllung für jeden, der nicht standrechtlich erschossen werden wollte, von selbst verstand.

»Der« deutsche Soldat erfüllte nicht aus freier Entscheidung seine patriotische Pflicht, sondern spielte seine militärische Rolle, weil er die Chance, auf diese Weise als einzelner vielleicht doch noch davonzukommen, mit Recht für größer hielt als die Möglichkeit, durch eine (den Krieg im ganzen gewiß nicht behindernde) individuelle Verweigerung überleben zu können.

Die Überzeugung, daß der deutsche Soldat seine Pflicht erfüllt, also moralisch gehandelt hat, bekommt jedoch einen Sinn, wenn man sein Verhalten nicht zu seiner allgemeinen Situation in der Armee eines totalitären Staates, sondern zu den alltäglichen Anforderungen in Beziehung setzt, vor die er sich innerhalb seiner Einheit oder seines Kommandos gestellt sah. Es gab zwischen den Aufgaben, die man mindestens zu erledigen hatte, um weder dem Feind noch dem Kriegsgericht in die Hände zu fallen, und dem bewußten Einsatz für die eigene Gruppe fast immer einen kleinen und manchmal einen großen Spielraum. Es scheint mir ehrenhaft zu sein, wenn gerade auch die Kriegsteilnehmer, die den Nationalsozialismus am tiefsten verachteten, dieses Mehr ohne weiteres Nachdenken erbracht haben und sich bei der Sicherung des Überlebens ihrer Einheit so zuverlässig und mutig verhalten haben, wie sie es vermochten.

Im Normalfall minderte die Obstruktion eines einzelnen nicht die Siegeschancen der Wehrmacht, sondern bürdete lediglich irgendeiner kleinen Gruppe von Soldaten zusätzliche Anstrengungen und Gefahren auf. Es ist nicht daran zu zweifeln, daß die Pflichterfüllungsbereitschaft der Deutschen das nationalsozialistische Regime trug und stärkte. Solange man Loyalität dem konkreten Nächsten gegenüber für ein (gerade in der Kriegssituation) unverzichtbares sittliches Gebot hält, war diese Konsequenz unvermeidlich.

Der Verlauf des Feldzuges gegen die Sowjetunion brachte eine letzte Zuspitzung des Konflikts. Nur eine kleine Minderheit kommunistisch gesinnter Wehrmachtsangehöriger konnte den drohenden Vergeltungsvorstoß der Roten Armee nach Ostdeutschland hinein für wünschenswerter halten als eine kurze Verzögerung der unabwendbaren Niederlage. So entwickelte sich in den letzten Kriegsmonaten an der gesamten Ostfront ein Durchhaltewille, der keineswegs von irgendeiner Nibelungentreue zum »Führer«, sondern allein von der Hoffnung getragen war, die sowjetischen Divisionen bis zur Gesamtkapitulation noch möglichst weit im Osten festzuhalten. Es war zu vermuten, daß zumindest der Akt der Besetzung deutscher Gebiete – wenn nicht sogar die Festlegung der Besetzungszonen – nach der offiziellen Beendigung aller Kämpfe anders verlaufen würde als im Zuge noch anhaltender kriegerischer Auseinandersetzungen.

Ich glaube nicht, daß ich irgendwo an der Westfront Skrupel gehabt hätte, mich abzusetzen, wenn dies ohne akute Gefährdung anderer möglich gewesen wäre. Aber ich befand mich weder im Westen noch im Süden noch im Norden, sondern im Mittelabschnitt der Ostfront. Und dort kam es mir zu keinem Zeitpunkt in den Sinn, an der Auswechslung des braunen durch einen roten Terror mitzuwirken und den Sowjettruppen dabei behilflich zu sein, meine Eltern in Königsberg und meine ostpreußischen Landsleute zu überrollen.

In der gleichen Situation waren zu Beginn der Ostfeldzüge Russen, Ukrainer und Weißrussen gewesen, als sie die deutschen Truppen als Befreier begrüßten, dann aber entdecken mußten, daß Hitler sie nur von Stalin befreien wollte, um sie dann selbst als minderwertig unterdrücken und ausbeuten zu können.

Wer das Dritte Reich als Soldat zu überstehen versuchte, war kein Held, aber damit auch nicht schon für Auschwitz oder den Ausbruch des Zweiten Weltkriegs verantwortlich. Auch wenn die deutschen Soldaten, die seit 1939 oder 1940 in einem von ihrem Zwingherrn willkürlich vom Zaun gebrochenen Angriffskrieg mitwirken mußten, die Wahrheit über die Konzentrationslager und die Endlösung gekannt hätten (was für die überwiegende Mehrheit nicht zutraf), hätten sie keine Chance gehabt, daraus Konsequenzen zu ziehen und als Widerstandskämpfer in den Untergrund zu gehen. Es gab keinen »Untergrund«.

Auch die Emigration war keine heroische Tat. Wer den Häschern ins Ausland zu entkommen suchte, wünschte genauso wie die vielen anderen, die das nicht konnten oder wollten, zu überleben und nicht hilfloses Opfer zu werden. Die Existenz der jüdischen Bürger und jener Deutschen, deren Gegnerschaft zum Nationalsozialismus aktenkundig war, ist per se bedroht gewesen, die Existenz derer, die ausharrten, war es in dem Augenblick, in dem sie offen gegen das Regime Stellung nahmen.

Wer überleben wollte, mußte Anpassungs- und Tarnstrategien entwickeln. Er brachte das Opfer der Aufrichtigkeit. Gerade dieses kostbare Gut rettete der Emigrant, aber unter dem hohen Einsatz des Verzichts auf seine soziale und kulturelle Verwurzelung und in den meisten Fällen auch des Verzichts auf materielle Sicherheit. Beide, der Emigrant wie der (unfreiwillige) »Mitläufer«, der Deutschland nicht verließ, hielten mit Recht einen organisierten Kampf gegen das totalitäre NS-System für undurchführbar.

Manche Emigranten haben später verdrängt, daß ihre rechtzeitige Flucht nicht nur vernünftig, sondern auch das Eingeständnis ihrer Ohnmacht gewesen ist und keinen höheren moralischen Rang beanspruchen kann als die Camouflage. Der Emigrant war, wenn die Flucht gelang, im allgemeinen jeder Lebensgefahr entronnen. Die Daheimgebliebenen hatten das Risiko zu tragen, bei Mißfallen im Gefängnis oder KZ zu verschwinden, bei einem Luftangriff oder an der Front verwundet zu werden oder umzukommen.

Die Gleichsetzung von Emigration und »innerer Emigration« scheint mir dennoch schief, weil der Begriff »Emigration« vom Pathos eben der geretteten Aufrichtigkeit lebt, also von jenem ethischen und psychohygienischen Wert, den zu praktizieren alle, die im Deutschland der Jahre 1933 bis 1945 weiterzuexistieren versuchten, verzichten mußten. Sie konnten mannigfache Formen der Verweigerung erproben, aber nicht dem Feind die Stirn bieten.

Wer das Leben der Deutschen in jenen zwölf Jahren vor dem Hintergrund rauchender Verbrennungsöfen und alles niederwalzender Panzer sich abspielen läßt, zeichnet ein nur vordergründig richtiges, im Kern aber unzutreffendes und demagogisches Bild. Nicht nur deshalb, weil der Krieg erst sechs Jahre nach der »Machtergreifung«, nämlich 1939, begann und die Endlösung erst 1942, also noch einmal zweieinhalb Jahre später, beschlossen wurde; nicht nur deshalb, weil keine Rede davon sein kann, daß die Deutschen »gewußt« haben, was vor sich ging oder geplant wurde, sondern – ich wiederhole es –, weil es menschlich (nicht im Sinne von »allzumenschlich«, sondern von »Menschlichkeit bewahrend«) ist, wenn Menschen versuchen, ihr ganz gewöhnliches Leben zu leben, solange ihnen dafür inmitten der Katastrophen und Verbrechen auch nur ein kleiner Spielraum gewährt wird.

Gewiß scheint, daß in der Neuzeit das personalistische Menschenbild des Christentums sich dem allgemeinen Empfinden so sehr eingeprägt, Humanismus und Aufklärung eine individualistische

Ethik so stark befestigt haben, daß die Achtung vor dem Leben des anderen und der anderen für den normalen Bürger eines westlichen Staates zum Grundbestand seiner Gefühls- und Verhaltensweise gehört. Das schließt nicht aus, daß dieser Durchschnittsmensch, wenn er sich bedroht glaubt, auch vor fundamentalen Gewissensforderungen versagt, aber es schließt aus, daß er an die Existenz mit allen Mitteln auszurottender Todfeinde tatsächlich glaubt und daß er sich aus freiem Willen an solchen Ausrottungsaktionen beteiligt; es schließt nicht aus, daß der Bürger eines totalitären Staates, ohne zu protestieren, mit ansieht, wie Mitbürger von Staatsbütteln gewaltsam aus ihren Wohnungen geholt und abtransportiert werden, aber es schließt aus, daß er zu diesen Bütteln zu gehören wünscht. Es gibt nur wenige Menschen, deren Bedürfnis, ihre Empörung auszudrücken, größer ist als die in diesem Fall berechtigte Furcht, sogleich mit abtransportiert zu werden.

Ich glaube nicht an den rundherum und bis in die untersten Persönlichkeitsschichten hinein »guten Menschen«, sondern bin davon überzeugt, daß bei großen sozialen Krisen und unter lebensbedrohlichen Belastungen die Zivilisationsdecke zum Einsturz kommt oder gefährlich durchlöchert werden kann. Hannah Arendt (wie auch viele andere jüdische Zeugen der Zeit) war souverän genug, in ihrem Eichmannbericht darauf hinzuweisen, wie oft auch bei den Opfern des nationalsozialistischen Terrors die banale Solidarität unter dem Druck der Umstände verlorenging.

Es scheint mir ebenso unzulässig, in Ghettos oder KZs gepferchte Juden, die im Kampf ums tägliche nackte Überleben um die Gunst ihrer Schergen warben, zu verdammen, wie ich es für unzulässig halte, den gewöhnlichen Deutschen, der, etwa um seinen Arbeitsplatz nicht zu verlieren, Mitglied der NSDAP wurde, zum Komplizen der Planer und Vollstrecker von Auschwitz zu machen. Wer das tut, legt an den Menschen einen moralistischen Maßstab von gedankenloser und abstoßender Heuchelei, weil er ihm unter den Umständen einer seine Existenz real bedrohenden Situation selbst höchst selten gerecht würde.

Ich habe zu Beginn meiner Überlegungen gesagt, daß ich die Begriffe Verantwortung und Schuld hier nur im Sinne einer einklagbaren Verfehlung benütze: Bestimmte Menschen müssen bestimmte Verbrechen in vollem Bewußtsein gewünscht, geplant, durchgeführt haben.

Als Anfang 1933 jene 44 Prozent der an den Wahlurnen erschienenen deutschen Wähler der NSDAP zur Regierungsbeteiligung verhalfen und damit eine Entwicklung in Gang setzten, die uns Konzentrationslager, Gaskammern und einen neuen schrecklichen Weltkrieg bescherte, waren diese Folgen nur für sehr wenige Weitsichtige erkennbar. Schuldig sprechen kann man nur diejenigen Deutschen und die Angehörigen anderer Völker, die aus freiem Willen an der sich erst nach der »Machtergreifung« ereignenden, langsam steigernden Unmenschlichkeiten mitgewirkt haben.

Dennoch – und wider die Einsichtigkeit aller hier vorgebrachten Gründe – fühle ich Schuld und Scham, wenn ich an die jede Phantasie übersteigenden Verbrechen denke, die von Deutschen in diesen zwölf Jahren begangen wurden, während ich versuchte, zu leben und zu überleben und mich in dem engen Spielraum meines persönlichen Tuns und Lassens an jene Regeln zu halten, die es erlauben, Selbstachtung zu bewahren.

Kann man Menschen schuldig sprechen, die angesichts des gewaltsamen Abtransports einer jüdischen Familie durch die SS ihre Schritte beschleunigt und nicht protestiert und nicht eingegriffen haben? Ich denke nein, denn sie hätten sich sogleich – ohne etwas bewirkt zu haben – mit auf dem LKW befunden. Ich denke jedoch auch: »Ja, sie hätten protestieren müssen.« Wider alle Vernunft und ohne an ihre Sicherheit und den Nutzen zu denken.

Vor der äußersten Möglichkeit, die der Mensch hat, um zu zeigen, daß er mit dem üblen Verlauf der menschlichen Dinge nicht einverstanden ist, haben wir versagt. Und hätte es nur den einen Bonhoeffer und die Geschwister Scholl gegeben – an dem von ihnen demonstrierten Maßstab gemessen haben sie uns zu Schuldigen gemacht. Wer von den Deutschen lauthals Schuldbekenntnisse und Reue fordert, weil sie das Terrorsystem hätten angreifen, eine Opposition organisieren müssen, um den Krieg oder Auschwitz zu verhindern, weiß nicht, wovon er spricht, und spreizt sich in der Rolle eines großen Humanisten, obwohl er sich lediglich wichtig macht. Wer aber meint (und sich dabei mitmeint), daß es zuweilen nicht darauf ankommt, ob Protest und Widerstand aussichtsreich sind, sondern daß sie stattfinden, hat recht.

Der herrschende Leitartikel-Humanismus rührt – ohne sich und seinem Publikum über die fundamentalen Differenzen Rechenschaft abzulegen – einklagbare strafrechtliche und benennbare moralische Schuld mit existentiellem Versagen zusammen und wundert sich seit fünfundvierzig Jahren, daß »die« Deutschen unwillig sind, die Mitverantwortung für den Zweiten Weltkrieg und den Holocaust auf sich zu nehmen (die Leitartikler selbst übrigens auch nicht, aber das merken sie in ihrem Oberlehrereifer gar nicht). »Die« Deutschen haben eine solche Schuld nicht zu bekennen. Obwohl sich in der bisherigen Kriminalgeschichte der Menschheit nichts finden läßt, was mit der durchorganisierten Abwicklung der nazistischen Verbrechen verglichen werden könnte, verwandelt sich die kollektive Haftung dennoch nicht in kollektive Mitverantwortlichkeit.

Erst wer dies deutlich und ein für allemal festgestellt hat, kann nun von jener Schuld sprechen, die von niemandem einklagbar und dennoch real ist, weil eine menschliche Verhaltensmöglichkeit auch dann eine Forderung bleibt, an der sich jedermann zu messen hat, wenn sie ein außergewöhnliches Maß an Mut und Opferbereitschaft verlangt. Der Ankläger darf dabei weder sein eigenes Versagen verschweigen noch auch unterschlagen, daß sich die Deutschen unter den Bedingungen des Lebens in einer totalitären Diktatur nicht eigensüchtiger und furchtsamer verhalten haben als andere Völker und Individuen in solchen Situationen.

Ich ging von der Entdeckung aus, daß in allem, was ich gleich nach dem Krieg geschrieben habe, von einem Gefühl persönlicher, konkreter Mitschuld und Mitverantwortung für die Verbrechen des NS-Regimes keine Spur zu finden ist, und ich habe beschrieben, daß ich niemals mehr ein dem Mai 1945 vergleichbares Erlebnis des neu geschenkten Lebens, einer mit allen Sinnen erfahrenen Befreiung gehabt habe. Die Jahre von meinem siebzehnten/achtzehnten bis zu meinem siebenundzwanzigsten Lebensjahr hatte ich als eine Zeit der Ohnmacht, des von mir nicht beeinflußbaren Ausgeliefertsein an eine mich mit Kerker, Lager, Folter und Tod bedrohende Macht erlebt. Wie hätte ich mich zugleich für deren Verbrechen verantwortlich fühlen sollen?

Wenn ich die Bedingungen, unter denen meine Eltern die NS-Zeit und die davor liegenden Jahre überstehen mußten, ins Auge fasse, sehe ich nicht, wie sie sich hätten anders verhalten sollen, als sie sich verhalten haben. Muß man sie für schuldig erklären, weil sie deutschnational gedacht und entschieden haben, weil sie von der Weimarer Republik nichts mehr erwarteten und glaubten, was Hitler und die NSDAP 1932/33 versprachen?

Mein Vater hat weder der Partei noch einer ihrer Organisationen angehört, aber das war keine bewußte politische Entscheidung, sondern auf Abneigung gegen Verpflichtungen, auf Uninteressiertheit und Bequemlichkeit zurückzuführen. Selbstverständlich war es für ihn jedoch, eine bürgerlich-nationale Partei zu wählen und dem »Stahlhelm-Bund der Frontsoldaten« sowie dem »Verein ehemaliger Jäger und Schützen« anzugehören. Mit dem Nationalen und dem Soldatischen verband sich für Ernst Szczesny – und das hatte mit dem die totale Unterwerfung fordernden Militarismus der Hitler-Bewegung gar nichts zu tun – das Erlebnis der Männergemeinschaft, fern von allen zivilen Pflichten, Beschwerlichkeiten und Enttäuschungen. Wie viele andere hatte er den Ersten Weltkrieg als Aufbruch und Bewährung, als Gelegenheit zu einem intensiveren Existieren in einer auf die menschlichen Grundbedürfnisse zurückgestuften Ausnahmesituation erlebt.

Diese naiv-patriotisch-soldatische Gesinnung gehörte gewiß zu dem Boden, auf dem die (seine wahren Pläne verschleiernden) Versprechungen Hitlers günstige Wachstumsbedingungen fanden, aber auch diesem Milieu waren die später zutage tretenden verbrecherischen Ziele und Praktiken des NS-Systems fremd. So wurde der Stahlhelm-Bund auch bereits 1935 aufgelöst.

Es gibt historische Konstellationen, in denen der Druck der Ereignisse so stark ist, daß er die Bemühung um besonnene Urteile und Entscheidungen nicht zuläßt. Eine solche Konstellation ergab sich für unsere Väter und Großväter, als die katastrophale politische und wirtschaftliche Lage der Weimarer Republik in den Jahren vor 1933 Hitler als Lösungsmöglichkeit akzeptabel erscheinen ließ, und sie ergab sich für die Enkel und Söhne nach 1945, als uns die Bilder der Leichenberge, der Verbrennungs- und Vergasungsanlagen, der Todesrampen und die grausamen Details der Erzählungen der Überlebenden die Möglichkeit nahmen, uns in einem Atemzug mit den Geschändeten und Ermordeten »Opfer« zu nennen. Der Schock der ans Licht kommenden Greuel erzeugte einen so ungeheuren moralischen Druck, daß niemand von uns dazu gezwungen oder überredet werden mußte, »die« Deutschen in irgendeinem nicht näher bezeichneten Sinn für schuldig zu halten. Wir hatten von uns aus das Bedürfnis, reinen Tisch zu machen.

Ich habe schon darauf hingewiesen, daß wir uns zwar mit Eifer auf die Seite derer schlugen, die die weit zurückreichende Kontinuität der barbarisch-kriminellen Elemente des deutschen Charakters nachzuweisen versuchten, dies aber so von oben herab und distanziert taten, als gehörten wir selbst nicht in diese Unheilskette, sondern wären neutrale Beobachter. Es war die zurückgewiesene ursprüngliche Unschuldsempfindung, die sich in diesem anstößigen Verhalten bemerkbar machte. Unbewußt wehrten wir uns gegen die doch zweifelsfrei vorliegende Selbstbezichtigung, indem wir die Identifizierung mit »den« und »dem« Deutschen verweigerten. Das heißt, auf dem Umweg einer listigen Sprachregelung versuchten wir zu widerlegen, was doch eben erst von uns behauptet worden war: daß »die« Deutschen, deren Einsichten wir schließlich als Deutsche zu artikulieren beanspruchten, für Krieg und Holocaust verantwortlich zu machen sind.

Dieses vertrackt psychologisch-moralische Manöver ist ein anschauliches Beispiel für die Fragwürdigkeit aller rationalistischen Aufklärungsarbeit. Moralisch aufrichtig gemeinte Gefühlsreaktionen enthüllen nicht, sondern verdecken sehr oft den wahren Sachverhalt und verführen zur Rationalisierung von Impulsen, die schon zuvor ideologisch zubereitet, also verfälscht worden sind.

Es gibt nun eine weitere und folgenschwere Konsequenz eines aus intellektualisierter Empörung hervorgegangenen Moralismus. Dieser führt zwangsläufig zum Konzept eines strikt rationalistischen Humanismus, da er das Offenbarwerden der eigenen emotionalen Herkunft verhindern muß. Auf diese Weise entstand nach 1945 eine

noch heute im intellektuellen Lager vorherrschende Aufklärungs-
ethik, für die die Wurzel aller Übel, insbesondere der deutschen
Geschichte, im Irrationalen, Gefühlsbedingten, im Romantischen
und Idealistischen gesucht werden muß.

Was ich im Sommer 1945 – noch unberührt von den sich daheim
anbahnenden Auseinandersetzungen und Frontbildungen – als Plä-
doyer für mehr Zivilisationswillen, Gesittung und Formgefühl zu
Papier brachte, verwandelte sich im München des Jahres 1946 unter
dem Zwang, sich von der Last eines zwölfjährigen Alptraums mit
einer leicht einseh- und anwendbaren Formel zu befreien, in einen
strengen Vernunftglauben, dem alles Mythische und Mystische,
Gefühls- und Gemütsbetonte, aber auch alles Schöngeistige und
Artistisch-Ästhetische verdächtig wurde.

Ich hatte Hans Castorp kritisiert, weil er sich »schwer von Empfindungen und Gedanken dem schaukelnden, ungewissen Sinnen
und Träumen« überließ, und Harry Haller, weil er vor dem Leben in
»schwierige Passagen, erhabene Tongefilde« flieht und »seinen Frieden« in einem »Reich des Reinen, Schlackenlosen, Gereinigten« zu
finden sucht. Das war gewiß nicht falsch. Ich hatte nur hinzuzufügen
vergessen, daß weder von Hans Castorp noch von Harry Haller –
hätte man ihre Biographien versuchsweise in die dreißiger Jahre
hinein verlängert – jemals eine Gefahr für die Humanität ausgegan-
gen wäre. Ihre »Innerlichkeit« hätte gewiß auch diese beiden gehindert, die Bösartigkeit Hitlers zu durchschauen und sich gegen das
Aufkommen der NS-Bewegung rechtzeitig genug zur Wehr zu setzen, aber der Holocaust und der Zweite Weltkrieg wären daraus
nicht hervorgegangen.

Der »Zauberberg« endet mit dem im Geschoßhagel des Ersten
Weltkriegs dahintaumelnden Hans Castorp, der benommen vor sich
hinsingt: »Und seine Zweige rauschten, als riefen sie mir zu...« –
»Am Brunnen vor dem Tore« sind Konzentrationslager und Gaskammern nicht ausgedacht worden.

Irgend jemand hat ausgerechnet, daß zum engeren Kreis der Deutschen, die den Terrorapparat des NS-Systems in Gang hielten, etwa 50 000 Personen gehört haben. Gewiß ist diese Zahl, wenn man alle zusammennimmt, die irgendwo und irgendwann in der Fahndungs-, Verwaltungs-, Folter- und Todesmaschinerie wissentlich und ohne Not mitwirkten, zu niedrig gegriffen. Zudem gab es zwischen denen, die sich nur soweit anpaßten, als es nötig war, um nicht aufzufallen und zu überleben, und denen, die mitmachten, weil sie daran glaubten oder sich etwas davon versprachen, eine Übergangszone, die statistisch nicht erfaßt werden kann.

Auch wenn es also schwierig sein dürfte, eine zuverlässige zahlenmäßige Bestandsaufnahme des nazistischen Täterkreises zu erstellen, läßt sich die Grenze, die diese relativ kleine, in absoluten Zahlen gesehen aber beachtliche Minderheit von der wider Willen und gegen ihre Überzeugung mitlaufenden Mehrheit trennt, dennoch prinzipiell genau bestimmen. Menschen lassen sich von Trieben und Gefühlen, von Vorurteilen und Antipathien leiten, fürchten sich, werden schwach, wenn man sie bedroht, suchen ihren Vorteil, wollen es zu Ansehen und Macht bringen, sind pflichteifrig und beflissen gegenüber Personen, von denen sie sich für ihre Karriere etwas versprechen – und halten dennoch jene Grenze ein, die die läßlichen Sünden vom Verbrechen trennen.

Freiwillig wird der Zivilisationsbürger sich mit Folter und Mord nicht einverstanden erklären oder gar daran beteiligen. Auch »der« Deutsche tat es nicht, denn es war keineswegs mit Lebensgefahr verbunden, sich von Spitzeldiensten, der Mitwirkung in den verschiedenen »Einsatzgruppen«, dem SD, den Polizei- und Parteiorganen und den Funktionen in der Verwaltung der Konzentrationslager fernzuhalten.

Da es selbst in Diktaturen nicht möglich ist, sich auf Folterknechte zu verlassen, die ihre Missetaten nur unter Zwang begehen, müssen die Diktatoren für solche Aufgaben Personal suchen, das sich nichts dabei denkt oder gar Vergnügen daran hat, andere zu quälen und zu töten. Nun lehrt uns nicht nur die längst und die jüngst vergangene, sondern auch die gegenwärtige Geschichte, daß es Usurpatoren gar nicht nötig haben, zum Mittel der Zwangsverpflichtung zu greifen oder auf eine zeitraubende Suche nach Komplizen zu gehen. Sobald eine politische Gang die Macht in Händen hat, eilen die Helfershelfer von überall herbei und bieten ihre Dienste an.

Die Machtergreifung durch ein Regime, das entschlossen ist, zur Durchsetzung seiner Ziele alle moralischen Bedenken beiseite zu schieben, oder dessen Ziele selbst sich als verbrecherisch erweisen, setzt ohne besonderes Zutun eine tiefgreifende Umstrukturierung der gesellschaftlichen Machtverteilung in Gang. Wie sich eine Gesellschaft nach einem Umsturz neu formiert, hängt vom proklamierten und praktizierten Wertesystem der Personen ab, die nun sichtbarlich die Macht in ihren Händen halten.

Der große Umschlagplatz für den Wechsel an den großen und kleinen Schaltstellen der Obrigkeit sind die Organisationen, die sich die siegreiche Bewegung schon zuvor geschaffen hat. Dorthin strömen die von der (in ihren Absichten noch gar nicht offenliegenden) Aggressivität angezogenen Charaktere, und von dort werden sie dann, wenn es soweit ist, in ihre Herrschaftsposition befördert. Bei einer so durchorganisierten politischen Bewegung, wie es die NSDAP war, vollzog sich diese Auswechslung der Führungskräfte in den meisten Bereichen sehr rasch. Moralisch unterentwickelte oder defekte Charaktere wurden vom Rand der Gesellschaft ins Zentrum gerückt. Dabei lassen sich als große Gruppen unterscheiden: a) Fanatiker von gleicher oder ähnlicher ideologischer Ausrichtung, b) geistig und emotional besonders unreife Personen, die nach einem verpflichtenden Schwarz-Weiß-Schema, einem zu vernichtenden Feind und einer Autorität suchten, der sie sich bedingungslos unterwerfen konnten, c) Opportunisten aller Schattierungen, die für Geld und Teilhabe an der Macht alles erledigten, d) Gewalttäter, für die die herrschende Ideologie dazu diente, ihre Neigungen nunmehr in anerkannten Funktionen auszuleben.

Die Aufzählung beansprucht weder Präzision noch Vollständigkeit. Aber im ganzen stellt sich etwa so die Manövriermasse dar, aus der sich in einem totalitären System die mittleren und unteren

Führungskader, die Organisatoren und die Vollstrecker rekrutieren. In jedem Volk findet sich ein beachtliches Quantum an potentiellen Schergen, Spitzeln und Todesengeln. Es muß nur im richtigen geschichtlichen Augenblick der richtige Führer auftauchen, um diese negative Auslese hervortreten und wirksam werden zu lassen.[26]

Natürlich wäre ein Erklärungsmodell, daß die in einem totalitären System Mitwirkenden einfach unter den zweifelsfrei Kriminellen und Psychopathen zu suchen empfiehlt, unzureichend. Denn dieser Raster würde gerade jene große, unter zivilisierten Rechtsverhältnissen und Lebensbedingungen niemals als verbrecherisch in Erscheinung tretende Schicht von amoralischen Charakteren übersehen, ohne deren Teilnahme als Organisatoren und Verwalter des Schreckens ein totalitärer Staat nicht in Gang gehalten werden könnte.

Es sind also nicht bestimmte, offensichtlich verbrecherische Neigungen, die die große Mehrheit der im NS-System aktiv und bewußt Mitwirkenden von den unfreiwilligen Mitläufern und den Opfern getrennt haben, sondern eine allgemeine, unterhalb eines Durchschnittsniveaus liegende Unfähigkeit, sich spontan moralisch zu verhalten, und ein damit verbundener Ausfall an ethisch wertender Intelligenz (als Beispiel für einen solchen Charakter kann der von Hannah Arendt treffend beschriebene Adolf Eichmann dienen).

Bei den beiden mir bekannt gewordenen Fällen, in denen Studenten sich für den SD anwerben ließen, werden damals (1938) zunächst wahrscheinlich Abenteuerlust und der Reiz, einer geheimnisvollen Organisation anzugehören, vielleicht auch Karrierestreben eine Rolle gespielt haben. Wenn die Betreffenden dann tatsächlich im Dienste dieser berüchtigten Institution geblieben sein sollten (was ich nicht weiß), kann dafür nur die Tatsache entscheidend gewesen sein, daß sie nicht imstande waren, die Ängste und Schmerzen der Opfer ihrer Tätigkeit wirklich zu »realisieren«; diese blieben für sie immer von außen gesehene Objekte, denen gegenüber man durchaus fähig war, sich umgänglich zu zeigen, nicht aber, sich an ihre Stelle zu versetzen.

Zivilisierte Umgangsformen setzen lediglich einen Sinn für Spielregeln voraus, deren Einhaltung die Zugehörigkeit zu einer gehobenen gesellschaftlichen Gruppe demonstriert. Mit der Respektierung der Existenz des anderen und der Beachtung auch seines Rechtes auf Angst- und Schmerzfreiheit hat eine solche Art von Umgänglichkeit gar nichts zu tun. Es handelt sich bei dem ins Auge gefaßten charakterlichen Phänomen um einen konstitutionellen Mangel, den ich hier nur als Faktum in meine Überlegungen einführe, nicht aber in seinen genetischen oder auch umweltbedingten Ursachen erörtern will. Die Feststellung selbst ist wichtig, denn sie schließt aus, daß ein Mensch einen anderen Menschen – ohne selbst bedroht zu sein – zu martern oder umzubringen trachtet, weil er ihn aufgrund irgendwelcher Theorien – als Juden, Freimaurer, Zeugen Jehovas, Homosexuellen – für ein gefährliches Wesen hält.

Ein emotional normal entwickelter Mensch wünscht jemanden, der ihm fremd und beunruhigend erscheint, möglicherweise aus seinem Lebenskreis verbannt, nicht aber ermordet zu sehen. Zu einer solchen Reaktion kann es nur kommen, wenn eine unduldsame Ideologie auf einen moralisch unterentwickelten Charakter trifft. Das für die Installierung eines totalitären Regimes unverzichtbare Reservoir von Menschen mit unterdurchschnittlicher humaner Gemüts- und Intelligenzausstattung repräsentiert nicht die Nation, in der es sich findet, sondern einen jederzeit und in allen Völkern anzutreffenden Menschentyp.

Fallen bei einem radikalen politischen Umsturz die Menschlichkeit verbürgenden Konventionen und Gesetze weg, beeilen sich diese – ihren bürgerlichen Pflichten bisher mehr oder minder unauffällig nachgehenden – Charaktere nicht etwa deshalb, ihre schlimmen Dienste anzubieten, weil sie zu deutsch (oder zu russisch) empfinden, weil sie zu pflichteifrig oder zu ordnungsliebend sind oder weil sie sich nach dem Studium der preußischen Geschichte oder der Lehre Darwins oder des »Kapital« dazu animiert fühlen, sondern weil sich ihnen plötzlich die Gelegenheit bietet, bisher unterdrückte, ganz subjektive Anlagen und Bedürfnisse nun als staatlich erwünschte Dienstleistungen auszuleben.

Dabei zeigt sich dann einerseits, daß die amoralische Grundverfassung bei der Komplexität der menschlichen Natur im Einzelfall

Gewissensregungen und Konflikte nicht ausschließt, daß andererseits aber auch eine scharfe, theoretisch-moralistische Intelligenz nicht vor Gewissenlosigkeit und Grausamkeit schützt, wenn die humane Hemmschwelle zu flach oder gar nicht vorhanden ist. Der Terrorismus hat für den, der es zuvor noch nicht gewußt haben sollte, nachdrücklich erwiesen, daß Intelligenz als Fähigkeit, eine vorgegebene Aufgabe erfindungsreich und durchdacht zu lösen, die Unmenschlichkeit noch verstärken und besonders abstoßend machen kann.

Wer die Untaten, die sich in einer bestimmten Phase der Geschichte einer Nation ereignen, zutreffend deuten will, muß sich davor hüten, Ereignisse und Personen dieser nationalen Geschichte zu Episoden eines Horrorromans zusammenzubrauen und völkerpsychologische Mythen in Umlauf zu setzen, die die ersten Opfer einer despotischen Regierung, nämlich die Angehörigen des eigenen Volkes, in Komplizen verwandeln. Schon gar nicht darf er so mit dem Nationalgefühl selbst verfahren. Der Patriot unterscheidet sich vom Chauvinisten nicht dadurch, daß er sein Vaterland weniger liebt oder zu verteidigen bereit ist, sondern daß ihn bei der Umsetzung seiner Vaterlandsliebe in die politische Praxis ein humanitärer Impuls davor bewahrt, im Namen der Nation Verbrechen zu empfehlen oder zu begehen.

Die Versuche, den Archipel Gulag aus der russischen Geschichte und dem russischen Charakter abzuleiten, haben zu nichts geführt, weil es diesen Zusammenhang nicht gibt. Man kann die zentralistischen und autoritären Züge der sowjetischen Autokratie aus einer Staatstradition erklären, die demokratische und liberale Verhältnisse niemals gekannt hat, und man kann auch im Verhalten des russischen Menschen Mängel nachweisen, die die viele Jahrhunderte während Unterdrückung hervorgerufen oder auch hinterlassen hat. Die Foltermethoden der GPU und der Massenmord an Millionen von Unschuldigen sind damit nicht zu erklären. Diese Verbrechen sind ebensowenig eine unausbleibliche Konsequenz der »russischen Seele« wie der Holocaust eine zwangsläufige Folge des »deutschen Irrationalismus«.

Weder sind »die« Russen für den Archipel Gulag verantwortlich noch »die« Perser oder »die« Muslime für den blutigen Terrorismus des Khomeini-Regimes. Wie unsinnig in solchen Fällen jede Art von ethnisch-historischer Ursachenforschung ist, zeigt besonders deutlich das Beispiel Kambodscha. Hier hat ein Teil eines als sanftmütig geltenden Volkes geradewegs und bewußt einen anderen, größeren Teil desselben Volkes mit unglaublicher Brutalität auszurotten versucht. Ginge man von völkerpsychologischen Deutungen aus, müßte man sich komplizierteste und zuletzt unglaubwürdige Kombinationen von nationalen Charaktereigenschaften ausdenken, um Mörder und Ermordete in ein Schema zu zwingen. Tatsächlich hat ein den Stalinismus an Rigorosität noch übertreffender Kommunismus als seine Vollstrecker aus dem Volk der Khmer alle auch in ihm vorhandenen Elemente hervortreten und aktiv werden lassen, die nicht besonders typische Kambodschaner, sondern moralisch besonders dürftig ausgestattete Vertreter der Gattung Mensch waren. Zeitgeschichtlich und national bedingt sind gewisse technische und habituelle Modalitäten des Massenmords (ob man die »lebensunwerten« Wesen erschlägt, erschießt oder vergast und wie man sie dazu auf den Weg bringt), nicht der Wille zur mitleidlosen Liquidation des Klassen- oder Rassenfeindes.

Man kann eine ideo-logische Linie ziehen, die in einem Anlauf von jeder Art von Antisemitismus nach Auschwitz führt. Diese so schlüssig anmutende Beweiskette unterschlägt jedoch das Faktum, daß die kleine Gruppe von Rassisten, die entschlossen und fähig war, alle Juden umzubringen, aus ganz anderen Personen besteht als die überwiegende Mehrheit derer, die aus diesem oder jenem Grund an den Juden Ärgernis nahmen, aber weder ihre Verfolgung noch gar ihren Tod im Sinn hatten.

Die Linienführung »Kritik an Juden = Auschwitz« kommt also zustande, indem man sich des alten Tricks ideologischer Beweisführung bedient, nämlich des von einem Allgemeinbegriff zugedeckten Objektwechsels der Betrachtung. Man spricht vom Antisemitismus so, wie wenn dieser Bezeichnung ein einheitlicher Charakter mit einheitlichem Motivations- und Reaktionsablauf entspräche. In Wahrheit deckt der Begriff »Antisemitismus« ganz verschiedene Urteils- und Verhaltensweisen von ganz verschiedenen Menschen.

Gegenüber dem mörderischen Judenhaß Hitlers ist der europäische Antisemitismus des neunzehnten und beginnenden zwanzigsten Jahrhunderts – nachdem die »Schuld« der Juden am Tod des Nazareners nur noch wenige fanatisierte – eine vergleichsweise durchsichtige und harmlose Angelegenheit gewesen. Für den Normalbürger waren die Juden Gegenstand des Mißtrauens gegen eine nicht ganz geheure, exotische Minorität, des sozialen und intellektuellen Neides und der Furcht vor Überfremdung. Man wünschte sie nach Palästina oder Madagaskar oder zumindest ihre Bereitschaft, sich taufen zu lassen.

Wahrscheinlich ist es gerade die Liberalität der wilhelminischen Ära und der folgenden Weimarer Republik gewesen, die das, was dann unter Hitler geschah, für die Juden unverständlich machte und ihre starke Anhänglichkeit an Deutschland in Abscheu gegen alles Deutsche umschlagen ließ. Nachdem es Deutsche waren, die sie aus den Wohnungen holten, in Güterwaggons verluden, in den Konzentrationslagern empfingen – wie hätte man von ihnen Differenzierungsvermögen verlangen, Einsicht in den Tatbestand erwarten dürfen, daß sie Opfer nicht eines im Charakter der Deutschen, sondern im Charakter eines totalitären Systems begründeten Ereignisses geworden waren.

Ohne Lenin und Stalin keinen Archipel Gulag. Ohne Hitler nach Weimar vielleicht ein von Nationalisten und Militaristen beherrschter autoritärer Staat, aber kein Auschwitz. Als der »Führer« die intelligentesten, organisatorisch oder fachlich versiertesten, demagogisch begabtesten Fanatiker und Zyniker in die Führungspositionen von Staat und Partei gebracht, mit den ihm bedingungslos folgenden Autoritätsgläubigen und Opportunisten die mittleren Aufsichts- und Verwaltungsposten besetzt hatte, die Gesellschaft bis in die Betriebe und Häuser hinein durch Eiferer und Spitzel überwachen und die Schläger in die Folterkammern der Nation beordern ließ, konnte ihm niemand mehr die Herrschaft streitig machen.

Der soziale Prozeß, der, zunächst einen kleinen und dann immer weitere Kreise umfassend, diese Strukturierung zustande bringt, wird bei totalitären Bewegungen zumeist von einer einzigen Person bewirkt. Kennzeichnend für autoritäre Führer (und auch Vordenker) ist es, daß sich ein pathologischer Grundcharakterzug mit überdurchschnittlichen politischen Fähigkeiten so vermischt, daß die menschlichen Mängel nicht ohne weiteres erkennbar sind. Dies trifft insbesondere dann zu, wenn der Führer intelligent genug ist, seine letzten Ziele und Absichten so lange und soweit zu verbergen oder zu tarnen, als deren Offenlegung seinem Erfolg hinderlich sein könnte.

Aus seinem Antisemitismus hat Hitler auch vor 1933 kein Hehl gemacht, ihn aber so formuliert, daß auch bei den schlimmsten Drohungen immer die Möglichkeit einer verharmlosenden Deutung blieb. Dabei sollte sich zeigen, daß er gegen die Juden nicht nur aus jenem Kalkül heraus agitierte, das sie Jahrhunderte hindurch in Krisen- und Katastrophenzeiten zum Sündenbock gestempelt und all die kleinen und großen Pogrome ausgelöst hatte, die die europäische Geschichte begleiten. Hitler war nicht einfach ein Antisemit in der Tradition eines Gobineau, Eugen Dühring und H. S. Chamberlain, Stoecker und Treitschke, sondern er hatte seine Vorstellungen von der bedrohlichen Rolle des Judentums in Wien aus den obskuren Schriften von Geheimbündlern wie Guido von List und Jörg Lanz von Liebenfels bezogen. In deren Lehren geht es um den Kampf zwischen den edlen Ariern und den niederrassigen Semiten, zwischen Licht und Dunkelheit, Gut und Böse. Das Heil der Welt hängt an der Unschädlichmachung der Juden und der Reinerhaltung der arisch-germanischen Herrenrasse. Der Antisemitismus war hier Religionsersatz geworden und gehörte in den Strom jener esoterischen Weltanschauungen, die davon ausgehen, daß nur die Vernichtung einer satanischen Gegenmacht die Erlösung der Menschheit von allem Unreinen, Schwachen und Kranken bringen kann.

Hauptvertreter dieser Weltschau waren Zarathustra, die Gnosis, der Neuplatonismus – im Abendland vor allem und am wirksamsten die Lehren des Persers Mani (ca. 215–275) vom Kampf des Königs der Finsternis gegen den König des Lichts. Hier finden sich die Ideen von den Erwählten und den Verdammten, von dem begnadeten Parakleten, dem man sich anzuvertrauen hat, und auch eine asketische Ethik. Vermischt mit den komplizierten Vorstellungen der Neuplatoniker über die hierarchische Ordnung einer Welt von

Engeln und Dämonen zwischen Weltgeist und Materie fließt dies alles in einen großen Zweig von Geheimlehren ein, die bis in die Neuzeit hinein zahlreiche Sekten inspirieren.

Wo dieser Strom ans Licht tritt und wieder geschichtsmächtig wird, stoßen wir auf den auserwählten Führer, der absolute Autorität beansprucht, und auf eine Weltanschauung, die die Menschheitsgeschichte als Kampf der Guten gegen die Mächte der Finsternis begreift. So wurzelte Khomeinis mörderische Unduldsamkeit gegen Ungläubige und Häretiker zuletzt in der gleichen heilsgeschichtlichen Tradition wie Hitlers Vernichtungsfeldzug gegen die Juden, denn Gnosis, Neuplatonismus, Manichäismus haben gleicherweise die christliche wie die islamische Welt beeinflußt.

Im konkreten einzelnen Menschen ist die Wurzel jedes Glaubensfanatismus nicht eine intellektuelle Entscheidung, sondern eine emotionale Situation. Hitler wurde von den rassistischen Heilslehren angezogen, weil er nach einer Welterklärung suchte, die es ihm erlaubte, die eigene Minderwertigkeit nach außen in einen bösen Feind zu projizieren und damit zugleich (als rücksichtslosen Kampf gegen die Mächte der Finsternis) auszuleben.

Hinter allen manichäischen Ideologien verbirgt sich die Unfähigkeit eines bestimmten Menschentypus, die eigene, aus Talenten und Unzulänglichkeiten zusammengesetzte Natur und die sich daraus ergebenden (lösbaren oder nicht lösbaren) Konflikte zu akzeptieren. Die einfachste Art, sich dieser ständigen Kränkung ein für allemal und ohne jede Anstrengung allein durch verbale Aktivität zu entziehen, ist die Flucht in ein radikales Heilsprogramm. Die Gesinnung, die man durch das Bekenntnis zu einer wahren Lehre demonstrativ unter Beweis stellen kann, soll jeden Zweifel an der geistigen und moralischen Qualifikation des Bekenners hinfällig machen. Ich vermute, daß alle religiösen, weltanschaulichen und politischen Radikalismen ihren Zulauf vor allem dieser bequemen Möglichkeit verdanken, Selbstdisziplinierung durch »Gesinnung« zu ersetzen.

Die Teilhabe an der wahren Lehre ist auch Wissens- und Bildungsersatz. Bei Hitler, für dessen Ehrgeiz die mangelnde höhere Bildung ein tiefsitzender Stachel war, hat wahrscheinlich auch dieses Motiv eine große Rolle gespielt. Da er nun dank der Einweisung in den esoterischen Rassismus die tieferen Zusammenhänge der Menschheitsgeschichte zu durchschauen glaubte, kompensierte er damit nicht nur seine Unwissenheit, sondern übersprang sie: Er wußte nicht nur mehr als alle Gebildeten, sondern kannte die Wahrheit; sie war hinfort, wie er sagte, das »granitene Fundament« seines Denkens und Handelns. Die Unnachsichtigkeit, mit der er und seinesgleichen ihre Feinde verfolgten, macht jedoch deutlich, daß die tiefe Kränkung, mit der alles beginnt, bei moralisch tauben Charakteren unheilbar ist und immer wieder neu getilgt werden muß. Jede humane Geste noch des schwächsten ihrer Opfer zeigt ihnen ihre eigene Verächtlichkeit.

Es gibt – inzwischen oftmals gezeigte – Filmaufnahmen der Volksgerichtshof-Verhandlungen gegen die Verschwörer des 20. Juli 1944. Wer dort die Auftritte von Freisler gesehen und gehört hat, weiß, zu welchem Haß ein minderwertiger Charakter auch dann noch fähig ist, wenn ihm seine Todfeinde wehrlos ausgeliefert sind. Er wütet, weil er ihre Überlegenheit nicht aushält.

Von Bucharin ist eine Charakterisierung Stalins überliefert, die er drei Jahre vor seiner Aburteilung in einem der Moskauer Schauprozesse abgegeben hat: »Wenn jemand besser redet als er, ist er verloren. Stalin wird ihn nicht am Leben lassen, weil solch ein Mann ihn ewig daran erinnern würde, daß er selbst nicht der Größte ist. Wenn jemand besser schreibt als er, ist er erledigt, weil Stalin allein das Recht hat, der erste russische Schriftsteller zu sein ... Er ist ein borNierter, heimtückischer Mensch – nein, kein Mensch, sondern ein Teufel.«[27]

Da Hitler nicht nur ein Psychopath gewesen ist, der vor keinem Verbrechen zurückschreckte, sondern zugleich ein realistisch denkender, intelligenter und instinktsicherer Politiker, wußte er, daß ihm weder sein Glaube an die Erlösungsaufgabe der germanisch-arischen Lichtrasse noch gar sein abgründiger Judenhaß zur Herrschaft verhelfen würde. So verharmloste er seinen Rassenwahn auf das Niveau Wagnerscher Germanophilie und verbarg seinen Judenhaß hinter einem auch bei den Deutschen aktivierbaren sozial-ökonomischen und kulturellen Antisemitismus.

An Hitlers judenfeindliche Drohungen war man schon aus der Zeit vor 1933 und durch die Ausfälle in seiner Autobiographie gewöhnt, aber die Zustände in den Konzentrationslagern und der Massenmord sind bis zuletzt geheimgehalten worden. Als Himmler im Herbst 1944 anordnete, daß die Liquidation der Juden einzustellen und alle diesem Zweck dienenden Anlagen zu zerstören seien, hat Hitler nach allem, was wir über dieses letzte halbe Jahr von ihm wissen, an seinem Vernichtungsplan festgehalten.

Jeder Erklärungsversuch der während des zwölfjährigen NS-Regimes begangenen Verbrechen muß von der zentralen Figur des »Führers« und dem in jedem Volk vorhandenen Reservoir von jederzeit aktivierbaren amoralischen Charakteren ausgehen. Die jüngeren Historiker haben sich unter dem Einfluß von Hegel, Marx und der soziologischen Forschungsmethode so sehr daran gewöhnt, in allgemeingeschichtlichen Sachzwängen, Tendenzen, Strömungen, Basis- und Überbaukonflikten zu denken, daß ihnen die Einsicht in die Bedeutung, die einzelne Personen und auch bestimmte (anthropologisch-charakterologisch, nicht aber historisch-soziologisch faßbare) Personengruppen für den Lauf der Dinge haben, verlorengegangen ist.

Jeder unbefangene Blick auf die Welt wie auf die Zeitgeschichte zeigt aber, daß es sowohl Ereignisse gibt, die sich aus dem Zusammentreffen verschiedener allgemeiner politischer, sozialer, ökonomischer und sonstiger Entwicklungen zwangsläufig ergeben (und die sich dann beliebiger Figuren bedienen), als auch ganz andere geschichtliche Vorgänge, die allein dem Auftreten einer ganz bestimmten Person zu »verdanken« sind. Auch bei Usurpatoren der Art Hitler gibt es für ihren Aufstieg allgemeine Voraussetzungen und Zwänge, aber das, was sie dann mit ihrer Macht beginnen – welche Feinde sie sich aussuchen und wie sie sie behandeln, welchen Krieg sie wann und wie vom Zaun brechen –, ist ausschließlich ihr Problem und »Verdienst«. Dem widerspricht auch nicht – was hier zu erörtern war –, daß sie in dem usurpierten Volk ohne Schwierigkeiten Gesinnungs- und Tatgenossen finden. Mit diesen beflissenen Helfern können sie ihre kriminellsten Pläne auch gegen die Überzeugung der längst zum Schweigen gebrachten Mehrheit verwirklichen.

Weder der Zweite Weltkrieg noch der Holocaust waren in der deutschen Geschichte vorgesehen und warteten lediglich auf den Finsterling aus Braunau, um ins Werk gesetzt zu werden. Die Spezifika der nationalsozialistischen Schreckensherrschaft tragen das Zeichen des psychopathischen Charakters und des kriminellen Willens nicht einer Nation, sondern eines bestimmten einzelnen Menschen und einer von ihm aktivierten (beachtlichen) Minderheit von unterentwickelten oder defekten Exemplaren des Homo sapiens.

In vielen Analysen des Dritten Reichs wird die Tatsache unterschlagen (oder unzureichend berücksichtigt), daß dieses Reich nicht nur ein totalitärer Staat, sondern ein totalitärer Führerstaat gewesen ist. Es war ein auf die selbstherrlichen Wünsche und Entscheidungen eines Mannes zugeschnittenes Regime. Bis auf die letzten Kriegsmonate, in denen auch die bisher Hörigsten nach Möglichkeiten suchten, ihre Haut zu retten, galt im Ernstfall der Wille Adolf Hitlers. Es gab dagegen keinen Einspruch, sondern nur bedingungslose Unterwerfung. Wer zu entschieden oder zu oft Führerpläne mit sachlichen Argumenten zu korrigieren versuchte, mußte seinen Hut nehmen. Am deutlichsten zeigt dies die Geschichte der Ernennung und Verabschiedung von Generälen der Deutschen Wehrmacht während des Krieges. Hitler spielte mit despotischer Entschiedenheit auch seine Rolle als oberster Feldherr.

Es ist wichtig, sich die umfassend ausgeübte Alleinherrschaft Hitlers zu vergegenwärtigen, weil diese Tatsache einen zusätzlich negativen Selektionseffekt bei der Auswahl des nationalsozialistischen Führungspersonals in Partei und Staat bewirkt hat. Solange ein autoritäres Kollektiv die Macht ausübt, gibt es einen gewissen, aus den abweichenden Charakteren und Meinungen der Mitglieder dieses Kollektivs entstehenden Handlungsspielraum auch für die Angehörigen der mittleren und unteren Nomenklatura. Es finden sich dort Personen, die in einem gewissen Rahmen unabhängige Entscheidungen treffen können. Der Autokrator aber duldet nur Unterführer (wozu bereits die Minister gehören), die ihre Macht aus der totalen Abhängigkeit von ihm beziehen. Und totale Abhängigkeit suchen nur Figuren, denen es um verantwortungslose Gewaltausübung geht.

Den kritiklosen Gehorsam gegenüber dem »Führer« geben sie als brutalen Machtmißbrauch allein um der Demonstration ihrer unumschränkten Befehlsgewalt willen nach unten weiter. Der Autokrator liebt es zwar, sich mit intelligenten und begabten Höflingen zu umgeben, die ihm auch einmal widersprechen dürfen, aber seine Herrschaft kann er nur mit den unterwürfigsten Helfershelfern aufrechterhalten.

So war das deutsche Volk, ehe es sich versah, der Willkür von Fanatikern ausgeliefert, die erbarmungslos Jagd auf alles »Undeutsche« machten, von Beamten und Bürokraten, die skrupellos ihre Pflicht erfüllten, was immer ihnen befohlen wurde, von Opportunisten, die mit dem Strome schwimmen und weiterkommen wollten, von Zynikern, denen es Vergnügen bereitete, zu den Privilegierten zu zählen und sie zugleich zu verachten, und schließlich von Sadisten und Kriminellen, die als Henkersknechte nun für Taten belohnt wurden, die sie bisher ins Zuchthaus gebracht hätten.

Hannah Arendt irrt, wenn sie von der »Banalität des Bösen« spricht und Eichmann für einen typisch deutschen Bürokraten hält. Hunderttausende von deutschen Beamten, die genauso gut hätten verhandeln und genauso perfekt Eisenbahntransporte hätten organisieren können und auch gerne eine schnelle Karriere gemacht hätten, sind weder in die SS eingetreten, noch haben sie Waggons für die Transporte nach Auschwitz zusammengestellt.

Hannah Arendt beschreibt als Hauptcharakteristikum Eichmanns den völligen Mangel an Vorstellungskraft, das heißt an Fähigkeit, sich in die Leiden der Millionen in die Gaskammern geschickten Juden zu versetzen, wobei dieser Mangel deshalb besonders deutlich hervortrat, weil Eichmann sich im direkten Verkehr mit jüdischen Funktionären als umgänglich erwies. Art und Ausmaß der Mitwirkung Eichmanns am Bösen waren durchaus nicht banal.

Banal ist es gewesen, wenn jemand, der in der Nähe eines Konzentrationslagers wohnte und arbeitete und wußte, was dort vor sind ging, nicht eine Anzeige bei der Polizei erstattete oder auf der Straße protestierte, sondern weiterhin seinem Beruf nachging, seine Familie ernährte, seine Kinder großzog, aß und trank und schlief, auch Feste feierte und Skat spielte. Aber es wäre nicht mehr banal gewesen, wenn dieser gleiche Mann versucht hätte, einen guten Posten in der KZ-Verwaltung zu bekommen. Nur wer eine vermeidbare und unmittelbar zum Terrorsystem gehörende Funktion übernommen hat, kann zum Kreis der Täter gerechnet werden.

Daß in jedem Verbrecher auch ein Biedermann stecken kann, macht ihn noch nicht zu einem gewöhnlichen Menschen. Und umgekehrt macht die Vermutung, daß in jedem Biedermann auch ein Verbrecher verborgen ist, den Biedermann noch nicht zum Kriminellen. Von Bedeutung für das von Menschen unter Menschen gelebte Leben ist ausschließlich die Frage, ob das, was da an Unheimlichem in jedem von uns schlummern mag, unerweckt bleibt oder ob es zutage tritt, sobald sich eine Gelegenheit bietet, die Gesetze der Menschlichkeit straflos zu verletzen. Bei dem, der sie schleunigst und bedenkenlos ergreift, fehlen die wesentlichen Merkmale ganz gewöhnlichen humanen Verhaltens: das instinktive Zurückweichen vor der Verletzung und Zerstörung fremden Lebens und die ebenfalls nicht erst einem Lehrbuch für Ethik zu entnehmende Achtung vor dem Existenz- und Glücksrecht jedes anderen Menschen, gleich welcher Rasse, Klasse oder Überzeugung.

Bei der Betrachtung des Übergangsfeldes zwischen dem normalen Allzumenschlichen und dem nicht mehr normal zu nennenden Unmenschlichen bleibt die Frage, ob nicht doch eine übersteigerte Gläubigkeit an irgendeine absolute Wahrheit auch bei einem bis dahin moralisch intakten Menschen die Verwandlung zum blutrünstigen Fanatiker bewirken kann. Was waren das für Christen, die Ketzer- und Hexenjagden inszeniert und Folterinstrumente bedient haben? Waren es besonders eifrige Bekenner des biblischen Glaubens, die gewissermaßen im Überschwang ihrer Gottes- und Christusliebe die schrecklichsten Greueltaten begingen?

Selbst wenn man in Rechnung stellt, daß die Entwicklung der Zivilisationsmoral in jenen Jahrhunderten noch nicht allgemein von der Achtung vor allem, »was Menschenantlitz trägt«, geprägt gewesen ist, bezweifle ich, daß die Ursache jenes christlichen Brutalismus eine übers Ziel hinausschießende Gläubigkeit gewesen ist. Sie wurde – als naive Gläubigkeit oder auch als kalkulierte Ideologie – lediglich zum Auslöser einer schon vorher konstitutionell vorhandenen Gefühlskälte und Aggressivität. Auch in den terroristischen Phasen der Herrschaft des Christentums (wie jetzt des Islam) gab es genügend Gläubige, die die Praxis der hochnotpeinlichen Verhöre und der Scheiterhaufen verabscheut haben.

Das ins manichäische Gut-Böse-Schema zurückreichende Denken findet sich säkularisiert in den politischen Heilslehren wieder, deren Anhänger selbst dann, wenn ihre Fernziele hochmoralisch scheinen, Mord und Totschlag für gerechtfertigt halten, sobald sie der Verwirklichung jener fernen Ideale dienen. Aber auch hier ergeben sich – wenn man genauer hinsieht – die Verbrechen nicht aus der theoretischen Konsequenz »idealistischen« Denkens, sondern beruhen auf der charakterlichen Disposition bestimmter Gruppen von Gläubigen, deren mentaler Druck zunächst die rigoristische Auslegung der reinen Lehre erzwingt, um sie dann zu eifrigen Nutznießern und Vollstreckern der Fanatisierung zu machen.

Und ich denke, daß man noch einen Schritt weitergehen kann. Die Fanatiker werden von jenen Heilslehren angezogen, weil schon diejenigen, die sie erdacht haben, »Ethnozentriker« waren (dies ist in der berühmten Studie über »Die autoritäre Persönlichkeit« von Adorno und anderen die Bezeichnung für den potentiellen Faschisten). Auf der Suche nach den Ursachen der inhumanen Praxis aller revolutionär-humanitaristischen Programme stößt man zuletzt auf die Charaktere ihrer Erfinder. Deren verborgene moralische Mängel werden zunächst von den hohen Idealen der Theorie verdeckt, um dann bei der Umsetzung der Theorie in die Praxis sehr rasch und sehr nachdrücklich wieder zur Geltung zu kommen.

Da es keiner übermäßigen Intelligenz bedarf, um beim Nachdenken über wünschenswerte gesellschaftliche Verhältnisse auf die Forderung zu stoßen, dem hier und jetzt lebenden konkreten Menschen ein Höchstmaß an Schutz vor Willkür und Gewalt zu sichern, wird man vermuten müssen, daß in jenen politischen Konzepten, in denen dieser elementaren Aufgabe wenig oder gar keine Aufmerksamkeit geschenkt wird, ein tiefsitzender und starker, individuell bedingter Verdrängungsmechanismus des Autors am Werk ist. Hinter der Vernachlässigung der individuellen Schicksale und der ausschließlichen Beschäftigung mit politischen, sozialen und ökonomischen Weltverbesserungsplänen verbirgt sich der Unwille des Theoretikers, den Zustand und die Gestaltung des eigenen Lebens deutlich ins Auge zu fassen. Wer die Rechte, die er für seine eigene Person in Anspruch nimmt, für so selbstverständlich hält, daß er ihre Schutzbedürftigkeit gar nicht wahrnimmt und sich selbst gegenüber auch keine moralischen Pflichten kennt, wird sich nicht mit dem Wohl und Wehe des konkreten einzelnen befassen, sondern seine ungeteilte Aufmerksamkeit der Verbesserung der gesellschaftlichen Verhältnisse zuwenden.

Verdacht muß man schon dann schöpfen, wenn ein Heilsbringer nicht ausdrücklich den Schutz der individuellen Menschenrechte ins Zentrum rückt, sondern nur oder vor allem vom Recht auf Frieden, auf Arbeit, auf nationale Selbstbestimmung und dergleichen spricht. Der Friede als Abwesenheit von Krieg kann auch der Friede eines Zuchthauses sein, Arbeit auch als Zwangsarbeit verordnet werden, und hinter der pathetischen Forderung nach nationalstaatlicher Souveränität versteckt sich nur allzuoft die Absicht, sich jeder Kritik am Terror nach innen zu entziehen.

Es ist also nicht überraschend, wenn aus dem – einem subjektiven Defekt des Plänemachers entsprungenen – Manko des Heilsprogramms bei dem Versuch seiner Anwendung jener Defekt wieder zum Vorschein kommt. Da das konkrete Individuum in der Theorie übersehen wurde (oder nur verbal in Erscheinung tritt), läßt sich auch in der politischen Praxis nichts mit ihm anfangen. Es macht sich nur störend bemerkbar und muß daher am besten eliminiert werden.

Was bei Marx noch pure Rücksichtslosigkeit und Kopflastigkeit gewesen ist, die sich nur im privaten Bereich auswirkte, wurde im Marxismus als Ignoranz gegenüber den Rechten und Bedürfnissen des Individuums zum nackten kollektivistischen Terror und in der Auslegung durch den Psychopathen Stalin schließlich zum Massenmord an ganzen Schichten des russischen Volkes.

Ich weiß nicht, wie hoch man Karl Marx beim Jüngsten Gericht seinen theoretisch guten Willen anrechnen wird, aber angesichts des Unheils und Elends, das er mit seinem ebenso großspurigen wie unmenschlichen Sozial-Humanismus über die Menschheit gebracht hat, scheinen mir Terrorsysteme, die aus religiösen oder unstrittig idealistischen Visionen hervorgehen, ungleich gefährlicher als jene Ideologien, die – wie der Nationalsozialismus – bereits von ihrem Ansatz her verbrecherisch sind. Sobald sie sich nicht mehr tarnen können oder tarnen wollen, gibt es nur noch wenige Sektierer und Fanatiker, die vom barbarischen Schwachsinn eines solchen Programms verführt werden können.

Die idealistischen NSDAP-Anhänger der Frühzeit wurden getäuscht, weil Hitler seine wahren Absichten verbarg und verschleierte, die idealistischen Bekenner des Marxismus täuschten sich selbst, weil sie seine schlimmen Konsequenzen ignorierten oder auf eine mißverständliche Anwendung der wahren Lehre zurückführten.

Als ich in den fünfziger Jahren nach einer liberalistischen Phase die Unerläßlichkeit einer sozialen Politik entdeckte und mich mit Sozialismus und Marxismus zu beschäftigen begann, war das erste, was mich an der Lehre von Marx abstieß, die Tatsache, daß sie nicht anders als der Nationalsozialismus starke Aggressionen weckt und auf ein Todfeind-Bild lenkt. Nur waren es diesmal nicht die schlechten Rassen der Semiten und Slawen, sondern die üble Klasse der Besitzenden, auf die der Kampf- und Vernichtungstrieb gerichtet wurde.

Eine äußerste Zuspitzung hat diese Aggression dann in unseren Tagen im Terroristen erfahren, der nicht einmal mehr danach fragt, ob sein Opfer persönlich zum feindlichen Lager gehört. Hier haben wir es mit einer Umsetzung pathetischster Ideale in niedrigste Gesinnung und gemeinste Taten zu tun, für die es eine andere Erklärung als den völligen Ausfall der Fähigkeit, sich in einen anderen konkreten Menschen hineinzuversetzen, nicht gibt.

Es ist kaum vorstellbar, daß all die verwirrten, ins Kriminelle abgerutschten Pfarrerstöchter und Akademikersöhne, die sich bei der RAF betätigt haben, Mörder geworden sind, weil sie aus dieser oder jener politischen Überzeugung diese oder jene »logische« Konsequenz gezogen haben. Man bringt ebensowenig unschuldige Menschen um, weil man den Antikapitalismus von Karl Marx zu ernst nimmt, wie man bei der Endlösung nicht deshalb mit Hand anlegte, weil sich das aus der antisemitischen Ideologie zwangsläufig ergeben hätte. Ohne gravierende Mängel in seiner persönlichen, vor jedem Räsonnement liegenden emotionalen Entwicklung wird niemand zum kaltblütigen Totschläger.

Es gibt geschichtliche Voraussetzungen und ideologische Auslöser für das Auftreten terroristischer Gruppen und Systeme, aber was Menschen dazu bringt, nach Todfeinden zu suchen, die wie Ungeziefer vernichtet werden müssen, ist eine Frage an die Anthropologie, Psychiatrie und Psychologie, kein lösbares Problem für die Geschichtswissenschaft, die Politologie, die Soziologie oder die Volkskunde. Diese Disziplinen können nur feststellen, daß bei der Entstehung des Totalitarismus Doktrinäre, Sektierer und Fanatiker die entscheidende Rolle spielen und zur Aufrechterhaltung etwa des nationalsozialistischen Staates ein Umbau der ganzen Gesellschaft nötig gewesen ist, der in allen Lebensbereichen die Rücksichtslosesten in die Machtpositionen schleuste.

Jedes totalitäre Regime ist die Verschwörung einer nicht durch nationale, sondern durch anthropologische Mängel zusammengeführten Minderheit. Diese Feststellung enthebt keinen Deutschen, der schuldig geworden ist, seiner Schuld, aber sie verwehrt es sowohl ihm selbst als auch seinen Anklägern, persönliches Versagen auf historische Umstände abzuwälzen. Man mag das spezifisch Deutsche in der Geschichte der Deutschen zustimmend als Bestandteil der eigenen Überzeugungen, Fähigkeiten und Interessen in Anspruch nehmen oder auch kritisch beurteilen – ohne die Entlastung nationaler Eigenheiten von allgemeinmenschlichen Defekten ist eine (für die Deutschen wie für die Juden wie für die übrige Welt) gedeihliche Bestimmung der Rolle, die das Deutsche und die Deutschen heute und zukünftig spielen sollen, nicht denkbar.

In diesem Bericht ist überall dort, wo ich den rassistischen und imperialistischen Chauvinismus der Hitler-Bewegung von dem auf Herder, Humboldt, die Freiheitskriege und den 1848er Aufbruch zurückgehenden Deutsch-Nationalismus deutlich abgrenzen wollte, von »Patriotismus« und »Vaterlandsliebe« die Rede. Es ist mir bewußt, daß diese Begriffe heute selbst von denen, die meiner Definition zustimmen, nur zögernd benutzt werden. Auch ich würde mich nicht als »Patrioten« bezeichnen und hätte Schwierigkeiten, von der Bundesrepublik als von meinem »Vaterland« zu sprechen.

Das fast religiöse Pathos der Bindung an ein geographisch unver-rückbares (»von der Maas bis an die Memel«) Gebiet ist uns nicht nur fremd geworden, weil das angesichts der territorialen Kriegsfol-gen illusorisch geworden ist, sondern weil auch unsere Bindungsob-jekte abstrakter wurden. Wir identifizieren uns heute mit einer bestimmten Kultur, einer Gesellschaftsordnung, einem »Grundge-setz« – vielleicht einer gemeinsam überstandenen Geschichte, auch wenn sie nur einige Jahrzehnte umfaßt. Uns geht es bei der Suche nach der »nationalen Identität« nicht mehr um die Wacht am Rhein und um neue Bismarckdenkmäler, sondern um das Bedürfnis auch des zeitgenössischen Deutschen, im Charakter der Nation, deren Sprache er spricht und in deren Geschick er seit seiner Geburt verstrickt ist, Eigenschaften zu entdecken, in denen er die eigenen Wünsche, Ziele und Hoffnungen wiederfindet.

Auch wer auf Vokabeln wie Patriotismus und Vaterland geniert und ironisch reagiert, wird solcher Bestätigung bedürfen, und es ist ebenso historisch unzutreffend wie psychologisch unsinnig, den Deutschen einzureden, in ihrer nationalen Vergangenheit wären vor allem Krieg, Mord und Totschlag ausgebrütet worden.

Es ist sonderbar, daß ausgerechnet jener Antifaschismus, der sich für besonders aufgeklärt hält und jeden Irrationalismus verfolgt, als handle es sich um eine Ausgeburt des Teufels, etwas so augenschein-lich Mysteriöses in die Welt setzen konnte wie die Legende von der Erbschuld des deutschen Volkes. Wie soll denn ein so geheimnisvol-ler Vorgang wie die Infizierung eines ganzen Volkes mit dem Bösen physiologisch-psychologisch eigentlich zustande kommen? Als ein flächendeckender Inkubus? Das ist purer Okkultismus (präzise: die pseudorationale Variante eines gnostischen Rassismus).

Ich bin sicher, daß »die« Deutschen weder im Guten noch im Bösen ein »auserwähltes Volk« und ein moralischer Sonderfall sind. Diesen einfachen Tatbestand sollte man ihnen nicht länger vorent-halten. Er bietet für die moralische, pädagogische und politische Bewältigung auch ihrer jüngsten Geschichte eine erfolgversprechen-dere Basis als die kollektive Dämonisierung.

Marginalien

WIRKLICH IST NUR DIE GEGENWART

Alle ostpreußischen Kinder, die irgendwann einmal an die Samlandküste kamen, sammelten Bernstein. An den Stränden lagen, vom Meer ständig neu herangespült, viele kleine – und nicht selten auch größere – Stücke herum und mußten nur aufgelesen werden. Es gibt Ostsee-Bernstein in den verschiedensten hellgelben bis dunkelbraunen Farben. Die schönsten Exemplare enthalten Einschlüsse von Pflanzen oder Insekten, die vor etwa vierzig Millionen Jahren in die Harztropfen geraten sind und diese unvorstellbaren Zeiträume so, wie sie sich uns jetzt präsentieren, überdauert haben.

Ich hatte in meiner drei, vier Zigarrenschachteln umfassenden Kollektion einen besonders klaren, honigfarbenen Stein, in dem man den vorderen Teil einer größeren Ameise in allen Einzelheiten studieren konnte. Die Betrachtung dieses in ferner Vorzeit konservierten Insekts hat mich, wenn ich das Stück gelegentlich aus der Kiste nahm und unters Licht hielt, in einen Gedankentaumel versetzt: Was bedeuten Vergangenheit, Gegenwart, Zeit überhaupt? Die Bernstein-Ameise wurde für mich zum anschaulichsten Exempel für die Entdeckung, daß es Vergangenheit, so wie wir sie gewöhnlich, unserer Raum-Erfahrung entsprechend, verstehen, nicht gibt.

Wenn man ein Zimmer verläßt, verliert man es zwar aus den Augen, aber es verschwindet nicht. Von jener Ameise aber ist tatsächlich nirgendwo etwas zurückgeblieben. Was von ihr an Stoff und Gestalt überdauerte, wurde – eingelagert in das sie luftdicht einschließende Harz – von Tag zu Tag in eine immer neue, als Wirklichkeitsmodus »ewige« Gegenwart weitertransportiert.

Die Vergangenheit ist leer. Die Welt (und damit auch unser persönliches Leben) nimmt sich von Augenblick zu Augenblick und ohne Rest in die alleinige Wirklichkeit einer uns niemals verlassenden Gegenwart mit. Jeder »Blick zurück« ist in Wahrheit ein Blick auf unser Hier und Jetzt, auf ein unser Dasein und Sosein im fließend-stehenden Augenblick bestimmendes biographisches Wesenselement. Wir sind nur das, was wir hier und jetzt sind, aber dieses gegenwärtige Sein enthält als Motivations- und Entscheidungsmaterial die Einprägung aller schon vergangenen Gegenwarten. Das ES, der Urknall, die Spiralnebel, die Minerale, Organismen, Säugetiere, Primaten – bis hin zu den Umständen und Ereignissen unseres bisherigen Lebenslaufes –, dies alles ist in jedem von uns auf irgendeine Art präsent.

Sich-Erinnern heißt die gespeicherte Wirklichkeit des vergangenen zum Erkenntnisobjekt und Agens des gegenwärtigen Lebens machen. »Geschichte« ist das, was sich in komplizierter Schichtung unter der Oberfläche der Tagesaktualität, aber gegenwärtig wie diese, an Erfahrungen abgelagert hat. (Proust schildert auf den letzten Seiten des letzten Bandes seiner »Recherche du temps perdu« die »wiedergefundene Zeit«: »... daß sie mich, der ich auf ihrem schwindelnden Gipfel hockte..., gewissermaßen trug... Es schwindelte mir, wenn ich unter mir und trotz allem in mir, als sei ich viele Meilen hoch, so viele Jahre erblickte.«)

An jedem Steilhang ist das Phänomen ablesbar. Die Gesteinsschichten aus vergangenen Erdperioden befinden sich überall unter unseren Füßen, auch wenn uns dies gar nicht bewußt ist. Erfassen wir jedoch, was das Stück Rasen, auf dem wir gerade stehen, bis in die Tiefen unseres Planeten hinein alles bedeckt, oder legen wir sogar einige dieser Schichten frei, so haben wir von einem Moment zum anderen unsere Oberflächenfixiertheit durchbrochen und finden uns in einer vieldimensionalen Welt, deren Zusammenhänge unübersehbar sind. An ein und derselben Stelle kann ich einen Garten anlegen, darunter Kies abbauen, darunter Grundwasser anzapfen, Kohle oder Gas oder Öl, Gold oder Diamanten oder Erz finden.

Gleicherweise schleppt auch die Menschheitsgeschichte ihre Vergangenheit mit: als Ruinen, Gräber, Tonscherben, Mauerreste, Überlieferungen, Literaturen, Kunstwerke, aber auch in jedem Individuum als genetischen Code oder als kulturelle Erfahrungen, die von Generation zu Generation weitergegeben werden und jederzeit aktivierbar sind.

Sich-erinnern-Können bedeutet also nicht nur, daß der Mensch ein Gedächtnis hat, in dem er wie in einem Fotoalbum blättern und aus dem er beliebige Bilder aus vergangenen Tagen abrufen kann, sondern heißt, daß zu seinem ihn bestimmenden Erbe »all das Vergangene« gehört, ob er es nun weiß oder nicht, will oder nicht.

Kippt man das in den vergangenen Gegenwarten angesammelte Material in die Horizontale und macht aus dem Nacheinander ein – dem wahren Sachverhalt entsprechendes – Nebeneinander, so erweist sich die Erinnerung – je weiter und je breiter sie zurückgreift – als Sichtbarwerden einer reichen Palette von Erlebnissen, Empfindungen und Einsichten, von Anlagen und Bedürfnissen, die uns zur Gestaltung unseres Lebens hier und jetzt zur Verfügung stehen. Dieser Tatbestand befreit uns vom Druck der sich unmittelbar aufdrängenden Umstände; sie sind nur ein Ausschnitt der Bedingungen, von denen wir auszugehen haben. Damit zusammenhängend wird die Verabsolutierung der aktuell gegebenen Situation und der sich daraus ergebenden Entscheidungen verhindert. Es sind auch andere Entscheidungen möglich und legitim.

Schließlich – und das ist wahrscheinlich die bedeutsamste Konsequenz – verstehen wir selbst uns besser als zuvor. Bedürfnisse und Interessen, die wir bisher in das Bild, das wir von uns haben, nicht einordnen konnten, offenbaren ihren biographischen Ursprung, werden nun erst von uns als Eigen-heit wahrgenommen.

Die Lehre Freuds war – ungeachtet ihres spekulativen Charakters und der daraus resultierenden Irrtümer – ein genialer Versuch, aus der Gegenwärtigkeit alles Vergangenen analytischen und therapeutischen Nutzen zu ziehen. Ihr Blick richtet sich jedoch ausschließlich auf die familiären und sexuellen Konflikte des einzelnen. Was Landschaft und Klima, Fauna und Flora, Sprache und Kultur, was die Geschichte, in die ein Mensch mit seiner Geburt an einem bestimmten Ort zu einer bestimmten Zeit hineinwächst, für seine Entwicklung bedeuten, bleibt außerhalb der Betrachtung. Aber es verhält sich mit diesen Einflüssen nicht anders als mit den psychologischen Zwängen. Wenn wir ihnen nicht ausgeliefert sein, sondern sie begreifen und – zustimmend oder abwehrend – handhaben wollen, müssen wir sie kennen. Was an unseren abgesunkenen, von der Oberfläche verschwundenen Prägungen verborgen bleibt, beherrscht uns dennoch und dann unkontrolliert.

Wenn die Deutschen wissen wollen, was ihnen politisch und moralisch heute und zukünftig dienlich ist, haben sie gar nicht die Wahl zwischen »bewältigen« und vergessen – sie müssen vielmehr bemüht sein, so genau und detailliert wie möglich herauszubekommen, warum 1932/33 fast die Hälfte der stimmberechtigten Wähler der NSDAP zur Macht verhalf und was das für Deutsche waren, die einen neuen Weltkrieg provoziert und die Judenvernichtung geplant und durchgeführt haben.

SELBSTVERBESSERUNG GEHT VOR WELTVERBESSERUNG

Ich gestehe, daß mir auch nach 1945, als ich intensiv am Zustandekommen freiheitlich-demokratischer Zustände in der Bundesrepublik mitwirkte, die politische Aktivität nicht als Erfüllung, sondern als Beeinträchtigung meines Lebens erschien (da ich mich endlich auf irgendeine Sachaufgabe konzentrieren wollte). Auch in diesem Buch habe ich, wie man sieht, den Kampf gegen die Dominanz politischer und politisch-moralischer Themen fast verloren. Dabei bin ich davon überzeugt, daß Kunst, Literatur, Philosophie und auch jede Art von sinnlicher Kultur gegenüber den elementaren Erfordernissen der Zukunftssicherung keineswegs nur schmückendes Beiwerk sind, auf das man gegebenenfalls auch verzichten kann. Wenn Politik mehr anstrebt als die gerechte Verteilung des Sozialprodukts, Bedürfnisbefriedigung und den Frieden als Abwesenheit von Krieg, kann sie ihrer eigenen Logik mitnichten entnehmen, wie dieses »mehr« zu erreichen ist, sondern bedarf metapolitischer Kriterien.

Es ist manchmal schwer zu entscheiden, ob das rastlose Aufgehen eines Menschen im Tagesbetrieb auf einem besonders ausgeprägten beruflichen oder staatsbürgerlichen Verantwortungsgefühl beruht oder aber Flucht vor der Auseinandersetzung mit jenen Schwierigkeiten ist, die wir bei der Bewältigung unserer persönlichen Probleme haben: dem rechten Umgang mit uns selbst und unseren Nächsten, mit Ängsten, Versagen und Schuld.

Der Mensch ist ein Er-Lebewesen, dessen Wirklichkeit nicht unmittelbar aus den auf ihn eindringenden äußeren Ereignissen, sondern aus den darauf reagierenden inneren Empfindungs- und Bewußtseinsvorgängen besteht. Auch der sogenannte »engagierte« Schriftsteller sollte das wissen. Es ist beklemmend (und ärgerlich) zu sehen, wie ein hektischer Politizismus die literarische Substanz eines Autors völlig zerstören kann; wenn er nur noch »gesellschaftlich relevante« Themen (sie mögen noch so dringend sein) paraphrasiert, dringt er in die Sphäre, in der sich das Lebendig- und Beteiligtsein seiner Leser wirklich abspielt, gar nicht mehr vor.

Und trotz allen moralischen Eifers versagt er auch als Moralist, denn die Entschlossenheit, sich (bei uneingeschränkter Bereitschaft, den Aufgaben des Tages gerecht zu werden) von den aufdringlichen Parolen der veröffentlichten Meinung nicht in Atem halten zu lassen, ist auch die Voraussetzung individual-ethischer Reifung. Besonnenheit, Geduld und Duldsamkeit, Selbstbeherrschung, Urteils- und Geschmacksvermögen entwickeln sich nur im Klima einer seelisch-geistigen Verfassung, die sich vom emotionalisierenden und verengenden Druck der Aktualität befreien konnte.

Zwar war es der biblische Gott, der den Christen gebot, sich die Erde untertan zu machen, aber er selbst hat doch in seinem Schöpfungseifer am siebenten Tag innegehalten, um sich über sein Werk Rechenschaft abzulegen. Seine bestausgestatteten Geschöpfe aber haben seitdem immer kürzere Pausen eingelegt, ihren metaphysischen Ursprung und Auftrag schließlich vergessen und ebenso blindlings wie emsig ihrem eigenen Untergang entgegengewirkt.

Auch jetzt, da die Bedrohung unübersehbar geworden ist, öffnet nicht, sondern verstellt die angstvolle Besessenheit, mit der man die Ankunft der apokalyptischen Reiter erwartet, den Blick auf jene

Werte, um derentwillen es allein lohnt, um die Zukunft der Menschheit besorgt zu sein. Eine Welt, die seit einigen Generationen nur
noch bemüht scheint, das Überleben sicherzustellen, illustriert lediglich das Naturgesetz von der Arterhaltung. Aber jedes menschliche Wesen hat Anspruch auf die Entfaltung seiner – biologisch ganz
irrelevanten – seelisch-geistigen Anlagen, auch wenn der Weltuntergang drohen sollte. Sein individueller Weltuntergang ist ohnehin
unabwendbar. Und um ihn zu bestehen, braucht jeder einzelne
nicht den Willen zur Weltverbesserung, sondern vor allem anderen
die Tugenden, die ihm aus seinen Anstrengungen zur Selbstverbesserung erwachsen.

BEFREIUNG UND BINDUNG

Eines der eindringlichsten Zeugnisse für das humanistische Ethos
der Jugendbewegung war die Verbindung von Heimat- und Welt-
liebe. Fernweh und Abenteuerlust, die romantische Verklärung
alles Fremden, das man zu verstehen bemüht war, haben Wandervogel wie bündische Jugend für chauvinistische Tendenzen unzugänglich gemacht. Allerdings ist die Jugendbewegung nicht internationa-
listisch, sondern kosmopolitisch gesinnt gewesen, das heißt, sie
glaubte, daß Humanität sich nur aus den Wurzeln ethnischer und
nationaler Besonderheiten entwickeln läßt und ein bloß zivilisatori-
scher Humanismus eine oberflächliche und künstliche Einheits- und
Massenkultur hervorbringen müßte.

Was die Bünde noch bis zum Untergang der Weimarer Republik
vorzuleben versuchten, war ein Modell, in dem zum letzten Mal die
Impulse der neuzeitlichen deutschen Geschichte zusammengefaßt
wurden: neuhumanistische Pädagogik, idealistische Philosophie,
klassische und romantische Dichtung, Freiheits- und Vaterlandsliebe. Der Versuch scheiterte schon vor Hitler, da bereits um die
Jahrhundertwende die gegenläufigen Tendenzen des Industriezeital-
ters, des Rationalismus und Demokratismus viel zu beherrschend
waren, als daß es eine nennenswert breite Basis für eine rückwärts-

orientierte, idealistisch-liberal-konservative Lebens- und Gesellschaftsphilosophie hätte geben können.

Die Jugendbewegung hat niemals versucht, aus dem Ghetto ihrer auf die Probleme einer bestimmten Lebensphase und Lebenssituation fixierten Bewegung gedanklich auszubrechen. Ganz im Gegenteil reduzierte sie das Faktum, daß jeder Mensch seine Jugendzeit sehr rasch hinter sich bringt und dann noch ein langes und beschwerliches Dasein als Erwachsener vor sich hat, auf die Frage, wie lange der aus den kurzen Hosen Herausgewachsene beim Heimabend, auf Fahrt und im Lager noch nützlich sein könne.

Wie man weiß, haben ehemalige Angehörige der Jugendbewegung nach 1945 als einzelne in vielen Funktionen und Positionen ihren in den Bünden erprobten sozialen und individuellen Lebensstil erfolgreich zur Geltung gebracht, aber zu einer ausdrücklichen Erörterung der Brauchbarkeit jugendbewegter Ideale und Erfahrungen für das allgemeine Leben in der neuen deutschen Demokratie ist es nicht gekommen (wenn man die wiederum auch nur auf das Jugendalter bezogene Pädagogikdiskussion in der Landschulheimbewegung ausnimmt).

Wenn ich mein eigenes Verhalten bedenke, so ist für mich das Thema Jugendbewegung nicht nur deshalb verschwunden, weil es eines Tages meinen Freund Hermann Mau nicht mehr gab. Die Ursache ist allgemeinerer Natur und in diesem Rückblick schon erörtert worden: Vom Alptraum der NS-Diktatur verfolgt, konzentrierten wir uns auf den Kampf gegen die Wiederkehr der alten und das Entstehen neuer Zwänge, das heißt auf jene politischen Verfassungs- und Verfahrensmaßnahmen, die zukünftig die freie Entfaltung jedes Individuums garantieren würden. Für die Beantwortung der Frage, wie denn nun die von allen äußeren Bedrohungen und Zwängen befreite individuelle Lebensgestaltung aussehen sollte, blieb nicht nur keine Energie und Zeit; wir ahnten wohl auch, daß bei der Erkundung dieses Themas wieder Ideen und Maximen auftauchen würden, die ganz und gar nicht ins Konzept eines euphorischen Radikalliberalismus und -demokratismus paßten.

Auf der Darstellung des »Lebens, wie es ist« beruht nicht nur die
Faszination aller großen Kunst und Literatur, sondern es geht auch
von dem gut und böse, schön und häßlich gelebten Leben ein
starker, alle moralischen Zweifel ignorierender Zauber aus. Der
élan vital in uns reagiert lustvoll auf den *élan vital,* dem er außen
begegnet. Durchaus nicht weniger stark und selbstverständlich ist
bei den meisten Menschen aber auch der Wunsch, Schmerzen weder
erleiden noch zufügen zu müssen, also Wohlbefinden, Frieden,
Glück erstrebt und bewahrt zu sehen. Diese Antinomie ist nicht
auflösbar, und ihr Stachel sitzt nicht nur in dem, was wir tun und
lassen, er findet sich im ästhetischen Genuß wie in der metaphysischen Anschauung der Welt. Leiden, Scheitern und Verfall sind in
solcher Optik akzeptierter Bestandteil alles Seienden, nicht etwa
Gegenstand unserer Abscheu. Wer Wahrheit und wer Schönheit
will, muß auch die dunkle Seite des Lebens in Kauf nehmen.

Wenn das von Augenblick zu Augenblick zu bestehende Leben,
in dem wir uns für Leidens- und Konfliktminderung einzusetzen
haben, Vergangenheit wird, ist der Kampf entschieden, erweist sich
auch die Geschichte des Menschen als Natur, in der am Ende das
Scheitern und der Verfall den Sieg davontragen. Wahrscheinlich ist
dieser Tatbestand die Ursache für die heftige Abneigung, die alle
fanatischen Weltverbesserer gegen die Beschäftigung mit der Geschichte haben. Sie wollen sich und den anderen die Illusion nicht
rauben lassen, daß das, was sie für das Gute halten, schließlich doch
die Herrschaft erringen wird. Die Anstrengung, alles Interesse der
Gegenwart und Zukunft zuzuwenden, ist der Versuch, die Rolle und
Bedeutung unseres humanitären Auftrags durch die vergangenen
Gegenwarten nicht desavouieren zu lassen. Und auch die Natur
selbst soll nur als Materialsammlung und Werkstatt des sie nützen-
den Menschen in Erscheinung treten.

Eine solche Natur- und Geschichtsfeindlichkeit könnte, wenn
schon auf Ignoranz beruhend, dann doch zweckmäßig erscheinen,
damit die Kräfte des Guten in uns unangefochten von Zweifeln zum
Einsatz kommen. Aber nicht einmal dieses Argument trifft zu. Da

die zu Ende gedachte Lebensbejahung mit der zu Ende gedachten ethischen Forderung nicht zu versöhnen ist, macht die in unsere humanistischen Anstrengungen verwobene Niederlage alle perfektionistische Ethik und Politik zur gefährlichen Torheit. Wo man sie gewaltsam durchzusetzen versucht, zerstört sie das Leben – und mit dem Leben das erreichbar Gute.

DAS VERSCHWINDEN DES BEWUSSTSEINS

Das erschreckendste Resultat aller naturwissenschaftlichen Welterforschung ist für den Menschen die Entdeckung, daß sich beim Rückblick auf die Evolution Seele und Geist mehr und mehr verflüchtigen. In der vormenschlichen Natur gibt es bei Tieren und Pflanzen noch eine Weile Bewußtsein und Empfindung, um dann in den anorganischen Schichten und Phasen endgültig zu verschwinden. Zuletzt bleiben Urknall und Urschleim und irgendwelche chemisch-physikalischen Prozesse, während wir uns als immaterielle Wesen erleben, deren zentrale Eigenschaft es ist, empfinden und denken zu können.

Vom Glauben an Dämonen und Geister bis zum Glauben an Engel und Götter, Ideen und Ideale liest sich die Geschichte des Menschen wie ein verbissener Versuch, die ihn auszeichnende Daseinsqualität fest im Universum zu verankern.

Ist das Bewußt-Sein eine potentiell immer vorhandene Eigenschaft alles Seienden oder nur das späte Produkt einer komplizierten Kombination von materiellen Seinsformen? Aus einem Haufen Steine wird in alle Ewigkeit kein Blumenbeet, wie man die Steine auch anordnen, zerkleinern, mischen, ineinanderschachteln, zusammenbinden würde. Man wird also vermuten dürfen, daß das, was im Menschen als Seele und Geist in Erscheinung tritt, von Anbeginn der Welt als evolutionärer Impuls, als Mutationsfähigkeit der ersten Elementarteilchen vorhanden gewesen ist. Im menschlichen Selbst-Bewußtsein präsentiert sich der metaphysische Kern der Welt. Es ist die Wiederkehr des Grundes.

Inzwischen bin ich schon ein drittes Mal in Ostpreußen, in Masuren und auch in Zalewo-Sallewen gewesen. Ich wanderte den sich lang hinschlängelnden, morastigen (es hatte tagelang geregnet) Landweg durch Getreidefelder, Wiesen und Äcker zum Gehlsee hinunter. Beiderseits eines schmalen Bootsstegs trennte ein breiter Schilfgürtel das Ufer vom offenen Wasser, die Haubentaucher gründelten und eilten geschäftig hin und her, weiter draußen schaukelten ein paar Wildenten, über der Mitte des Sees kurvte ein Milan-Pärchen, und vom West- und Nordufer wuchs immer noch ein breiter Streifen Mischwald ins Land hinein.

Obwohl vorwiegend in Königsberg aufgewachsen, verbinde ich den Begriff Heimat mit der ostpreußischen Landschaft: den oberländisch-masurischen Seen und Wäldern, der Ostsee, der Steilküste und den Dünen, den weiten Ebenen, dem Wechsel von langen, kalten Wintern und heißen Sommern, knirschendem Schnee, knakkenden Eisflächen, Lupinenfeldern, Mohn- und Kornblumen, heftigen Gewittern und kurzen Regengüssen, Pferden und Kühen, Störchen und Schwalben.

Aber es sind gar nicht die geographischen Details, denen unsere Nostalgie gilt, sondern vielmehr die mit unserem damaligen Gemütszustand verbundenen Empfindungen, die die heimatliche Landschaft in ihren besonderen Merkmalen auslöst und für immer mit sich verbindet. Unsere Suche nach der verlorenen Zeit, nach Heimat und Kindheit meint jene Daseinsverfassung, in der wir noch wußten, daß wir unsterblich sind, und zugleich voll der vergänglichsten und intensivsten Lust- und Unlustgefühle waren. Noch nicht beunruhigt und bedroht von den Sorgen und Ängsten der Erwachsenen, haben wir uns in dem Milieu, das wir am Lebensbeginn vorfanden, für die Ewigkeit eingerichtet.

Der Heimatkult wurzelt nicht nur in der sentimentalen Anhänglichkeit an Kindheitseindrücke, sondern vor allem in der Beschwörung jener Lebensphase, in der man in der Welt geborgen war. Auch wenn uns das Gegenteil einleuchtender erscheinen sollte: Wir sind in der Mitte des Lebens von der »Wahrheit« am weitesten entfernt. Die Übergänge in dieses Leben herein und aus ihm hinaus bergen das Geheimnis, denn die Frage, woher wir kommen, ist die nämliche wie die Frage, wohin wir gehen.

So ließe sich unser im Alter wachsendes Interesse an Kindheit und Jugend auch so umschreiben: »Als wir dem Ursprung noch nahe waren, wie ist das eigentlich gewesen?« Wider alle vernünftige Erwartung hoffen wir doch noch in Erfahrung zu bringen, welche Chancen wir haben, aus unseren Niederlagen – bis zur letzten und endgültigen – gerettet hervorzugehen.

Ein Nachwort

Angesichts der Ereignisse, die vor wenigen Monaten die osteuropäische Szene von Grund auf zu verändern begannen, wird mein Bedürfnis verständlich sein, dieser autobiographisch-zeitgeschichtlichen Rückbesinnung einige Bemerkungen hinzuzufügen.

Die (über kurz oder lang) bevorstehende Rückkehr der mitteldeutschen Länder Mecklenburg, Brandenburg, Sachsen-Anhalt, Sachsen und Thüringen in einen gesamtdeutschen Bundesstaat macht den Verlust Pommerns, Schlesiens, Ost- und Westpreußens noch einmal schmerzlich bewußt, könnte aber der Wunde, die die Amputation des ganzen östlichen Deutschland und die zusätzliche brutale Abtrennung auch seiner mittleren Teile dem Selbstverständnis und Selbstbewußtsein der Deutschen geschlagen haben, zur Heilung verhelfen. Mit den immer noch von Weimar-Deutschen und ihren Nachkommen bewohnten Gebieten Mitteldeutschlands gewinnen wir einen gewichtigen Teil jener Schauplätze unserer Geschichte zurück, die nicht nur immer schon eine Brückenfunktion zwischen West und Ost gehabt haben, sondern auf denen auch viele der bedeutendsten Zeugen und Zeugnisse deutscher Geistes- und Kulturgeschichte deren in vielen Jahrhunderten west-östlich durchmischten Charakter sichtbar und fruchtbar gemacht haben.

So sehr angesichts der Nachkriegssituation die strikte sicherheitspolitische Westorientierung der Bundesrepublik unvermeidbar gewesen ist (und bis zu einer Konsolidierung der Gorbatschowschen Neuordnung der UdSSR notwendig bleibt), so wenig vermochte die auf die westlichen Territorien zusammengeschrumpfte schmale Basis »BRD« die Breite und Komplexität des gesamtdeutschen Erbes zu tragen. Bonn wäre nicht nur geographisch, sondern vor allem mental ein ganz ungeeigneter Ort für ein das Wesen und die (nun wieder gesamteuropäischen) Aufgaben der Deutschen repräsentierendes Zentrum und würde weder Weimar noch Berlin jemals ersetzen können.

Nachdem das Kriegsfolgeprodukt DDR und sein kommunistisches Besatzungsregime durch ein friedliches, aber drastisches Votum der Bevölkerung hinweggeschwemmt wurden, ist die »Wiedervereinigung« (in den Grenzen von 1947) eine pure Selbstverständlichkeit, die weder einer besonderen völkerrechtlichen Begründung noch auch besonderer patriotischer Aufwallungen bedarf. Die Deutschen, die heute in ihrer großen Mehrheit bereit sind, den Verlust Schlesien, Pommerns, West- und Ostpreußens als Konsequenz ihrer Haftung für die von einer deutschen Regierung begangenen Verbrechen zu akzeptieren, hätten keinen Grund, ihre politische Reife nun auch noch durch den Verzicht auf ein vereintes Restdeutschland unter Beweis zu stellen. Nur wer immer noch – fixiert auf die Sichtweise eines neurotischen Anti-Patriotismus – darauf aus ist, die ganze deutsche Geschichte zum Vorfeld des Bösen zu machen, wird die Zusammenführung der beiden noch verfügbaren Teile des ehemaligen Territoriums der Weimarer Republik für einen nationalistisch-präfaschistischen Exzeß halten. Tatsächlich bietet diese Wiederzusammenführung die Chance, das gestörte Verhältnis der Deutschen zu ihrer Vergangenheit wieder ins Gleichgewicht zu bringen und damit fortdauernde nationale Frustrationen aufzulösen wie nationalistischen Aggressionen vorzubeugen.

Solange die kleinen und die großen Völker noch nicht überall auf dieser Erde unter gleichen Umweltbedingungen und in gleichen Lebensverhältnissen existieren, sondern sich weiterhin in ganz verschiedenen Klimazonen, Landschaften, sozialen und kulturellen Gegebenheiten vorfinden, wird die überwiegende Mehrzahl ihrer Angehörigen Selbstbewußtsein und den Zugang zu allgemeinmenschlichen Gütern in eben diesen Besonderheiten suchen und finden und dies sogar noch dann tun, wenn sich eines Tages alle Menschen in Esperanto zu verständigen bereit wären.

An die Beharrlichkeit und Kraft, die dem Bedürfnis des Menschen nach Vergewisserung seines Wertes und seiner Geborgenheit durch Teilhabe an regionalen und nationalen Eigenarten und Leistungen innewohnt, erinnern täglich alte und neue Konflikte in allen Weltregionen; wir haben sie gerade jetzt im Unabhängigkeitsstreben vieler Völker der UdSSR vor Augen, deren Befreiungskampf ein leidenschaftlicher Aufstand gegen Imperialismus und Kommunismus zugleich ist. Und wir haben dort auch vor Augen, welche zerstörerischen Energien entfesselt werden, wenn man solche elementaren Bedürfnisse nicht offen zum Ausdruck und Ausgleich zu bringen, sondern zu verdrängen und auszurotten versucht.

Nach sieben langen, Millionen von Menschenleben vernichtenden und die Entwicklung menschenwürdiger Verhältnisse verhindernden Jahrzehnten der Erprobung verschiedenster kollektivistischer Modelle steht der kommunistische Internationalismus heute vor dem totalen Bankrott seiner fanatischen Anstrengung, die menschliche Gesellschaft durch die Einebnung aller sozialen und kulturellen Eigen- und Ungleichheiten direkt ins Paradies zu führen. Die sozialistische Theorie und Praxis hat sich als verhängnisvollste politische Manifestation jenes allgemeinen naturfeindlichen Allmachts- und Fortschrittswahns erwiesen, dem es in einem einzigen Jahrhundert gelungen ist, die Lebensgrundlagen auf unserem Planeten zu zerstören und die Menschheit damit einem (vielleicht nicht mehr aufhaltbaren) frühen und erschreckenden Ende entgegenzutreiben. Politische Konzepte mögen noch so edel und »vernünftig« erscheinen, auch die gesellschaftlichen Verhältnisse kann man nur in Übereinstimmung mit der Natur des Menschen, nicht gegen ihre grundlegenden Antriebe und Bedürfnisse humaner gestalten. So ist der sogenannte »Sowjetmensch« nur eine armselige, doktrinär-rationalistische Sprachregelung gewesen, mit deren Hilfe rücksichtslose Ideologen und Bürokraten die ihnen ausgelieferten Menschen daran zu hindern suchten, als Weißrussen oder Ukrainer, Armenier oder Aserbaidschaner, Litauer oder Letten ein selbstbestimmtes und vielgestaltiges Leben zu führen.

Auch den Deutschen ist zu raten, sich vor der Verleugnung und Verdrängung ihres regional-nationalen Gebunden- und Geprägtseins ebenso zu hüten wie vor dem verhängnisvollen Drang, daraus einen obersten und absoluten Wert zu machen. Sie haben eine große kosmopolitische Kulturtradition, in deren Menschen- und Weltbild die ethnischen und historisch-politischen Bindungen genauso ihren Platz haben wie die universalen Werte und Ziele.

Die im Gange befindliche europäische Neuordnung erfordert ein solchem anthropologisch-sozialen Wirklichkeitsverständnis entsprechendes Orientierungsmodell, in dem die absolut verstandene und bis heute auch praktizierte Souveränität der alten Nationalstaaten nach oben zugunsten der übergreifenden Kompetenzen gesamteuropäischer Regierungsinstitutionen und nach unten zugunsten einer weitgehenden Autonomie kleiner oder größerer, unübersehbar eigenständiger Regionen abgebaut wird, wobei die verschiedenen Bindungs- und Identifizierungsebenen nicht konkurrieren, sondern sich gegenseitig ergänzen und stützen.

Geschichte – das ist die Summe der Geschichten, die sich die an all den engeren und weiteren Lebenskreisen teilhabenden Menschen über ihre Geschicke, Errungenschaften und Verirrungen zu erzählen haben – um herauszufinden, wie sie wurden, was sie sind, und woran sie sich halten können, wenn sie jetzt und in Zukunft den rechten Weg nicht verfehlen wollen. Es wäre zu wünschen, daß die Debatte über die Wiedervereinigung und der Verlauf der Wiedervereinigung selbst in West- wie Ostdeutschen den aus Ignoranz oder durch Indoktrination verschütteten Sinn für die eigene Geschichte wiedererweckt.

Wer – wie in diesem Rechenschaftsbericht versucht – dem Ursprung und der Entwicklung seiner Lebenslinie folgt, wird entdekken, daß man auch die heimat- und vaterländischen Anteile daran nicht tilgen, sondern nur – mit befriedigendem oder weniger befriedigendem Ergebnis – zum Medium und Material der eigenen (durchaus individuell zu gestaltenden und zu verantwortenden) Existenz machen kann. So werden sich gerade die ganz normal »patriotisch« empfindenden und handelnden Deutschen zugleich auch als überzeugte Europäer und als nicht minder gute Weltbürger erweisen.

Februar 1990

Anmerkungen

Das Umschlagfoto zeigt den Autor als Zwanzigjährigen im Sommer 1938 (aufgenommen vor dem Königsberger Nordbahnhof).
Das Motto ist dem Buch »Hannah Arendt/Karl Jaspers, Briefwechsel 1926–1969« (S. 636/637) entnommen.

1. Der Astronom Nicolaus Coppernicus war auch Arzt und reiste 1541 nach Königsberg, um auf Wunsch Albrechts von Brandenburg den herzoglichen Rat Georg von Kunheim zu behandeln.
2. Thomas Mann erzählte davon, als ich ihn im Frühjahr 1952 in seinem Haus in Pacific Palisades besuchte und er mich an meiner Sprachfärbung als Ostpreußen erkannte. Die Familie Mann hat dann anläßlich des gleichen Ostseeurlaubs die Kurische Nehrung entdeckt und war von deren landschaftlicher Eigenart so begeistert, daß sie sich in Nidden ein eigenes Ferienhaus bauen ließ. Thomas Mann und andere Familienmitglieder haben dort die drei Sommer der Jahre 1930/1931/1932 verbracht (siehe Thomas Mann, »Gesammelte Werke«, Bd. VIII, S. 57–63, »Mein Sommerhaus«. Eine Plauderei für den Münchner Rotary-Club).

   Der litauische Journalist Leonas Stepanauskas hat Einzelheiten dieser Episode in Heft 28/1976 der DDR-Zeitschrift *Sinn und Form* unter dem Titel »Drei Sommer in Nida« zusammengetragen und 1987 im Verlag Vaga, Vilnius, ein 300 Seiten starkes Buch »Thomas Mann in Nidden« veröffentlicht, das zur Zeit noch nicht in deutscher Übersetzung vorliegt. Seit 1967 gibt es in der ehemaligen Niddener Mann-Villa ein Thomas-Mann-Museum, und der ganze zur Republik Litauen gehörende östliche Teil der Kurischen Nehrung steht inzwischen auch Besuchern aus der Bundesrepublik offen.
3. Ich kann heute nicht mehr sagen, wer vom engeren Zirkel der Klassenfreunde an diesem »Seminar« teilnahm. Neben meinem getreuen Freund Werner Lemke gehörten jedenfalls zu diesem Kreis Egon Adam, Walter Atts und Günther Denzin, Wolfgang Fedtke und Theo Klein, Eberhard Nicolaus, Günther Riehl und Gerhard Zabel. Auch

unser Antipode Werner Wanning verdient, hier erwähnt zu werden. Als Klassen-Primus verfolgte er unser anmaßendes Treiben mit Mißtrauen, und erst bei einem Treffen anläßlich der fünfzigsten Wiederkehr unseres Abiturs konnten wir uns unbeschwert der damaligen Fehden erfreuen.

4. Den Konfirmationsunterricht hatten wir noch vom berühmt-berüchtigten »Reichsbischof« Ludwig Müller erhalten, die Konfirmation selbst wurde dann von seinem Nachfolger, dem Wehrkreispfarrer Treppte vorgenommen. Werner Lemke, mit dem ich auch dieses Ereignis überstand, erinnert sich, daß wir beide vor der Konfirmation Herrn Treppte unsere Glaubenszweifel vortrugen und mit ihm über den Buddhismus diskutiert haben.

5. Da philosophische und religiöse Fragen mich dauerhafter beschäftigt haben als jedes andere Problem und dieses Interesse seinen Ausdruck auch in meinen öffentlichen Aktivitäten fand, habe ich es für richtig gehalten, Art und Tendenz meiner jugendlichen Auseinandersetzung mit dem Christentum so zu beschreiben, wie sie sich damals zugetragen hat. Es gäbe keinen Sinn, wenn ich rückblickend in meine Einstellung eine Einsichtsfähigkeit und Duldsamkeit hineinformulieren würde, die ich als Fünfzehn- bis Zwanzigjähriger nicht besaß.

Ich stelle dies nicht fest, weil ich mich von meinem »Unglauben« distanzieren möchte, sondern weil ich inzwischen in einem Alter bin, in dem es angebrachter ist, darüber nachzudenken, was man warum immer noch für glaubwürdig hält, als sich kritisch und ausschweifend über Vorstellungen zu äußern, an die man auf keinen Fall zu glauben imstande ist. Und ich sage dies auch, weil ich, trotz der großen Bedeutung, die ich metaphysischen Anstrengungen zumesse, inzwischen weiß, daß der konkrete einzelne Mensch immer sehr viel mehr und sehr viel komplizierter ist als alles, was er an Glaubensüberzeugungen und Meinungen in Worte fassen kann. Ich habe im Laufe der Jahrzehnte so viele menschlich überzeugende Christen kennengelernt, von denen einige zu meinen engsten Freunden zählen, daß ich meine, ihnen diese Anmerkung schuldig zu sein.

6. Werner Lemke machte mich darauf aufmerksam, daß im Dienste eines militanten Deutschnationalismus durchaus Angstgefühle mobilisiert wurden. 1932 erschien als Fortsetzungs-Vorabdruck in der (ansonsten liberal-bürgerlichen) *Königsberger Allgemeinen Zeitung* unter dem Titel »Achtung hier Ostmarkenrundfunk! Heute nacht haben polnische Truppen die ostpreußische Grenze überschritten!« das Buch eines jungen Reichswehroffiziers, der unter dem Decknamen »Nitram« schrieb, also wohl Martin hieß. Die sehr dramatisch angelegte Fiktion zielt auf die Abschnürung Ostpreußens durch den Polnischen Korridor und auf die schlecht ausgerüstete 100 000-Mann-Reichswehr.

7. Wenn man auf die Ahnentafel der Szczesnys auch nur bis 1800 zurückblickt, findet man außer der polnischen Namenslinie zwei Abkömmlinge der Drawenen, eines der am westlichsten siedelnden westslawischen Stämme, ebenfalls zweimal Litauer, die zur baltischen Völkerfamilie gehören, und auf deutscher Seite Einwanderer aus Niedersachsen, Westfalen, Hessen-Nassau.

8. Anläßlich der 75. Wiederkehr des »Freideutschen Jugendtags« fand im Oktober 1988 auf dem Hohen Meißner ein großes Gedenk-Lager statt, an dem fast alle heutigen Bünde teilnahmen. Sie verabschiedeten eine gemeinsame Erklärung, in der sie sich ausdrücklich zu jener frühen Zielsetzung bekannten: »Mit Betroffenheit verfolgen wir den Weg, auf dem die heutige menschliche Zivilisation voranschreitet. Die unverantwortliche Zerstörung der Natur, die Vereinsamung des Menschen und die Abkehr von den Qualitäten des Lebens gefährden die Existenz der Erde und ihrer Geschöpfe. In der Suche nach einem neuen würdigen Weg der menschlichen Kultur sehen wir die Aufgabe eines jeden, der der heutigen Zeit gerecht werden will. Ihre gemeinsame Suche wollen die einzelnen Bünde, Gruppen und Persönlichkeiten im Sinne der Meißnerformel von 1913 aus eigener Bestimmung, vor eigener Verantwortung, mit innerer Wahrhaftigkeit gestalten.«

9. Eine kurze, aber gute Darstellung und Charakterisierung der »Geschichte der bündischen Lieder« findet sich in Heft 1/1988 der »Zeitschrift der bündischen Jugend – Der Eisbrecher« (Südmark Verlag, Witzenhausen).

10. »Tyrker 19«, zitiert nach Hans Graul »Der Jugenschafter ohne Fortune«, Frankfurt/M. 1985, S. 207.

11. Über die Geschichte und heutige Situation der Jugendbewegung informieren umfassend die Veröffentlichungen des Südmark Verlages. Dieses Unternehmen ist nach 1945 zu einem Forum aller bestehenden Bünde und der Diskussion ihrer Probleme geworden.

12. Szczesny Verlag, München 1966.

13. Zur Sendung gekommen im »Nachtstudio« des Bayerischen Rundfunks unter dem Titel »Der Mensch zwischen Welt und Kosmos« am 5. August 1949.

14. Professor Arthur Kutscher las Literaturgeschichte, hatte aber an der Universität München auch den ersten Lehrauftrag für Theaterwissenschaft.

15. In einem Referat über »Germanisten im Dritten Reich«, das unter dem Titel »Zwischen uns und Weimar liegt Buchenwald« im Januar-Heft 1987 der Zeitschrift *Merkur* erschienen ist, schreibt Jens Malte Fischer: »Cysarz war, und das bestätigen seine Publikationen im Dritten Reich, soweit ich sie eingesehen habe, kein Rassist und Antisemit, aber er war großdeutsch und völkisch gesinnt und als solcher Anhänger Hitlers.

Noch 1976 hält er den Innenpolitiker Hitler bis zu einem bestimmten Zeitpunkt für eine weltgeschichtliche Gestalt und die Herrschaft der Nazis für keineswegs von Anfang an verbrecherisch. Die Rassenpolitik der Nazis habe er immer abgelehnt, versichert er durchaus glaubhaft, aber man dürfe nicht vergessen, daß die Wiege des Nationalsozialismus im Ausgang des Ersten Weltkriegs gelegen habe. Nie habe er im kleinen Kreis für die Nazis geworben, habe nie eine Parteiveranstaltung besucht, nie dem NS-Dozentenbund angehört.«

16. Einer »Dokumentation der Philosophie an der Universität München 1933–1945« im Heft 13 des *WIDERSPRUCH – Münchner Zeitschrift für Philosophie* entnehme ich, daß es zwischen den Professoren Wüst und Cysarz einerseits und Grunsky andererseits Auseinandersetzungen gegeben hat, die dann während des Rektorats von Wüst zur Einleitung eines Dienststrafverfahrens gegen Grunsky führten. Professor Wolfhart Henckmann, der Verfasser der Dokumentation, berichtet: »Die für das WS 1941/42 angekündigten Lehrveranstaltungen hat Grunsky, der am 10. 3. 41 zum Beamten auf Lebenszeit ernannt worden war, nicht gehalten, weil er durch einen Erlaß des Reichsministeriums für Erziehung vom 15. 11. 41 bis auf weiteres der Führung der Dienstgeschäfte enthoben und gegen ihn ein Dienststrafverfahren eingeleitet worden war. Grunsky hatte Einspruch dagegen eingelegt, daß die Philosophische Fakultät an die erste Stelle einer Berufungsliste Heidegger gesetzt hatte. Die Fakultät akzeptierte den Einspruch nicht, sondern stützte sich auf ein Votum des Münchner Germanisten H. Cysarz für die Berufung Heideggers. Daraufhin stellte Grunsky in einem ›Gutachten‹ Cysarz als einen einzigartigen Fall von unbemerkt gebliebener Verjudung eines arischen Menschen dar. Über all diese Auseinandersetzungen berichtete er in einem Brief an Freunde und erhob auch Vorwürfe gegenüber Dekan und Rektor der Universität. Wegen der Verletzung der Pflicht zur Amtsverschwiegenheit und beleidigenden Äußerungen gegenüber Dekan und Rektor wurde ihm 1943 ein Verweis ausgesprochen, zugleich aber wurde er aufgefordert, seine Dienstgeschäfte wiederaufzunehmen.«

17. Alle Reichsdeutschen, die nach 1938 (dem Jahr der »Befreiung der Ostmark«) nach Österreich gekommen waren, mußten bis Ende 1945 zurück ins Rest-Deutschland.

18. Hubertus Prinz zu Löwenstein, »Deutsche Geschichte«, Frankfurt/M. 1950, S. 530.

19. *Internationale Revue DIE UMSCHAU,* Heft 5, 1947, S. 601–611.

20. Siehe: Peter Longerich (Hrsg.), »Die Ermordung der europäischen Juden. Eine umfassende Dokumentation des Holocaust 1941–1945«, München 1989, und Francis R. Nicosia »The Third Reich and the Palestine Question«, London 1985.

21. Helmut James Graf Moltke, der im Oberkommando der Wehrmacht als Völkerrechtler arbeitete und dann als zentrale Figur des Kreisauer Kreises zu den Opfern des 20. Juli gehörte, schrieb seiner Frau in einem Brief vom 10. Oktober 1942: »Ich habe es bisher nicht geglaubt, aber er [ein eben aus Polen gekommener Mann] hat mir versichert, daß es stimme. In diesem Hochofen (SS-Hochofen) werden täglich 6000 Menschen ›verarbeitet‹. Er war in einem Gefangenenlager, etwa 6 km entfernt, und die Offiziere dieses Lagers haben es ihm als absolut sicher berichtet.« (Helmut James Graf Moltke, »Briefe an Freya 1939–1945«, München 1988, S. 420.) – Dieses Zeugnis über den Holocaust-Wissensstand der Deutschen ist deshalb besonders bemerkenswert, weil Graf Moltke an seinem Berliner Arbeitsplatz über Informationsmöglichkeiten verfügte, die dem Durchschnittsdeutschen jener Zeit unzugänglich gewesen sind.

22. »Die Zerstörung einer Zukunft – Gespräche mit emigrierten Sozialwissenschaftlern«, Reinbek 1979, S. 321.

23. Angeregt durch ein Memorandum des (katholischen) »Bensberger Kreises« zu Fragen des deutsch-polnischen Verhältnisses vom März 1968 habe ich im Oktober 1968 zum gleichen Thema einen »Offenen Brief an die Regierungen der Volksrepublik Polen und der Bundesrepublik Deutschland« entworfen, den ich zunächst einer kleinen Gruppe mir persönlich bekannter, aus Ostdeutschland stammender Publizisten und Politiker zur Stellungnahme vorlegte. Die Aktion unterblieb, da einige der Angeschriebenen (z. B. Gräfin Dönhoff und Immanuel Birnbaum) meinem Text zwar prinzipiell zustimmten, aber aus ihrer besseren Kenntnis der damaligen politischen Lage in Polen den Zeitpunkt für schlecht gewählt hielten.

In meinem Entwurf hieß es: »Es gibt keinen rechtmäßigen historischen und nationalen, wohl aber einen rechtmäßigen politischen und moralischen Anspruch des polnischen Volkes auf Beibehaltung der Grenzen, die der großdeutsche Krieg hinterlassen hat. Wir appellieren daher an die polnische Regierung und das polnische Volk, ihre gerechten Forderungen nicht auf Argumente zu stützen, die keiner Prüfung standhalten und immer wieder nur den nationalistischen Strömungen in der Bundesrepublik Auftrieb geben. Es besteht auch kein Anlaß, dem Handel der Könige und Kabinette mit Völkern und Grenzen nachträglich die Weihe republikanischer Schicksalsentscheidungen zu geben. Die Länder, um die es geht, sind im Laufe der Zeiten litauisch und polnisch, russisch, preußisch, österreich-ungarisch und deutsch gewesen. Polen wie Deutsche sollten den unsinnigen und gefährlichen Streit um den »ur«-polnischen oder »ur«-deutschen Charakter dieser oder jener Gebiete endlich einstellen. Ein Tag muß der Stichtag, das Ende einer Völkerwanderung, das Ende aller Völkerwanderungen sein. Nachdem wir den letzten Krieg vom Zaun gebrochen und dabei Taten vollbracht haben, die die Schrecken früherer Grenzverschiebungen harmlos erscheinen lassen, ist es an uns, die auf solche Weise erzwungene nun auch als endgültige Entscheidung anzuerkennen. Die polnischen Kinder, die in den vergangenen zweiundzwanzig Jahren in Schlesien, Pommern, Danzig, West- und Ostpreußen geboren wurden und heute schon wieder Erwachsene sind und selbst Kinder haben, müssen gewiß sein, daß diese Landstriche ihre Heimat bleiben werden.

Aber diese Gebiete sind und bleiben auch die Heimat aller Deutschen, die dort als Deutsche geboren wurden und aufgewachsen sind; sie können und wollen nicht leugnen, daß es für sie schmerzlich ist, die Schauplätze eines entscheidenden Abschnitts ihres Lebens nicht mehr vorzufinden, wie sie sie verlassen und in Erinnerung haben. Für ungleich bedeutungsvoller jedoch als die Frage, ob dort deutsch oder polnisch oder russisch gesprochen wird, halten sie es, daß in ihren Heimatländern nunmehr ohne Furcht vor neuen Kriegen, neuen Verwüstungen und neuen Vertreibungen gelebt werden kann.«

24. Hannah Arendt »Eichmann in Jerusalem – Ein Bericht über die Banalität des Bösen«, Reinbek 1978, S. 25 u. 138.

25. Es gab in der NS-Zeit noch andere, in ihrer ablehnenden Haltung wesentlich bestimmtere Zeitschriften wie die *Deutsche Rundschau,* die *Neue Rundschau* oder das *Hochland,* aber *Das Innere Reich* macht das Mitläuferproblem gerade deshalb besonders deutlich, weil der Mitarbeiterkreis so breit und gemischt war.

26. Das jüngste und uns nächstliegende Beispiel für das Schicksal eines autokratisch regierten totalitären Staates war Rumänien. In dieser »Volksrepublik«, dem Geburtsland Eliades, Ionescos, Ciorans, ist es einem entschlossenen kommunistischen Karrieristen gelungen, den moralisch unterentwickelten Teil der Bevölkerung so vollständig seinem Machtwillen dienstbar zu machen, daß er die Verwaltung bis zu den untersten Ebenen mit willfährigen Spitzeln und Nutznießern seines Systems besetzen und eine private, gut ausgerüstete Armee von (wie man schätzt) etwa 70000 Mann unterhalten konnte, die jedes von ihm angeordnete Verbrechen durchzuführen bereit war und noch über den Tod ihres Befehlshabers hinaus erbitterten Widerstand leistete.

Der sich vor allem in gigantischen Bauten und Bauprogrammen äußernde Größenwahn Ceausescus machte ihn zu einer makabergrotesken Miniaturausgabe des Typs »Hitler«. Während dieser jedoch den größten Teil seiner kriminellen Energien in globalen Projekten wie der Vernichtung der jüdischen Rasse und der Eroberung der Sowjetunion verbrauchte, konzentrierte sich das pathologische Eifer tum des rumänischen Conducators auf eine von imperatorischen Visionen bestimmte radikal-kollektivistische Umgestaltung des von ihm wie ein Privatbesitz behandelten Landes.

Obwohl es also nicht fremde Eindringlinge, sondern Angehörige des eigenen Volkes gewesen sind, die es im Namen und Auftrag des Diktators versklavt, ausgebeutet und mißhandelt haben, hat noch niemand behauptet, daß Charakter und Geschichte der Rumänen in der menschenverachtenden Schreckensherrschaft Ceausescus ihren prägnantesten Ausdruck fanden. Tatsächlich ist auch im Fall Rumänien nichts anderes geschehen, als daß ein einzelner Krimineller und Psychopath mit Hilfe (im kommunistischen System angelegter) autoritärer und totalitärer Mechanismen fünfundzwanzig Jahre lang seine Machtgelüste und Wahnideen ausleben durfte, ohne daran von irgendeiner Opposition gehindert werden zu können. Wahrscheinlich wäre Ceausescu noch heute unumschränkter Herrscher aller Rumänen, wenn die siegreichen Volksaufstände in den anderen kommunistischen Staaten und konspirative Regungen in der Armee dem rumänischen Volk nicht Mut und Kraft gegeben hätten, sich des Tyrannen unter großen Blutopfern zu entledigen.

27. Zitiert nach: Thomas Urban, »Stalins große Säuberungen«, in: *Neue Zürcher Zeitung* vom 17./18. August 1986, S. 5.

ANMERKUNG JULI 1991

Nach Golfkrieg-, Blauhelm- und Hauptstadtdebatte kann ich der Versuchung, anläßlich der Veröffentlichung der Taschenbuchausgabe meines Rechenschaftsberichts dessen zentrales zeitgeschichtliches Thema noch einmal aufzunehmen, nicht widerstehen. Denn was in den inzwischen verflossenen sechzehn Monaten stattgefunden hat, diskutiert wurde und noch diskutiert wird, sind Probleme, deren mißlungene (oder fast mißlungene) Erledigung unerwartet schnell die Vermutung bestätigt, daß für die Deutschen die NS-Epoche auf die von großen Teilen der veröffentlichten Meinung geforderte Weise nicht zu bewältigen ist. Die in diesem Buch kritisierte Dämonisierung und Kriminalisierung alles »Deutsch-Nationalen« führt vielmehr in immer neue Abwege und Sackgassen. Die psychische Nichtrealisierbarkeit der uns kollektiv auferlegten Schuldverarbeitung be- oder verhindert der jeweiligen Situation angemessene Entscheidungen und fördert einen moralistischen Radikalhumanismus, der ebenso wirklichkeitsfern wie anmaßend ist. Die Deutschen bieten auch nach der Wiedervereinigung und nach der Wiedererlangung der vollen politischen Reputation und Souveränität das Erscheinungsbild einer verstörten, in entscheidenden Fragen zu besonnenem Handeln unfähigen Nation.

Angesichts des irakischen Überfalls auf Kuwait, der offenen Bedrohung Israels und Saudi-Arabiens protestierte die deutsche Friedensbewegung nicht etwa gegen den Kriegsverbrecher und Massenmörder Saddam, sondern wieder einmal gegen den Erzfeind USA, dem es – diesmal sogar mit ausdrücklicher Zustimmung der Vereinten Nationen – zum zweitenmal in diesem Jahrhundert zu verdanken ist, daß die Welt nicht mehr tatenlos zusieht, wenn ein Usurpator selbstherrlich Grenzen verschiebt, Staaten verschwinden läßt und Völker auszurotten versucht.

Wie läßt sich verstehen, daß die gleichen Gruppen, die in der Rolle vorbildlicher Deutscher mit unglaublicher Vehemenz und Naivität im Golfkonflikt die Solidarisierung ihres Landes mit den europäischen Partnern zu verhindern suchten, kurz davor auf die Wiedervereinigung der Bundesrepublik mit den mitteldeutschen Ländern verzichten wollten, weil sie in diesem Fall weniger Wert darauf legten, besonders gute Deutsche als vielmehr besonders entschiedene Europäer zu sein?

Wie läßt sich begreifen, daß gerade auch unter denjenigen Deutschen, die die einseitige Westorientierung der Bundesrepublik jahrzehntelang verurteilt haben, plötzlich so viele zu finden waren, die die Weisheit Konrad Adenauers und die Schönheit der Bonner Idylle entdeckten und sich heftig gegen eine (längst gekürte) Hauptstadt Berlin zur Wehr setzten? Eine solche Entscheidung hätte als klare Absage an die durch Geographie und Geschichte gegebene Verpflichtung deutscher Politik verstanden werden müssen, einen nach der Wiedervereinigung mit Mitteldeutschland von keinem anderen Staat dieser Region erbringbaren Beitrag zur Wiedereinbindung der osteuropäischen Völker in einen gesamteuropäisch-demokratischen Staatenbund zu leisten.

Warum schließlich sind diejenigen, die als Deutsche ihren Landsleuten beschwörend ans Herz legen, bei allen militärischen Aktivitäten der westlichen Welt zur Verteidigung ihrer Werte schuldbewußt und bescheiden beiseite zu stehen, weder als Individuen noch als Staatsbürger in irgendeiner erkennbaren Weise zurückhaltende und zerknirschte, sondern zumeist bemerkenswert selbstbewußte, gutgelaunte, alle erreichbaren Freuden unbefangen genießende Zeitgenossen? Selbst (oder gerade) bei den lautstärksten Vertretern des täglichen Antifaschismus hat man nicht den Eindruck, daß sie von den Dämonen der deutschen Geschichte gehetzt und von Gewissensskrupeln gequält werden. Weder ihre flotten Sprüche noch ihr Lebenswandel, weder ihr Out- noch ihr Infit lassen auf besondere Seelenqualen oder hohe moralische Maßstäbe schließen.

Aber es gibt in der Tat auch gar keinen Grund, ihnen ihre außergewöhnliche Gewöhnlichkeit zum Vorwurf zu machen. Da die Jahre und Jahrzehnte vergehen, können sich inzwischen fast alle in Politik, Kultur und Wissenschaft aktiven Deutschen rechtens auf die Gnade der späten Geburt berufen.

Wer jedoch diesen weder erstaunlichen noch verwerflichen Tatbestand ungern zugibt und es vorzieht, weiterhin auf dem öffentlichen Markt kollektive Schuldbeteuerungen abzugeben und einzufordern, verstrickt sich in immer neue Heucheleien und unglaubwürdige Tugendrollen.

Bei der Vergangenheit, die uns heute so massiv eingeholt hat, handelt es sich nicht um die Last der NS-Verbrechen, sondern um die in den sechziger Jahren zu unantastbaren Basiswerten verfestigte nationalistische Interpretation dieser Verbrechen. Das Problem der Deutschen, die damals etwa zwanzig bis dreißig Jahre alt waren, ins radikaldemokratische oder linksliberale Lager gerieten und heute viele Schaltstellen in den Rundfunk- und Fernsehanstalten, den Zeitungen, Verlagen, Kulturinstituten, aber auch in den linken Flügeln der Parteien besetzen, kann man auf einen einfachen Nenner bringen. Die in jenem Jahrzehnt kulminierende Renaissance des Marxismus/Sozialismus einerseits, des Libertinismus andererseits prägte ihnen auch dann, wenn sie weder mit Karl Marx noch mit Wilhelm Reich viel anfangen konnten, zwei Grundüberzeugungen als selbstverständliche Kriterien einer politisch und moralisch einwandfreien Gesinnung ein: daß (nach dem Modell der kommunistischen Doktrin von der Geschichte als Geschichte von Gruppenkämpfen) die Verbrechen des Hitlerregimes die Konsequenz schwerwiegender Mängel der Geschichte und des Charakters der Deutschen waren und daß das wahrhaft humane und allein erstrebenswerte Gegenbild zum autoritär-menschenverachtenden Lebens- und Erziehungsmodell des Faschismus der authentische, ungehemmt seinen Bedürfnissen folgende, aufgeklärte Mensch ist.

Ernst genommen mußte der Versuch der Kombination eines radikal soziologistisch-kollektivistischen mit einem ebenso radikalen psychologistisch-subjektivistischen Menschenbild zu einem Widerspruch führen, der nur versteckt, aber nicht gelöst werden konnte. Indem man seine hedonistische Einstellung und Lebensführung hinter einem großsprecherischen politischen Moralismus verbirgt und zugleich aus der allen Libertinismen eigenen Abneigung gegen Unbequemlichkeiten, Anstrengungen und Verzichtleistungen eine große humanistische Vision macht, ist dieser unauflösbare Widerspruch zur tiefsitzenden Lebenslüge der das öffentliche Bewußtsein im heutigen Deutschland beherrschenden Generationen geworden. Das allzumenschliche Bedürfnis, in Frieden gelassen zu werden und sich der persönlichen Selbstentfaltung widmen zu können, wurde zur universalen politischen Friedensbotschaft um- und aufgewertet.

Es entwickelte sich daraus eine umfassende quietistische Verweigerungsmentalität, für die es weder historische Bindungen noch soziale Loyalitäten, weder das Inrechnungstellen der voraussichtlichen Konsequenzen eines Handlungsverzichts noch Verbrechen gibt, deren Verhinderung oder Beendigung einen militärischen Einsatz unerläßlich macht, sondern schließlich nur noch die Sorge um den durch strikten Pazifismus und Libertinismus zur humanen Höchstform gelangenden einzelnen.

Es ist hier nicht der Platz, der Frage nachzugehen, ob der sich in den so geprägten Generationen von Deutschen als aggressiver Antipatriotismus bemerkbar machende Selbsthaß seine tiefsten Wurzeln nicht vielleicht in der Erfahrung des Scheiterns vor der Aufgabe hat, falschen oder zu groß geratenen Idealen mit menschenmöglichen kleinen Fortschritten bei der Befriedung und Vervollkommnung des eigenen Lebens wenigstens nahezukommen. Jedenfalls ist die von selbstkritischer Reflexion gar nicht mehr erreichbare Heftigkeit, mit der die deutsche Linke – ob sozialistisch, sozialdemokratisch oder liberal – jeden Zweifel an der Kollektivschuldthese ignoriert und verurteilt, durch ideologische Zwänge allein nicht zu erklären. Und auch nicht die auffällige Anstrengung, die Begriffe Schuld und Sühne, Haftung und Verantwortung eher ungeklärt zu lassen, als zu präzisieren.

Zur Sühne eines schwerwiegenden persönlichen Versagens kann der Entschluß gehören, Askese zu üben und sich dem risikoreichen Treiben der Welt zu entziehen. Da dieser Vorgang immer nur einen konkreten einzelnen Menschen betrifft, können Nationen als ganze nicht schuldig gesprochen, sondern nur für in ihrem Namen verübte Verbrechen haftbar gemacht werden. Zu den Konsequenzen einer solchen Haftbarmachung gehört im Fall »Deutschland nach Hitler« neben konkreten Wiedergutmachungsleistungen eine kollektive Verpflichtung zukünftig bei der Verhütung und Bekämpfung von Menschenrechtsverletzungen und Angriffskriegen besonders aktiv mitzuwirken. Zu den Konsequenzen einer kollektiven Haftung kann also gerade nicht die Verweigerung der Teilnahme an den Aufgaben des Tages gehören. Der Ausstieg aus der Geschichte entzieht jedem Haftungsverlangen und jeder Haftungsbereitschaft den Boden, denn jede wirkliche, d. h. persönliche Schuld stellt die moralische Existenz des Schuldigen so umfassend in Frage, daß das Problem der Haftung dagegen trivial und unerheblich erscheinen muß.

Es ist dieser Sachverhalt, der den gängigen Antifaschismus unlösbar an die Vorstellung einer Kollektivschuld der Deutschen bindet. Dieser Schuldspruch läuft auf Klagen und Forderungen hinaus, die (von der immer kleiner werdenden Minderheit der im Dritten Reich persönlich schuldig Gewordenen abgesehen) niemanden treffen und niemanden zu irgendeiner greifbaren Leistung verpflichten, sondern im nicht betroffenen einzelnen nur undefinierbare Gewissensirritationen auslösen, die sich beliebig nützen lassen. Indem man zum Beispiel verlangt, daß sich ein so gefährliches und gefährdetes Volk wie die Deutschen tunlichst aus allen Situationen heraushalten sollte, in denen nationalistische oder preußische Untugenden reaktiviert (Wiedervereinigung, Hauptstadt Berlin) oder gar militaristische und imperialistische Neigungen neu entfacht werden könnten (Golfkrieg).

Das »ideelle« Erbe der 68er Kulturrevolution zwingt die von ihm geprägten Moderatoren der veröffentlichten Meinung fast bei jeder für Deutschland bedeutsamen Frage zur (manchmal offenen, inzwischen zumeist diskreten) Mobilisierung des Schuldkomplexes, um nicht zu Tage treten zu lassen, daß die Mehrheit der Deutschen ganz normale Menschen sind, die eine ganz normale Vorstellung von politischer Verantwortung und Loyalität, von Rechten und von Pflichten haben.

Gut zwei Drittel aller Deutschen hielten das militärische Eingreifen der USA und ihrer Verbündeten im Golfkrieg für richtig. Daß dieser Tatbestand in der alles überschwemmenden Suada pazifistischer Kommentatoren, einer gewaltigen Anzeigenkampagne der Friedensbewegung und der breiten Berichterstattung über ihre Straßendemonstrationen fast unterging, ergab für das Ausland eine unzutreffende Einschätzung der Meinung der Deutschen zum Golfkrieg und demonstrierte nach Innen die Macht jenes subtilen psychischen Terrors, der seit Jahrzehnten die schweigende Mehrheit der Deutschen durch die Verdächtigung, die Naziverbrechen verdrängen oder bagatellisieren zu wollen, immer verstockter und desorientierter macht. Und nicht selten schrecken um ihr germanophobisches Welt- und Selbstverständnis besorgte, ansonsten für ihre unerschrockene Verteidigung der Meinungsfreiheit bekannte Personen und Institutionen, wenn man sich ihrer borniert-antideutschen Sprachregelung verweigert, auch vor handfester Unterdrückung und Verleumdung nicht zurück.

Die anläßlich des Golfkonflikts in den Medien heftig geführte Diskussion über die Frage einer deutschen Beteiligung an militärischen Aktionen der Vereinten Nationen oder der westlichen Bündnisse, in der man schließlich auch die »Bellizisten« zu Wort kommen lassen mußte, hat (insbesondere angesichts der Bedrohung Israels) erstmals einem breiten Publikum deutlich gemacht, wie sehr die Wortführer und Anhänger der deutschen Friedensbewegung auf die Kriminalisierung der Geschichte ihrer Nation angewiesen sind. Anstelle der Anstrengungen und Opfer einer verantwortungsbewußten Menschenrechts- und Friedenspolitik empfehlen sie ihren Landsleuten eine defaitistische Aussteigerphilosophie als sühnenden Ausgleich für ein Terrorsystem, vor dessen mörderischem Aktionismus ohne die damals zu friedliche Friedensgesinnung westlicher Regierungen das Leben von vielen Millionen Menschen hätte gerettet werden können.

Günther Deschner

Die Kurden

Das betrogene Volk

Ullstein Buch 34861

Das Sprichwort »Die Kurden haben keine Freunde« wird im Nachspiel des Golfkrieges grausam bestätigt. Saddam Hussein massakriert wie schon 1988 mit unglaublicher Härte die kurdische Minderheit im Irak. Das viertgrößte Volk im Nahen Osten kämpfte bis jetzt vergebens um nationale Anerkennung und einen eigenen Staat. Dieses Buch gibt einen tiefen Einblick in das Leben dieses Volkes und seinen Kampf um Selbstbestimmung.

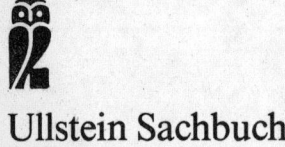

Ullstein Sachbuch